Auf den Spuren Alexanders des Großen

Michael Wood

Auf den Spuren Alexanders des Großen

Eine Reise von Griechenland nach Asien

Aus dem Englischen übersetzt von
Ursula Blank-Sangmeister
unter Mitarbeit von Helga Biem

Philipp Reclam jun. Stuttgart

BBC

Titel der englischen Originalausgabe:
In the Footsteps of Alexander the Great. A Journey from Greece to Asia.
London: BBC Worldwide Limited, 1997.

To Mum and Dad
who first inspired me with a love of history

Die Deutsche Bibliothek – CIP-Einheitsaufnahme

Wood, Michael:
Auf den Spuren Alexanders des Großen :
eine Reise von Griechenland nach Asien / Michael Wood.
Aus dem Engl. übers. von Ursula Blank-Sangmeister
unter Mitarbeit von Helga Biem. – Stuttgart : Reclam, 2002
ISBN 3-15-010493-9

Die Übersetzung erscheint mit Genehmigung von
BBC Worldwide Limited, Woodlands, 80 Wood Lane, London W12 OTT

Frontispiz: Marmorbüste Alexanders des Großen, römische Kopie
nach einer griechischen Statue von 338 v. Chr.
Bildrecherche: Frances Abraham, London
Kartenzeichnung: Line & Line, London
Satz: Reclam, Ditzingen
Druck und buchbinderische Verarbeitung: Imprimerie Pollina s.a., N°L85637
Printed in France 2002
RECLAM ist eine eingetragene Marke der Philipp Reclam jun. GmbH & Co., Stuttgart
ISBN 3-15-010493-9

www.reclam.de

Inhalt

li aparust en macedone en
la samblance quil li deust
aidier quil peust retorner
sain et sauf a son peuple
non mie por lui. mes por le
sauuement deaus. Lors
a ombra la uertu diuine.

Coment alixandres se fet a
ler en la mer en .j. tonnel
de uoirre.

Vorwort

Wir holperten und ratterten über eisige Straßen, bahnten uns durch verharschte Schneewehen unseren Weg und brauchten zwölf Stunden, um den Lowari-Pass zu überqueren und nach Chitral zu gelangen. Dann, gerade als die Sonne verschwand, tauchte das letzte Tal im nordwestlichen Grenzgebiet Pakistans auf. Vor uns, noch von der untergehenden Sonne erleuchtet, erhob sich das mächtige Bergmassiv des Hindukusch. In Chitral tranken wir unter einer ausladenden Platane schwarzen Tee, dann fuhren wir weiter. Wir hatten noch zwei oder drei Stunden vor uns, die steilen Schluchten hinauf, die nach Rombur führen, in das Tal, in dem die letzten Kalash wohnen, die »schwarzen Heiden« des Hindukusch. Über uns zeichneten sich nun die schneebedeckten Gipfel Afghanistans ab, deren Bergspitzen vom letzten Licht rosa gefärbt waren. In der Tiefe des immer dunkler werdenden Tals stürzte mit ohrenbetäubendem Lärm ein Fluss über Felsbrocken. Unsere Scheinwerfer fielen auf ein wogendes Weizenfeld und einen Friedhof, der mit Büscheln von purpurrot leuchtenden Schwertlilien bepflanzt war.

Dieses Gebiet ist so abgelegen, dass sich der Islam erst in den letzten 100 Jahren Zutritt verschaffte. Seine Täler sind so unwegsam, dass sie – bis vor ein paar Jahren ein Fußpfad durch furchterregende Felsüberhänge gesprengt wurde – nur über Maultierpfade erreichbar waren, die an schwindelerregenden Felsen entlangführten. Alle früheren Forschungsreisenden waren sich darin einig, dass dies ein Ort war, an dem sich alte Legenden und Sitten besonders hartnäckig gehalten hatten. Zur Zeit der Königin Victoria stellten hier zerlumpte Stammeshäuptlinge für britische Verwaltungsbeamte hellenistische Schalen her, von denen sie behaupteten, dass sie ihnen von griechischen Königen überreicht worden seien und so ihr Herrschaftsrecht unter Beweis stellten. Solche Geschichten hatten ihre Vorfahren im 13. Jahrhundert Marco Polo erzählt – und sie werden heute noch immer erzählt.

Es war stockdunkel, als wir schließlich stolpernd in Rombur ankamen, einer kleinen Ansammlung von verfallenen, primitiven Häusern mit hölzernen Veranden. Die Elektrizität war ausgefallen, und Ingenieur Khan kam, eine Fackel schwenkend, herunter, um uns zu begrüßen. Das letzte Mal waren wir uns vor fünf Monaten in Peshawar im nordwestlichen Grenzgebiet begegnet, und ich hatte keine Ahnung, ob ihn seitdem irgendeine unserer Nachrichten erreicht hatte. »Willkommen im Land der Kalash«, sagte er strahlend. »Sie haben es also geschafft. Ich habe Ihren Brief bekommen. Wir warten schon seit zwei Tagen auf Sie!«

Während wir die ungepflasterte Straße hinaufgingen, hörten wir in der Ferne das Geräusch

---

In der späteren Legende lebte Alexander weiter als eine merkwürdige Kombination aus Supermann, Magier und Prophet. Auf diesem mittelalterlichen Gemälde ergründet er die Tiefen des Ozeans in einer Taucherglocke, während die Fische ihm ihre Huldigung entgegenbringen.

haben natürlich immer wieder etwas anderes in Alexanders erstaunlichem Werdegang gesucht und gefunden. In den letzten Tagen des britischen Empire sahen die zeitgenössischen Historiker in ihm einen visionären Idealisten, einen gütigen Reichsgründer, so wie sie ihn sich vorstellten, der davon träumte, die Menschheit unter einem Gesetz zu einen, ohne Ansehen von Rasse, Glaube oder Hautfarbe. Umgekehrt wurde er vom bedeutendsten Alexander-Forscher in Hitler-Deutschland als Verkörperung von *Ingenium und Macht* dargestellt; der Supermann als wahrer Held und echtes Vorbild, als Inkarnation des manifesten Schicksals.

Heute ist man dabei, einen anderen Alexander aus den Quellen zu erschließen. Tatsächlich war er vielleicht noch niemals zuvor Gegenstand derart detaillierter Untersuchungen. Jetzt werden die dunklen Taten seiner Herrschaft in derselben Weise erforscht, so wie heutige Journalisten versuchen, die Wahrheit hinter den Kriegsverbrechen in Vietnam, Kambodscha und im Bosnienkrieg aufzudecken. Auf die bis nach Indien reichende makedonische Eroberung der Welt, die immer nur durch die griechischen Quellen gesehen wurde, fällt nun zum ersten Mal Licht durch einheimische Quellen, neu entdeckte Orakelsprüche und Prophezeiungen auf Papyros oder Tontäfelchen.

Angesichts dessen wird das griechische Abenteuer in Asien unter modernen Vorstellungen von Kolonialismus, Orientalismus und Rassismus neu überdacht. So wird die Machtpolitik des Königs unter dem Blickwinkel der modernen Geschichte betrachtet: seine Säuberungsaktionen und Massaker, sein Vertrauen in Spione und in die Geheimpolizei, seine Informationskontrolle, die Anwendung der Folter, die Manipulation von Bildern, die Staatspropaganda, die Terrormaßnahmen gegen die Zivilbevölkerung – all dies ist in unseren Quellen bezeugt. Sie haben in unserer Zeit, welche die großen kommunistischen utopischen Tyranneien erlebt hat, eine neue Bedeutung gewonnen.

Desgleichen gibt es auch über die Sexualität des Königs neue Erkenntnisse, da man über die Einstellung der griechischen Männer zu den Frauen und zur Homosexualität inzwischen mehr weiß. Andere haben versucht, einen Blick in die Seele des Königs zu werfen, insbesondere die Psychologie, die sich mit Führungsfragen und den Problemen der absoluten Macht befasst. Nach einer neuen Untersuchung soll Alkoholismus die Wurzel seines Untergangs gewesen sein. Der jüngste Forschungsbericht hat bedenkenswerte Parallelen zu Cortés und den Conquistadoren herausgearbeitet, wobei die Betonung auf seiner dunklen Seite liegt: »Blutrünstig und schwermütig«, wie sich ein ihm feindlich gesinnter Zeitgenosse erinnerte. Von dem Sonnyboy, für den wir ihn so lange gehalten haben, kann keine Rede mehr sein. Dies mag vielleicht seiner Wahrheit näher kommen – der unseren kommt es gewiss näher.

Oben: Das Frühlingsfest in Brumboret, Chitral,
in der Nordwestprovinz Pakistans, der Heimat der letzten Kalash,
die ihren Ursprung auf Alexanders Heer zurückführen.
Unten: »Zweigehörnter Alexander« auf einer Silbermünze von 300 v. Chr.
Er trägt das Diadem und die Widderhörner
des ägyptischen Gottes Ammon.

Als Ergebnis dieser Fülle neuer Ideen bildet sich nun auch ein neues und viel facettenreicheres Bild heraus, das nicht zuletzt wegen seiner offensichtlichen Widersprüche fasziniert. Ein endgültiges Wort über Alexander wird natürlich nie gesprochen werden. Aber es ist aufregend, seine Geschichte ein weiteres Mal zu betrachten. Die Darstellung Alexanders basiert auf den von den griechischen und römischen Geschichtsschreibern überlieferten Texten, die ich in meinem Rucksack mitführte. Aber das Hauptinteresse dieser Darstellung liegt darin, dass sie die Reise auf Alexanders Spuren nachzeichnet. Diese Reise wurde wohl zum ersten Mal seit den Tagen Alexanders noch einmal in voller Länge unternommen.

Sie bestand aus einem Fußmarsch, der sogar länger dauerte als der Alexanders – z. B. machten wir seine Reise durch den Iran zweimal in ihrer ganzen Länge. In Ägypten durchquerten wir ebenfalls die Wüste nach Siwa, um das Ammon-Orakel zu finden (und darüber hinaus begaben wir uns auf den riskanten Rückweg durch die weglose Wildnis der Großen Sandsee). Im Iran baten auch wir örtliche Führer, uns durch das Zagros-Gebirge zu bringen, um den in Vergessenheit geratenen Ort von Alexanders denkwürdiger Schlacht bei den »Persischen Toren« zu finden, der von den Gelehrten niemals mit Sicherheit identifiziert wurde. Dort, in einem unbekannten und vergessenen Winkel Persiens, schliefen wir, als wir uns bemühten, seine geheime Route ausfindig zu machen, in drei frostigen Novembernächten unter freiem Himmel, umgeben von einem Meer goldener Pappeln.

In demselben wunderbaren Herbst begaben wir uns von dem kriegsgeschüttelten Kabul aus nach Nord-Afghanistan und marschierten, so wie Alexander, über den Khawak-Pass im Hindukusch, begleitet von Packpferden, die unsere Ausrüstung und bewaffnete Männer trugen, welche uns vor Banditen schützen sollten. Im darauf folgenden Frühling kamen wir vom Khyber hinab und folgten wieder Alexanders Spuren hinauf zu den unzugänglichen Höhen des Mount Pir Sar im nordwestlichen Grenzgebiet. Wir segelten mit Mohanno-Booten den Indus hinunter, gerade als die Gluthitze der heißen Jahreszeit auf den Ebenen zu lasten begann, und schließlich zogen wir mit einer Karawane von 23 Kamelen durch die Makran-Wüste, da wir am eigenen Leibe erfahren wollten, wie es Alexanders Heer während seines katastrophalen Rückzugs ergangen sein mochte.

Gemeinhin nimmt man von Film-Teams an, sie hausten während ihrer kurzen Ausflüge in die reale Welt in luxuriösen Unterkünften mit Klimaanlage. Doch unsere Reise war ganz anders. Nirgends winkte uns ein Hilton-Hotel – außer dem wenig bekannten »Hiltan Hotel« an der afghanischen Grenze in der Nähe von Chitral (fünf Zimmer, keine Betten, kein fließendes Wasser, aber in dieser Nacht hätte uns kein Quartier willkommener sein können). In der Tat gab es Zeiten, in denen das Team zu krank war, um weiterzumachen, und dann mussten wir einfach einen Halt einlegen. Oft logierten wir in den Häusern ganz einfacher Leute, deren Gastfreundschaft gleichbleibend großzügig war, sogar in dem vom Krieg heimgesuchten Afghanistan. Wir schliefen in Wartehallen iranischer Bahnhöfe und in afghanischen Ställen, auf Segelbooten auf dem Indus, in einer Moschee im nordwestlichen Grenzgebiet und auf Wüstendünen am Arabischen Meer unter einem sternklaren Himmel, über den der Komet Hyakutake seine Bahn zog. Wir reisten mit so wenig Gepäck wie möglich. Dass wir nicht immer so gut im Voraus planten, wie wir es hätten tun können, zeigte sich, als wir im frostigen Morgengrauen in der Großen Sandsee und der Wüste des Todes aufwachten, dankbar für ein paar getrocknete Datteln und einen Becher Wasser. Nach solchen Tagen schienen dampfender grüner Tee, gewürzt mit Kardamom, und heißes, bitteres Kommissbrot auf den schneebedeckten Höhen des Hindukusch als etwas Himmlisches.

Während unserer Reise staunten wir darüber, wie viel mehr die alten Texte hergaben, wenn man sie an Ort und Stelle las. Die Worte der griechischen Geschichtsschreiber wurden in einer Weise lebendig, wie es selbst ihre Autoren nicht hätten vorhersehen können – denn sie hatten diese Stätten ebenso wenig gesehen wie die meisten ihrer modernen Kollegen. Oft sprangen die Lösungen für die Rätsel Alexanders sogleich ins Auge, wenn man auf dem Boden stand, auf dem diese Ereignisse tatsächlich stattgefunden hatten. Doch darüber hinaus gab es sogar noch das Gewahrwerden einer historischen Kontinuität: Wir stellten fest, dass Alexanders Geschichte immer noch im östlichen Asien nachhallte, merkwürdigerweise besonders in der muslimischen Welt, wo er als großer Volksheld gilt, entweder als »der Zweigehörnte«, »der Große« oder »der Teufel«.

Wir waren dabei, als sein Leben von griechischen und türkischen Schattenspielern und von Geschichtenerzählern in den Cafés von Isfahan und Teheran erneut vorgetragen wurde. Wir sahen, wie der König in einem monumentalen Hindi-Film lebendig wurde, der von den britischen Besatzern im Zweiten Weltkrieg verboten worden war. Wir sahen eines der letzten fahrenden Ein-Mann-Theater im Iran, eine komplett ausgestattete Bühne mit gemaltem Hintergrund, das den Tod des Dareios im epischen Stil zeigte, »eine Leidenschaft in Fetzen reißend«, wie der König in Hamlets Spiel im Spiel. Wir hörten Geschichten über Alexander von professionellen Barden in der Türkei und in Zentralasien. Wir kauerten in einer Tajik-Höhle neben dem mumifizierten Körper von Alexanders größtem Feind, um zu hören, wie seine Geschichte von muslimischen Pilgern erzählt wurde. Nicht weit davon entfernt, am blauen Spiegel des Iskander Gol, hörten wir von dem Damm aus Gold, den er hinter sich ließ und der bei jedem Hochwasser immer noch Gold abgibt. Die Ärzte im Kandahar, die den Anspruch erheben, von Alexanders Ärzteteam abzustammen, erzählten uns von griechischer Medizin. Wir saßen in einer Filzjurte in der turkmenischen Steppe, um der Geschichte von seinen Teufelshörnern und seiner zwei Wochen andauernden Sexsession (wie es die Regenbogenpresse heutzutage ausdrücken würde) mit einer Amazonenkönigin zu lauschen. Und, nehmen Sie sich in Acht, solche sagenhaften Geschöpfe existieren noch immer auch andernorts am Kaspischen Meer, und sie entführen weiterhin nichtsahnende junge Männer, um sie, bevor sie sie töten, als Zuchthengste zu benutzen – jedenfalls behaupten das die Turkmenen!

In Pakistan hörten wir Sufi-Sängern auf den Flusskähnen zu; sie erzählten Geschichten von einem Treffen mit indischen Heiligen. Während des gesamten Weges machte man uns – bei Zufallsbegegnungen – auf gewöhnliche Leute aufmerksam, die ihre eigenen Geschichten hatten. Wir trafen auf einen Staatsbeamten in Kabul, einen afghanischen Pferdehändler, einen usbekischen Mullah und einen Luri-Bauern im Zagros, der sagte, Alexanders Geschichte sei in seinem Dorf »von Brust zu Brust« weitergegeben worden. Und je mehr wir erfuhren, umso deutlicher wurde uns, dass – obwohl es unser Ziel war, die realen historischen Begebenheiten herauszufinden – die Sage immer noch nichts von ihrer Ausstrahlungskraft und Faszination verloren hatte (und zudem noch viel weiter verbreitet und langlebiger war, als von uns angenommen). Wie John Ford, der Regisseur des Films *Der Mann, der Liberty Valance erschoss,* sagte: »Wenn das Faktum zur Legende wird, drucke die Legende!«

BHARAT BRA
RAJU
BAND
BETACAM
3CCD

So ist dieses Buch beides: sowohl die Geschichte vom Feldzug Alexanders als auch ein Bericht über unsere eigene Reise, die, soweit es menschenmöglich war, der Fährte von Alexanders Reise von Griechenland nach Indien folgte. Nur in einem Teil, während der Dreharbeiten zu diesen Filmen, erwies es sich für mich als unmöglich, in seinen Fußstapfen zu reisen. Seit dem Golfkrieg bin ich damit befasst, über die Gräueltaten öffentlich zu berichten, die das irakische Regime von Saddam Hussein an der Bevölkerung des südlichen Irak begangen hat, insbesondere über das tragische Schicksal der Marschland-Araber. Aus diesem Grund wurde ich von irakischen Freunden im Exil nachdrücklich darauf aufmerksam gemacht, dass es unklug wäre, nach Bagdad zurückzukehren. Obwohl ich später in der Lage war, durch das freie Kurdistan nach Irbil zu fahren, beruht also in diesem Buch die Beschreibung der Reise von Irbil nach Bagdad und von den Städten und der Landschaft des südlichen Irak auf Tagebüchern von Reisen, die ich vor dem Golfkrieg dorthin gemacht habe. Eines Tages hoffe ich in ein freies und demokratisches Bagdad zurückkehren zu können.

Alexanders Feldzug war ein Wendepunkt in der Geschichte der Menschheit. Er führte zu Kontakten zwischen Ost und West, Europa und Asien und legte die Fundamente für vieles, was danach kam. Wie die europäische Eroberung der beiden amerikanischen Kontinente hatte er eine enorme Grausamkeit und Zerstörung zur Folge und setzte doch erstaunliche historische Energien frei: insbesondere die Vermittlung zwischen der griechischen Kultur und den ägyptischen, jüdischen, iranischen und indischen Kulturen, deren Auswirkungen noch heutzutage in den Ländern zwischen dem Mittelmeer und dem Himalaja spürbar sind. Durch die Römer und ihre Nachfolger gelangten die Früchte dieser großen Öffnung ebenfalls in die westliche Welt. Wie wir sehen werden, beeinflussen die Folgen noch immer unsere heutige Denk- und Sichtweise.

Und im Zentrum dieser erstaunlichen und schrecklichen Geschichte steht der rätselhafte Charakter von Alexander selbst. Obwohl er bei seinem Tod erst 32 Jahre alt war, ist man sich weiterhin völlig uneins über sein wahres Wesen und seine wahren Motive, und daran wird sich auch nichts ändern. Es gibt einen alten Reim, der von griechischen Fischern in der Ägäis noch immer aufgesagt wird. Es kann zu jeder Zeit passieren, sagen sie, gleichgültig, ob das Meer ruhig in der Sonne liegt oder ob Böen oder ein Sturm aufkommen: Eine Meerjungfrau erscheint im Wasser neben dem Boot. Sie sucht ihren verlorenen Bruder, Alexander, und stellt diese Frage:

»Wo ist der große Alexander?«

Von der Antwort hängt Ihr Leben ab. Sagen Sie, er sei tot, wird sie in ihrem Zorn und Kummer den Sturm heraufbeschwören, und Sie werden von den Wellen verschlungen werden und ertrinken. Die Antwort ist:

Der große Alexander lebt. Und herrscht noch immer!

Unsere Filmteams.
Oben: In Dasuya im Punjab.
Unten: Auf dem Pass Khawak in den Bergen des Hindukusch in Afghanistan.
Dort stand Alexander im Frühjahr 328 v. Chr.

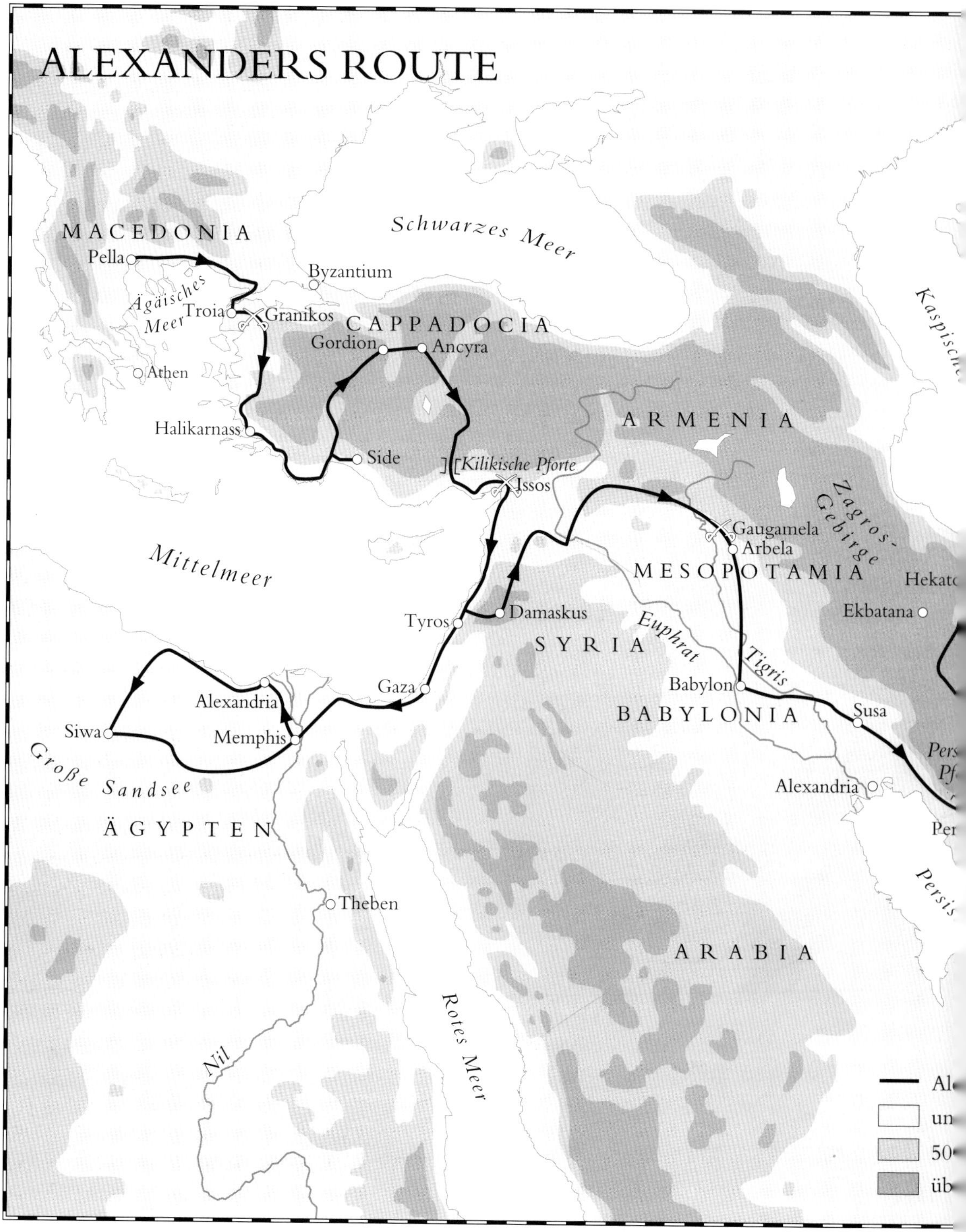
ALEXANDERS ROUTE
MACEDONIA
Pella
Schwarzes Meer
Byzantium
Ägäisches Meer
Troia
Granikos
CAPPADOCIA
Gordion
Ancyra
Athen
Halikarnass
Side
ARMENIA
Kilikische Pforte
Issos
Zagros-Gebirge
Gaugamela
Arbela
MESOPOTAMIA
Hekat
Ekbatana
Mittelmeer
Tyros
Damaskus
SYRIA
Euphrat
Tigris
Gaza
Babylon
BABYLONIA
Susa
Alexandria
Siwa
Memphis
Große Sandsee
ÄGYPTEN
Alexandria
Theben
ARABIA
Rotes Meer
Nil

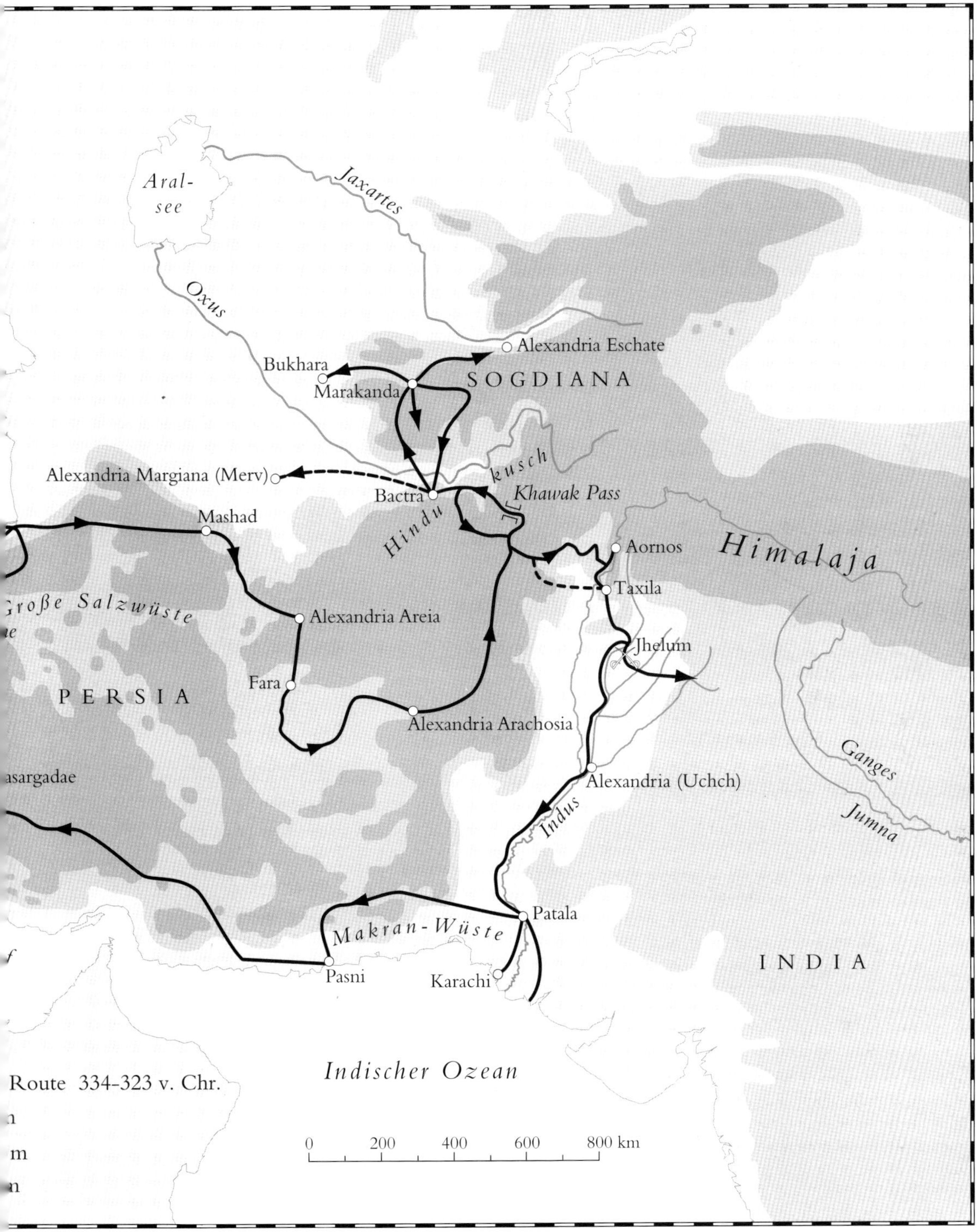

Aral-
see
Jaxartes
Oxus
Alexandria Eschate
Bukhara
Marakanda
SOGDIANA
Alexandria Margiana (Merv)
Bactra
Hindu
kusch
Khawak Pass
Mashad
Aornos
Himalaja
Taxila
Große Salzwüste
Alexandria Areia
Jhelum
Fara
PERSIA
Alexandria Arachosia
Ganges
asargadae
Alexandria (Uchch)
Indus
Jumna
Patala
Makran-Wüste
INDIA
Pasni
Karachi
Indischer Ozean
Route 334-323 v. Chr.
0
200
400
600
800 km

Vorspiel

Die Jahre vor Alexanders Geburt

Dieser Bericht über Alexander den Großen handelt von einem der außergewöhnlichsten Menschen der Geschichte. Er bestieg den Thron mit 20, eroberte große Teile der bekannten Welt, bevor er 30 war, und war im Alter von 32 Jahren bereits tot. Aber es ist auch die Geschichte einer Feindschaft zwischen zwei großen alten Kulturen. Die Geschichte beginnt lange vor Alexanders Lebenszeit – sie beginnt mit den Ereignissen von zehn dramatischen, unvergesslichen Jahren im 5. Jahrhundert v. Chr. – mit Ereignissen, die noch immer eine große Rolle im Mythos des griechischen Selbstverständnisses und im historischen Schicksal der Griechen spielen. Zu diesem Zeitpunkt hatten die Perser (die heutigen Iraner) ein großes Reich gegründet, das sich von Zentralasien bis nach Äthiopien und vom Indus bis zur Ägäis erstreckte. Die Festland-Griechen waren zu jener Zeit nur eine Gruppe von winzigen kriegerischen Staaten. Sie dehnten sich über fast das gesamte heutige Griechenland aus und hatten sich nur angesichts der Bedrohung durch die Perser zusammengeschlossen, die darauf aus waren, sie zu erobern und ihr Herrschaftsgebiet bis nach Europa auszuweiten.

Der persische König, Dareios der Große, ließ es zur ersten Kraftprobe kommen. Im Jahre 490 v. Chr. wurde bei Marathon, in der Nähe Athens, ein kleines persisches Expeditionskorps von den Hopliten, den schwer bewaffneten Fußsoldaten des demokratischen Athens, besiegt. Zehn Jahre später erfolgte die große Invasion, angeführt von Dareios' Sohn Xerxes. Mit einem riesigen, aus den 45 Stämmen des Perserreiches rekrutierten Heer rückte Xerxes auf die Dardanellen zu. 1200 Galeeren begleiteten die Streitmacht zur See. Bei Troia opferte Xerxes den Gefallenen des Troianischen Krieges (die Griechen waren vor fast 1000 Jahren in Asien eingedrungen – so weit reichen die Erinnerungen in dieser Geschichte zurück!). An der Meerenge zwischen Sestos und Abydos hatten die Perser zwei große Schiffsbrücken gebaut, und dort versuchte der Großkönig, bevor er übersetzte, die Wellen mit der Peitsche zu züchtigen. Was dann geschah, sollte sich für immer ins westliche Bewusstsein eingraben: Denn in Europa wurden seit der Renaissance und der Aufklärung diese Ereignisse nicht nur als die Rettung Griechenlands, sondern in gewisser Hinsicht auch als die Grundsteinlegung für die westliche Welt betrachtet.

Angesichts der persischen Invasion legten die Spartaner und Athener ihre Streitigkeiten bei und vereinigten ihre Armeen. Der spartanische König versuchte mit seinen Elitetruppen, den 300

Rechts: Zeitgenössischer Marmortorso Alexanders mit kleinen Hörnern wie beim Gott Pan. Inwieweit er sich wirklich für göttlich hielt, ist noch immer eine offene Frage.
Eingefügte Abbildung: Persische Kavallerie des Dareios d. Gr. Ausschnitt aus einer griechischen Vase (5. Jahrhundert v. Chr.).

Spartiaten, die Perser an den Thermopylen aufzuhalten, doch nach einem letzten heroischen Aufbäumen gegen die erdrückende Übermacht fiel er auf dem Schlachtfeld. Die Perser rückten daraufhin gegen Athen vor, und die Athener fragten in ihrer Verzweiflung das Orakel in Delphi um Rat. In einer denkwürdigen Antwort sagte ihnen die Seherin, sie sollten ihre Stadt nicht verteidigen, sondern »das Land aufgeben und sich auf hölzerne Mauern verlassen« (vgl. Herodot, *Die Bücher der Geschichte* 7,141). Gerade noch rechtzeitig wurde die gesamte Bevölkerung mit Schiffen auf die vor der Küste liegende Insel Salamis im Saronischen Meerbusen gebracht. Die Perser brannten das verlassene Athen nieder, plünderten und schändeten seine Tempel und fällten den heiligen Ölbaum der Athene. Während sich die griechische Flotte allem Anschein nach hinter Salamis in der Falle befand, machte sich die persische Flotte bereit, sie zu vernichten.

Xerxes saß auf einem goldenen Thron und wollte von einem Aussichtspunkt am Ufer das Geschehen beobachten. Doch in der Nacht vor der Schlacht setzte der griechische Feldherr Themistokles einen Spion ein, um den Persern eine falsche Information zuzuspielen. Xerxes wurde davon unterrichtet, dass die griechische Flotte am nächsten Tag die Flucht versuchen würde. Vor Tagesanbruch drängten die Perser ihre Schiffe in die Meerenge zwischen Salamis und der Küste Attikas. Als sie dort plötzlich in die Enge getrieben und manövrierunfähig waren, wurden sie von den griechischen Schiffen angegriffen und erlitten eine katastrophale Niederlage. Der Dichter Aischylos, ein Augenzeuge, hat Themistokles' mitreißenden Ausruf überliefert: »Ihr Söhne Griechenlands, befreiet euer Vaterland, befreiet Weib und Kind, befreit der Heimatgötter heil'gen Sitz, der Ahnen Gräber! Jetzt um alles geht der Kampf!« (Aischylos, *Die Perser*, 397–400) Die engen Wasserstraßen um Salamis wurden zu einer wirbelnden Masse von Trümmern, Schiffswracks und ertrunkenen Kriegern. Obwohl die Perser einen Teil ihrer Flotte befreien konnten, waren sie am Ende. Die überlegene Seemacht der Griechen erzwang ihren Rückzug. Xerxes ließ eine große Besatzungstruppe auf griechischem Boden zurück, aber diese wurde im nächsten Jahr in einer gemeinsamen Anstrengung von den sonst zerstrittenen griechischen Stadtstaaten bei Plataiai entscheidend geschlagen. So endete der große Perserkrieg.

Von da an betrachteten die Perser die Ägäis als die Grenze ihres Reiches, dort, wo sich heute die Westküste der Türkei befindet und wo reiche, griechischsprachige Städte, z. B. Ephesos und Milet, dem persischen »König der Könige« Tribut zahlten. An den Wänden des Palastes in Persepolis können wir noch immer sehen, wie ihre Gesandten bei den jährlichen Empfängen Geschenke überbringen. In einem solchen Land boten sich große Möglichkeiten. Der persische König beschäftigte griechische Kapitäne, Söldner und Ärzte, und griechische Bauunternehmer, Steinmetze und Bildhauer arbeiteten an ihren Palästen. Etwa während des ganzen folgenden Jahrhunderts regierten die Perser den Nahen Osten, ebenso die Handel treibenden maritimen Stadtstaaten Phöniziens und das reichste und älteste Land im östlichen Mittelmeer, Ägypten. Da sie über ein gut ausgebautes Straßennetz verfügten, das mit der großen persischen Königsstraße verbunden war, die von Sardes in der Türkei nach Susa im Iran führte, gehörte ihnen das erste Weltreich.

Griechische Hopliten (schwere Infanterie) auf dem Nereiden-Denkmal von Xanthos (um 400 v. Chr.). Die würdevolle Haltung dieser Männer evoziert den Geist der Helden von Marathon und Salamis.

Trotzdem vergaßen die Griechen nie, was die Perser ihnen angetan hatten. Vor allem verziehen sie nie, dass Xerxes den Frevel begangen hatte, ihre heiligsten Schreine zu zerstören. In Athen wurde die Akropolis mit prächtigen Tempeln wieder aufgebaut, deren dächerlose Ruinen man noch heute besichtigen kann. Aber die vom Feuer versengten Säulentrommeln des alten Parthenons, den Xerxes zerstört hatte, wurden in die sich über der Stadt erhebende Mauer eingesetzt, so dass alle sie sehen konnten (sie befinden sich noch heute dort – vielleicht das erste Kriegerdenkmal der Welt). Die Erinnerung an den großen Perserkrieg sollte in der griechischen Psyche tief verwurzelt bleiben. Als der Dichter Aischylos eine Generation später starb, waren es nicht seine Tragödien, die auf seinem Grabstein ehrenvolle Erwähnung fanden, sondern sein Stolz, ein Veteran von Marathon zu sein. Was ebenfalls im griechischen Bewusstsein fortbestand, war die Vorstellung, sich eines Tages zu rächen: Eines Tages würden die Griechen einen Feldzug gegen Persien führen.

Der Aufstieg Makedoniens

Es waren jedoch die Makedonen und nicht die Athener, die schließlich den anti-persischen Feldzug organisierten. Das 5. Jahrhundert v. Chr. war die Blütezeit der klassischen griechischen Kultur gewesen mit Athen als dem unbestrittenen kulturellen und politischen Oberhaupt Griechenlands. Doch das Jahrhundert endete in einem verheerenden Krieg mit Sparta und der Zerstörung des athenischen Reiches. Die mittleren Jahre des 4. Jahrhunderts sahen den raschen Aufstieg einer neuen Macht: Makedonien. Wer allerdings die Makedonen waren, ist heutzutage sehr umstritten. Angesichts des wilden Gemischs von Rassen und Religionen in den Balkanländern wird das Problem der makedonischen Ursprünge heute sehr kontrovers diskutiert, wobei sich sogar die Frage erhebt, ob die Makedonen überhaupt Griechen waren. Die Gründung eines neuen slawischen Staates namens Makedonien nördlich von Griechenland hat der Diskussion nur neue Nahrung gegeben. Heutzutage sieht man überall in Griechenland, bei den Kassen von Supermärkten angefangen bis hin zu den Plakatwänden am Straßenrand, das Schild »Makedonien ist Griechenland«. Aber manche Gelehrte streiten noch darüber, ob die makedonische Sprache wirklich mit der griechischen in Verbindung steht. Außerdem weiß man, dass die Makedonen zur Zeit Alexanders als Barbaren galten, die, obwohl sie Griechisch sprachen, es nicht verdienten, als Hellenen, d.h. als echte Träger der griechischen Kultur, bezeichnet zu werden.

In politischer und militärischer Hinsicht waren die Makedonen jedoch die Herren ihrer Welt. In den 50er- und 40er-Jahren des 4. Jahrhunderts v. Chr. wurde Makedonien unter Alexanders Vater, König Philipp, zu einer Art preußischem – auf Krieg ausgerichteten – Staat. Im Kern seiner stehenden Armee befand sich eine neue und sehr streng geführte Kampfmaschine, die Phalanx der Infanterie. Es war unvermeidlich, dass Philipp sein neu strukturiertes Heer gegen die älteren Stadtstaaten des Südens richtete, die sich angesichts der Bedrohung durch die nördlichen Emporkömmlinge zusammengeschlossen hatten. Im Jahre 338 v. Chr. überwältigte die makedonische Phalanx in einer blutigen Schlacht bei Chaironeia die Hopliten der südlichen griechischen Staaten. In dieser Schlacht erwarb sich der junge Alexander Anerkennung für seinen Mut und seine Entschlossenheit sowie für seinen taktischen Scharfsinn. Mit der Demokratie war es nun endgültig vorbei. Jetzt regierte die makedonische Monarchie Griechenland. Im folgenden Jahr wurde Philipp im Theater von Aigai ermordet, und sein junger Sohn Alexander wurde König. Die Bühne war bereitet.

Alexanders Geburt und Herkunft

> Andeutungen von Größe: »Durch meinen Vater Philipp stamme ich aus der Linie des vergöttlichten Herakles, eines Enkels des Zeus, und aus der Linie des Achill durch meine Mutter Olympias …« (Chigi-Relief, Rom)

Alexander wurde 356 v. Chr. geboren, möglicherweise am 20. Juli, für diejenigen, die Horoskopen Bedeutung beimessen, also im Sternzeichen des Krebses. Sein Vater war Philipp, König von Makedonien, der aus disparaten Volksstämmen und Fürstentümern ohne fremde Hilfe

Links: Goldmedaillon mit dem Kopf von Alexanders Vater Philipp, von dem Alexander behauptete, er sei ihm mit »Boshaftigkeit und Eifersucht« begegnet.
Rechts: Onyx-Kamee mit dem Porträt Alexanders und seiner Mutter Olympias (278 v. Chr.). Viele glaubten, das Paar sei an der Ermordung Philipps beteiligt gewesen.

das makedonische Königreich begründet hatte. Alexanders Mutter, Olympias, war eine junge Prinzessin aus Epirus, der an Albanien angrenzenden Gebirgsgegend. Philipp hatte sich angeblich in sie verliebt, als er die 14-Jährige bei der Feier des Mysterienkults auf der Insel Samothrake sah. Spätere Autoren beschreiben Olympias als eine exzentrische und engagierte Frau, die sich seltsamen Bergkulten hingab, mit Schlangen umging und eine Anhängerin des Dionysos war, des Gottes der Ekstase und Besessenheit.

Alexander erbte offensichtlich von beiden Eltern einige seiner Charakterzüge. Wie sein Vater war er ein rücksichtsloser und pragmatischer Politiker. Aber er zeigte auch eine große Schwäche für Orakel, Kulte und Vorzeichen, eine Neigung, die er vermutlich von seiner Mutter geerbt hatte, ebenso wie ihr impulsives und gefühlsbetontes Temperament.

Die Beziehung zwischen seinem Vater und seiner Mutter war nie einfach. Man erzählte sich, dass Philipp Olympias aus dem Wege ging, nachdem er sie eines Nachts mit einer Schlange im Bett gesehen hatte – eine Geschichte, die zu Legenden führte: Sie sei von einem Gott geschwängert worden, und Alexander sei nicht der Sohn eines sterblichen Vaters. Später lag es nicht im Interesse der Mutter oder des Sohnes, solche Geschichten abzustreiten. Olympias entwickelte eine intensive und vielleicht zwanghafte Beziehung zu ihrem Sohn. Philipp praktizierte, so wie es im makedonischen Königshaus Sitte war, die Polygamie, und als Olympias Mitte dreißig war, verließ er sie wegen einer jüngeren Frau. Der junge Alexander ergriff die Partei seiner Mutter und ging mit ihr für eine Weile in ihre Heimat Epirus. Bei seiner Rückkehr musste er sich höhnische Bemerkungen wegen der zweiten Ehe seines Vaters und eines neuen Erben gefallen lassen. (Später hatten Olympias und Alexander ihre Rache: Das Kind und seine Mutter wurden, als Alexander an die Macht kam, von Olympias ohne Erbarmen getötet. Eine solche Brutalität innerhalb des Königshauses muss man sich ins Gedächtnis rufen, wenn man sieht, mit welcher Rücksichtslosigkeit Alexander später ehemalige Freunde liquidierte, die sich ihm in den Weg stellten. Augenscheinlich hatte er das harte Durchgreifen in seiner Jugend gelernt.)

Alexanders frühe Jahre

Der dünne Deckmantel der hellenischen Kultur konnte nicht darüber hinwegtäuschen, dass Alexander in einer halbbarbarischen Welt erzogen wurde, an einem Hof, an dem viel getrunken wurde, an dem das Leben hart und der von heftigen Fehden zerrissen war. Wie bei einer solchen Persönlichkeit nicht anders zu erwarten, gibt es viele Geschichten über den jungen Alexander, die seinen späteren Ruhm vorwegnehmen. Eine erzählt von einem Besuch persischer Gesandter in Pella. Sie mussten es sich gefallen lassen, von dem Wunderknaben detailliert über Straßen und Entfernungen in ihrem Heimatland befragt zu werden. Angeblich reisten sie tief beeindruckt ab. Der berühmte Bericht darüber, wie Alexander das Pferd Bukephalus bändigte, gehört in dieselbe Kategorie. Das Pferd, nach seinem auffälligen Brandzeichen »Ochsenkopf« benannt, war von einem thessalischen Züchter zu Philipp gebracht worden. Das Tier war schön, der Preis hoch, doch niemand vermochte es zu zähmen. Zu jedermanns Erheiterung wettete Alexander mit seinem Vater, dass er dazu imstande sei, und indem er das Pferd zur Sonne drehte (auf diese Weise würde es von seinem eigenen Schatten nicht beunruhigt werden), führte er es herum, brachte es zur Ruhe, sprang auf und sprengte davon. König Philipp lachte: »Mein Sohn, such dir ein Reich, das deiner würdig ist; denn Makedonien ist zu klein für dich.« (Plutarch, *Alexander* 6; Übers. M. Giebel)

Als Alexander 13 oder 14 Jahre alt war, schickte sein Vater ihn zum Studium in die »Gärten des Midas« nach Mieza. Dort lehrte der größte Philosoph jener Zeit bzw. aller Zeiten, Aristoteles von Stageira. Es ist merkwürdig, dass sich zwei der bedeutendsten Persönlichkeiten der Weltgeschichte auf diese Weise begegnen sollten, und wenn Alexander politisch gesehen der Vater des Hellenismus ist, so kann Aristoteles als dessen spiritueller oder philosophischer Kopf gelten. Aristoteles flößte Alexander eine lebenslange Neigung zur Philosophie ein, und wir wüssten sehr gerne mehr über diese Beziehung. Alexander soll zu Aristoteles »wie zu einem Vater« aufgeblickt haben. Viele Briefe, die sie sich geschrieben haben, sind erhalten, einige könnten durchaus echt sein. Weitere werden selbst jetzt noch in muslimischen Bibliotheken in Indien entdeckt. Aristoteles soll Alexander seine wertvolle Abschrift der *Ilias*, der Geschichte des Troianischen Krieges, gegeben haben, und eben dieses Buch hat Alexander mit nach Indien genommen. Selten wird es einem Lehrer vergönnt gewesen sein zu erleben, wie seine Theorien auf so hoher Stufe in die Praxis umgesetzt wurden. Und nur selten kann ein Lehrer schließlich so sehr die Macht seines Schülers gefürchtet haben. Aristoteles' Neffe Kallisthenes sollte Alexanders Feldzug als Chronist begleiten, doch, wie wir noch sehen werden, zerstritt er sich unter höchst dramatischen Umständen mit dem König, und zum Schluss führte dies zum Bruch der Freundschaft zwischen Alexander und Aristoteles.

Alexanders Sexualleben

Über Alexanders sexuelle Neigungen wird immer noch heftig spekuliert, wobei das Spektrum vom Familienvater bis zur Kultfigur der Homosexuellen reicht. Seine wichtigste Beziehung zu einer Frau war offensichtlich die zu seiner Mutter. Allem Anschein hatte er erst mit 23 Jahren sexuelle Kontakte mit einer Frau, und obwohl er herzliche Beziehungen zu einigen älteren Frauen entwickelte (man könnte sie vorsichtig als Mutterfiguren bezeichnen, z.B. die Königin Ada von Karien und die persische Königinmutter Sisygambis), lässt sich seine Einstellung zu jüngeren Frauen nicht ermitteln. Falls man den griechischen Historikern Glauben schenken darf, vermied er ostentativ den Kontakt mit Dareios' Frau Stateira, die in makedonische Gefangenschaft geraten war und als die schönste Frau Asiens galt. Von ihrer Schönheit sagte er, sie »martere seine Augen« (Plutarch, *Alexander* 21). Doch dies klingt recht merkwürdig für einen Mann seiner Zeit. Man weiß, dass er von seiner Geliebten Barsine ein Kind hatte und zwei von seiner Frau Roxanne, doch seine engsten emotionalen Bindungen hatte er allem Anschein nach zu Männern. Daher ist es unklar, ob Alexander, als er Sex als eines der Dinge bezeichnete, die »ihn an seine Sterblichkeit erinnerten« (Plutarch, *Alexander* 22), den Sex mit Männern oder Frauen oder auch mit beiden meinte. Solche Rätsel scheinen indes für seine Zeitgenossen ohne Bedeutung gewesen zu sein, denen es, anders als uns Heutigen, fern lag, heterosexuelle Beziehungen zur Norm zu erheben.

Oben: Der Philosoph Aristoteles, den Alexander bis zu ihrem Zerwürfnis »als einen Vater« betrachtete. Römische Kopie einer griechischen Bronze.

Links: Bei den Griechen standen die Makedonen in dem Ruf, gewalttätig, rüpelhaft und sehr trinkfest zu sein. Ausschnitt aus einer Vase (4. Jahrhundert v. Chr.).

Seine intimsten Freundschaften waren gewiss die mit Männern. Er lebte in einer durch und durch männlichen Gesellschaft, seine Freunde kamen aus der Oberschicht, und viele von ihnen begleiteten ihn auf seinem Asien-Feldzug. Seine engste Beziehung in dem Freundeskreis junger Gefährten hatte er mit Hephaistion, den er vielleicht schon als Kind kannte. Spätere Geschichten porträtieren Hephaistion als Alexanders Alter Ego, dessen heroische Träume er teilte, »ein anderer Alexander«, der den König ostentativ »um seiner selbst willen« liebte. Auf einem Grabdenkmal, das bald nach dem Tod des Königs errichtet worden war, wird das Paar – zusammen mit der Schicksalsgöttin Tyche – fast wie göttliche Zwillinge dargestellt, als zarthäutige androgyne Gestalten. Echte Beweise für ihre Freundschaft lassen sich jedoch in unseren Quellen überraschenderweise kaum finden. Als wichtigstes Indiz kann vielleicht die extreme Trauer des Königs bei Hephaistions Tod gelten – eine Trauer, die eine sehr starke, ja sogar obsessive Zuneigung verrät. Ihre jugendlichen Beschäftigungen entsprachen den in jeder militärischen Aristokratie üblichen: Reiten, Spiele, Gymnastik und Jagen (einmal wurde während eines Erholungsaufenthalts in Samarkand ein Wildreservat von mehreren tausend Tieren an einem Jagdtag ausgelöscht). Eine andere rein männliche Beschäftigung war das Trinken. Die Makedonen waren in ganz Griechenland für ihren ungeheuren Weinkonsum berühmt, mit dem sie die Besucher an ihrem Hof schockierten. Als er 22 war und die Welt ihm zu Füßen lag, war Alexander besser in der Lage, diese wüsten Saufgelage zu ertragen als dann mit 32, als sich das Schicksal über ihm zusammenbraute.

Was für ein Mann war Alexander?

Über sein Aussehen geben tausend Bildnisse Auskunft. Diese zeigen ihn gewöhnlich mit gewellter Löwenmähne und Stirnlocke (*anastolé*), zur Seite geneigtem Kopf und versonnen nach oben blickenden Augen. Es ist das konventionelle antike Porträt des idealen Mannes – eines Träumers mit Löwenmut. Doch ob er wirklich so ausgesehen hat, ist unsicher. Bildnisse dieser Art dienten vor allem der Vermittlung einer politischen und kulturellen Botschaft, genau so wie es die offiziellen Porträts heutzutage tun. Aber wir haben Fernsehen und Fotos und wissen somit alle, wie der Präsident der Vereinigten Staaten aussieht. Zur Zeit Alexanders, als nur so wenige Leute den König in natura haben sehen können, musste das Bild, das von seinen Künstlern für die Propaganda geschaffen wurde, nur eine sehr allgemeine Ähnlichkeit mit seinem wirklichen Gesicht aufweisen. Was vor allem zählte, war die Idee. Wir wissen, dass er klein und stämmig war (sein Vater Philipp war nur etwa 1,52 m) und dass er einen rötlichen Teint besaß; er lief, wenn er zornig war, rot an. Auf der einzigen frühen Darstellung in Farbe, die wir von ihm haben, dem Mosaik von Issos (heute im Nationalmuseum von Neapel), ist sein Haar braun und wirr. Dasselbe Bild zeigt ihn mit einem starken Kinn, hervorstehenden Augen und einer vorspringenden, geraden Nase (wie sie auch sein Vater hatte). Dies dürfte seinem wirklichen Aussehen am nächsten kommen, doch letzten Endes bringen uns die Abbildungen Alexanders nicht weiter, weil sie zwar dieselben Grundzüge aufweisen, sich aber im Detail nicht sehr ähneln. Es bleibt ein Paradox, dass wir, obgleich Alexander einer der berühmtesten Männer war, die jemals gelebt haben, nicht wirklich wissen, wie er aussah.

Fest steht hingegen, dass Alexander als ein ungewöhnlich starker junger Mann aufwuchs, der über ein hohes Durchhaltevermögen und große mentale Kräfte verfügte; er konnte rasch und skrupellos vorgehen und hatte die Gabe, die Gelegenheit beim Schopfe zu packen – einer der Schlüssel zu seiner Feldherrnschaft. Hinsichtlich seiner Psyche gab und gibt es größte Meinungsverschiedenheiten. Er wird sowohl als einer der edelsten Menschen, die je lebten, dargestellt als auch als mörderischer Eroberer, der durch Ströme von Blut watete, um Asien in seine Gewalt zu bringen.

Es gibt viele Geschichten, die sein Wesen veranschaulichen sollen; manche sind vielleicht sogar wahr. Plutarch, der auf frühe Quellen zurückgreifen konnte, stellt es treffend dar. »Während er sonst«, sagt er, »der angenehmste Gesellschafter von allen Königen überhaupt war und jede erdenkliche Liebenswürdigkeit zeigte, wirkte er dann« (besonders wenn er betrunken war) »durch einen Hang zur Ruhmredigkeit unangenehm und kehrte gar zu sehr den Soldaten heraus, indem er nicht nur selber großsprecherisch auftrat, sondern sich auch hemmungslos seinen Schmeichlern in die Hände gab.« (Plutarch, *Alexander* 23)

Alexander war offensichtlich ein zu Extremen und Widersprüchen neigender Mann. Seine Geschichte ist voll von ritterlichen Gesten, insbesondere Frauen gegenüber, wie etwa denen aus der Familie des Dareios. Andererseits legte er eine fast sadistische Boshaftigkeit denen gegenüber an den Tag, die sich ihm in den Weg stellten. Er war zu großen Energieleistungen imstande, gefolgt von langem Schmollen; zu grimmiger Selbstverleugnung, dann wieder zu erstaunlicher Maßlosigkeit; zu extremer Großzügigkeit und mörderischer Grausamkeit gegenüber früheren Freunden. Dem lag vielleicht, falls wir richtig vermuten, eine tiefe Unsicherheit zu Grunde, die in seiner Kindheit ihren Ursprung hatte und vor allen Dingen in der Beziehung zu seinem Vater. Diese Unsicherheit wurde durch die Tatsache, dass er der mächtigste Mann der Welt wurde, nicht geringer, sondern sogar noch größer. In gewissem Sinn versinnbildlicht er die Einsamkeit der Macht. Aber das hieße, die Geschichte vorwegzunehmen …

Alexander wird König

Als Philipp im Juni 336 im Theater von Aigai ermordet wurde, geriet sofort der Bestand des von ihm gegründeten Königreichs in Gefahr. Es ging das Gerücht, Alexander und seine Mutter seien an Philipps Ermordung beteiligt gewesen, was, obwohl es niemals bewiesen wurde, durchaus möglich ist. Jedenfalls wurde Alexander im Alter von 20 Jahren Herrscher eines Königreichs, das zu jenem Zeitpunkt von gewaltigen Spannungen, feindseligem Neid und »Gefahren von allen Seiten« (Plutarch, *Alexander* 11) bedroht war. Im Norden erhoben sich aufständische Balkanstämme, und Alexander drang bis an die Donau vor, um sie in einem Blitzfeldzug zu

---

Umseitige Abbildung: Fürstliches Freizeitvergnügen – das zeitgenössische Löwenjagd-Mosaik aus dem Palast in Pella. Der junge Prinz links könnte Alexander sein; rechts kämpft vielleicht Hephaistion, der Günstling des Königs. Sie lebten in einer Gesellschaft, in der Männer früh das Töten lernten.

bezwingen. Dann revoltierte – was sich als etwas ganz Entsetzliches erweisen sollte – Theben in Zentralgriechenland gegen die Makedonen. Obwohl Theben eine der berühmtesten und ältesten griechischen Städte war, wurde es geplündert und seine Bevölkerung umgebracht oder versklavt (dennoch verschonte Alexander mit einer dieser charakteristischen Gesten, die für seinen Lebensweg bezeichnend sind, die Nachkommen des großen thebanischen Dichters Pindar). Die Athener schlossen Frieden.

Mit 21 Jahren war Alexander der unbestrittene Führer der griechischen Welt bzw. der »Tyrann Griechenlands«, wie seine Feinde sagten – ein Spott, über den er sich mehr ärgerte als über jeden anderen.

Feldzug gegen Persien

Dann lenkte er seine Aufmerksamkeit auf Persien. Im Jahr zuvor hatte ein Kongress griechischer Stadtstaaten, der in Korinth abgehalten worden war, den Beschluss gefasst, Alexander bei einer Invasion Persiens militärisch zu unterstützen und als Oberbefehlshaber anzuerkennen. Alexander hatte bereits ein Expeditionskorps in Kleinasien, jenseits der Dardanellen, befehligt von Parmenion, einem erfahrenen General von Mitte 60, der die rechte Hand seines Vaters gewesen war. Jetzt wollte Alexander mit der Hauptarmee folgen, unterstützt von einer Flotte, die er unter seinen griechischen Verbündeten ausgehoben hatte.

Zuerst besuchte er Delphi, um das Orakel wegen des Feldzugs zu befragen. Schon in den Anfängen seiner Laufbahn hatte Alexander geradezu besessen immer wieder Orakelsprüche eingeholt. Darin war er ganz ein Mann seiner Zeit. An einem ungünstigen Tag, an dem die Seherin keine Antworten erteilte, begab er sich nach Delphi. Als sie sich daher weigerte, ihres Amtes zu walten, machte er sie ausfindig und versuchte, sie zu dem Schrein zu ziehen. Von seiner Hartnäckigkeit beeindruckt sagte sie: »Du bist unbesiegbar, mein Sohn« (Plutarch, *Alexander* 14). Das war alles, was er hören wollte. Der Feldzug war eröffnet.

Das Heer versammelte sich in Amphipolis in Nordgriechenland: 32 000 Mann, dazu noch einmal 12 000 in der Vorhut, die schon im Jahr zuvor übergesetzt war. Es war eine der stärksten und professionellsten Armeen der antiken Welt und letzten Endes buchstäblich unbesiegbar. Ihre mobile Elite war Alexanders berittene Leibgarde, die sich aus den Besten der makedonischen Aristokratie zusammensetzte. Das Rückgrat der Armee bildete die Phalanx, sechs bestens trainierte Infanteriebrigaden, die verschiedene Gefechtstechniken beherrschten, aber auf eine bestimmte Schlachtordnung spezialisiert waren: auf eine Igel-Formation, bestehend aus acht hintereinander aufgestellten Soldaten mit 5,5 m langen Stoßlanzen. Daneben gab es auch Spezialeinheiten: Plänkler, Bogenschützen, leichte Infanterie mit Gebirgstraining (die 1000 Agrianen, die oft als die Gurkhas der Antike bezeichnet wurden und in vielen seiner waghalsigsten Unternehmungen eingesetzt wurden). Außerdem gab es Einheiten von nicht-makedonischen Griechen (in ähnlicher Weise gliederten bei der Operation »Wüstensturm« die Vereinigten Staaten Truppen aus vielen muslimischen Ländern in ihr Heer ein, um nicht den Anschein zu erwecken, es handele sich um eine rein westliche Unternehmung). Die besten dieser Einheiten waren die hochkarätigen Reiterschwadronen aus Thessalien. Für Alexander war die Präsenz von

Truppen aus Südgriechenland hilfreich, um seinen Anspruch zu rechtfertigen, er sei der »Oberbefehlshaber der Armee der Hellenen«.

Zahlreiche andere Spezialisten bildeten die Hilfstruppen. Das Heer verfügte z. B. über eine Belagerungseinheit (unter Alexander wurde zum ersten Mal in der Geschichte eine raffinierte Belagerungstechnologie mit beweglichen Belagerungstürmen, Steinschleudern und Speerwerfern entwickelt). Es gab Ingenieure, Brückenbauer, Pioniere, Landvermesser, dazu ein Versorgungskorps. Auch die Medizin spielte für die oberste Heeresleitung eine wichtige Rolle: Uns liegen Rechnungen vor über Tonnen von Arzneimitteln, die für den Feldzug in Indien verschickt wurden, und es sind uns auch die Namen einiger Ärzte Alexanders überliefert. Darüber hinaus begleitete eine große Zahl von Nonkombattanten die Streitkräfte, deren Anwesenheit manchmal wohl die persönlichen Interessen des Königs widerspiegelt: Naturwissenschaftler, Botaniker, Astronomen, Philosophen, Seher und der offizielle Chronist oder Propagandist Kallisthenes, der selbstgefällig verkündete, er habe sich dem Feldzug angeschlossen, um dem König in der Nachwelt »einen Namen zu machen«.

Im Frühjahr 334 rückten die Soldaten auf die Dardanellen zu, den Hellespont, wie ihn die Griechen nannten, die große Schnittstelle zwischen Europa und Asien. Die Welt würde niemals mehr sein wie zuvor.

ERSTER TEIL

Die Invasion Asiens

Griechenland und Türkei
334–333 v. Chr.

Alexander geht über die Dardanellen nach Asien
und opfert den Helden des alten Troia; erstes Blutvergießen:
die Schlacht am Fluss Granikos; Alexander in Ephesos;
die seltsame Geschichte des Orakels in Didyma;
der Marsch entlang der lykischen Küste;
die Belagerung von Halikarnass; die Legende
vom Gordischen Knoten; der Perserkönig Dareios
tritt in den Krieg ein; die Schlacht von Issos

Es war an einem Morgen im Mai. Obwohl unsere Quellen dies nicht bezeugen, fegten wohl wie gewöhnlich starke Winde über die Dardanellen zur troianischen Küste. Mitten durch die Meerenge schoss eine Flotille von Gallipoli herüber, im Kampf mit der starken stahlblauen Strömung des Hellespont. Auf dem Flaggschiff wehrte sich ein blumengeschmückter gefesselter Stier, als ihm die Kehle durchschnitten wurde. Seher gossen eine Opfergabe aus einer goldenen Schale, die sie anschließend ins Meer warfen. Am Bug des Flaggschiffs stand ein junger Mann in seiner Paraderüstung, mit Beinschienen und Schild, auf seinem Brustpanzer die Darstellung eines Hauptes der Gorgo, deren Blick angeblich den Betrachter in Stein verwandelt. Als der Kiel auf dem Sandstrand aufsetzte, war er der Erste, der ans Ufer sprang. Während er durch die Wellen watete, schleuderte er seinen Speer auf den Strand und erklärte mit schriller Stimme Asien zu seinem rechtmäßigen Eigentum, das er »mit dem Speer erobert habe«. Der Rächer war gekommen.

In der Besika-Bucht erhob sich oberhalb des Ufers ein kegelförmiger Tumulus, welcher der Überlieferung nach das Grabmal des Achill sein sollte, des Helden des Troianischen Krieges. Hier zogen sich Alexander und sein Freund Hephaistion nackt aus, schnitten sich Haarlocken ab und liefen um das Grab. Sie blickten weit in die Vergangenheit zurück, nicht nur auf den 150 Jahre zurückliegenden großen Perserkrieg, sondern auf weitaus frühere mythische Zeiten, als die Griechen zum ersten Mal in Asien eingedrungen waren, um die Entführung Helenas durch die Plünderung Troias zu rächen.

Später ritten sie zur Stadt hinauf, einer kleinen mit Mauern umgebenen Ortschaft auf einem steilen Hügel, der sich über einer windumtosten Ebene erhob. Auf der kleinen Akropolis traten sie in den archaischen Tempel der Göttin Athene. Im Licht von Öllampen wurden ihnen dort an den Wänden pechgeschwärzte Waffen gezeigt, die, wie die Führer ihnen erzählten, Achill gehört hatten und von den Griechen geweiht worden waren, nachdem die Stadt geplündert, ihre Männer getötet und die Frauen und Kinder versklavt worden waren. (Dies waren die üblichen grausamen Sitten der heroischen Kriegführung, an die sich auch Alexander später in ganz Asien halten sollte.) Der König nahm den Schild von der Wand und ersetzte ihn durch seinen eigenen. Er sollte ihn auf dem ganzen Weg nach Indien mit sich tragen, wo er ihm Jahre später in der hitzeglühenden Ebene von Punjab das Leben retten würde. Vielleicht legte er in eben diesem Augenblick ein Versprechen ab (welches erst nach seinem Tode bekannt wird): Er werde, falls er siegreich wäre, in das kleine Ilion zurückkehren und der troianischen Athene, zum Dank für ihre Hilfe, einen riesigen Tempel bauen, den größten der Welt.

Alexanders Besuch in Troia war nicht nur ein Propagandacoup, das antike Pendant einer Pressekonferenz. Auch handelte es sich nicht um einen bloßen Jungenstreich oder gar eine religiöse Pilgerreise. Für Alexander und seine Zeitgenossen war dies ein heiliger Platz, durchtränkt

---

Vorhergehende Seiten, links: Der Schild des Achill, des tapfersten aller Helden, auf einer griechischen Vase.
Dieser Schild wurde von Alexander bis nach Indien mitgeführt und rettete ihm dort das Leben.
Rechts: Der junge Alexander – geneigter Kopf, nach oben gerichteter Blick, verträumte Augen, Löwenmähne. Dieses Fantasie-Porträt Alexanders (2. Jahrhundert v. Chr.) konnte jedermann gefallen. Wie er wirklich aussah, lässt sich nicht mit Sicherheit sagen.

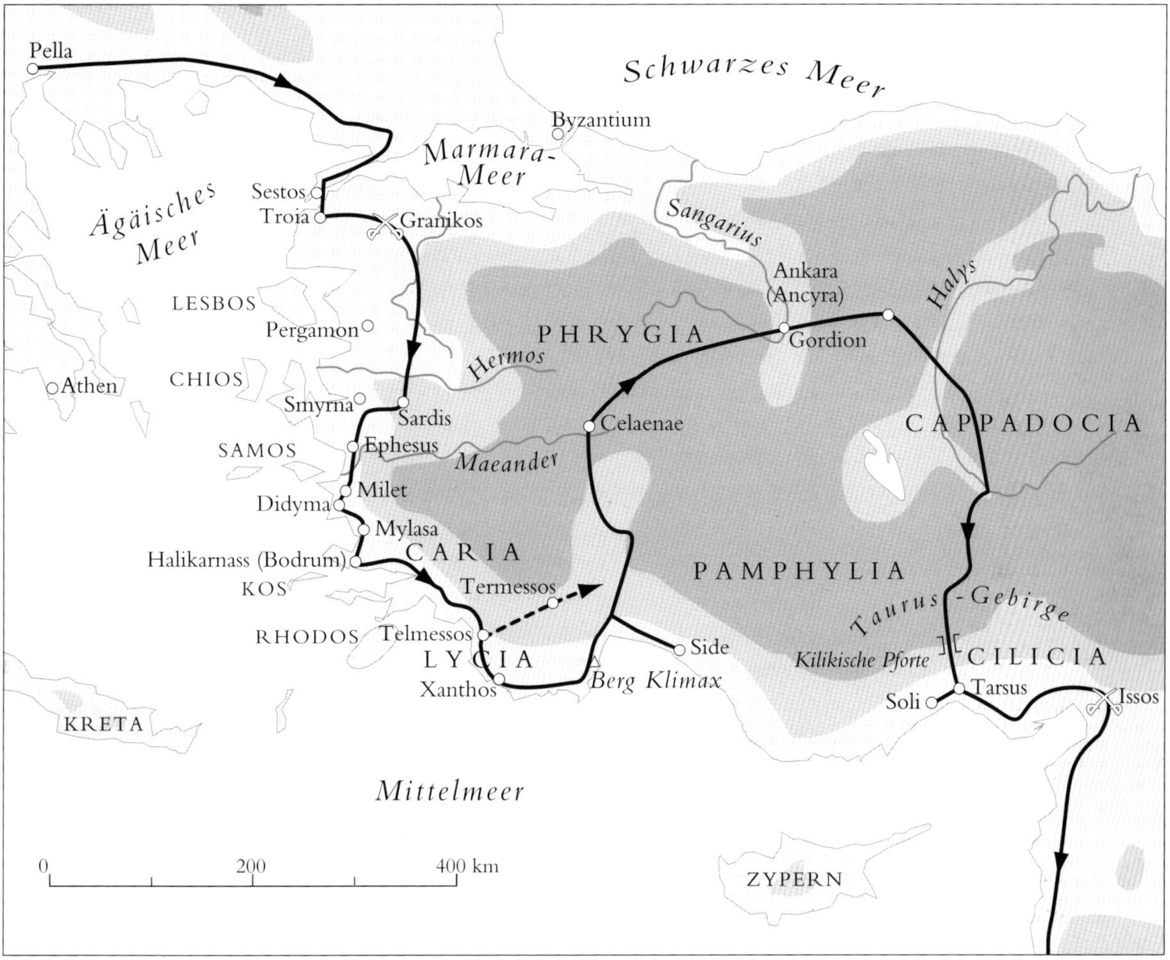

von Heldenblut und bewohnt von Heldenseelen. Nun waren die Geister der Vorfahren für den Krieg gegen Asien mit aufgeboten.

An der Meerenge setzte das Heer von Sestos nach Abydos über, 160 Schiffe, die von Parmenions Vorhut gesichert wurden. Alexander begab sich rasch wieder zu seinen Truppen, und die Makedonen machten sich auf den Weg in die Ebene am Marmara-Meer. Die Perser hatten es versäumt, die Makedonen an der Landung zu hindern. Wie würden sie nun reagieren? Selbstverständlich hatten sie gewusst, was kommen würde. Sie hatten zahlreiche Spione, Verbündete und ihnen wohlgesinnte Informanten in Griechenland, wo der gegenüber den Makedonen schwelende Unmut so verbreitet war, dass viele gewillt waren, mit Dareios zusammenzuarbeiten. Sie wollten sehen, wie der junge Aufsteiger wieder in seine Schranken verwiesen würde. Dareois hatte bei den Dardanellen ein starkes Heer aufgestellt. Sein Rückgrat bestand aus mehreren tausend griechischen Söldnern, die keinen Grund hatten, die Makedonen zu lieben. Es gab daneben

noch eine große persische Flotte, die vor der ägäischen Küste kreuzte. Das Reich der Perser war so riesig, seine Ressourcen und Goldreserven so unermesslich, dass man es sich leisten konnte, ein Heer nach dem anderen gegen Alexander aufzubieten und hinter seinem Rücken sogar noch Aufstände zu schüren. Doch in diesem Augenblick, vor dem ersten Waffengang, schien für Dareios die Lage vielleicht nicht so ernst, wie sie sich ihm später zeigen sollte. Wie die Athener spotteten, war Alexander »nur ein Knabe, ein *margites*, ein ›völlig Durchgeknallter‹«.

In Zeleia, der heutigen Kleinstadt Sarikoy an der Hauptstraße Bursa-Cannakkale südlich des Marmara-Meeres, hielt die persische Heeresleitung einen dringlichen Kriegsrat ab. Der persische Feldherr im Westen war der örtliche Statthalter, der Satrap Phrygiens, doch der Anführer seiner griechischen Söldner war Memnon von Rhodos, einer der schwierigsten Gegner, denen sich Alexander je gegenüber sah. Memnon, der mit einer Adligen aus dem persischen Königshaus verheiratet war, entstammte einer einflussreichen Offiziersfamilie und war Alexander wahrscheinlich in Makedonien begegnet. Er konnte sich in das ungestüme und etwas manische Temperament des jungen Königs gut einfühlen und legte dar, dass es besser sei, dessen Erwartungen zu enttäuschen, statt ihm in die Hände zu spielen, indem man tat, was er wünschte. Jedenfalls seien die persischen Kampftruppen nicht stark genug, um die makedonische Phalanx zu schlagen. So sei es besser, nicht in einer offenen Feldschlacht mit Alexander zu kämpfen. In Memnons Augen war »verbrannte Erde« die beste Taktik: Alexander von der Versorgung abzuschneiden, indem man das Land verwüstete. Die persischen Befehlshaber sträubten sich allerdings gegen den Gedanken, ihre eigenen Felder niederzubrennen, und entgegen Memnons Rat entschieden sie sich für den Kampf. Dies war der fatale Irrtum, der den gesamten Feldzug prägte. Nachträglich gesehen hätte Memnons Plan die Perser und ihren Gebieter vielleicht retten können.

Erstes Blutvergießen

In der frühsommerlichen Abenddämmerung lag ein leichter Staubschleier über der Flussebene mit ihren wogenden Korn- und Sonnenblumenfeldern. Im Teehäuschen der kleinen Ortschaft Cinar Kipru, »Platanenbrücke«, trafen wir den Mullah, er war in Hemdsärmeln. Vor den Abendgebeten führte er uns die schmalen Stufen seines Minaretts hinauf, um uns das Gelände zu zeigen. »Dort ist der Fluss Koçabas Çay, der in der Antike Granikos hieß«, sagte er. »Die Griechen kamen von dieser Seite, die Perser zogen vom Fluss herüber. Die Schlacht hat hier direkt vor Ihnen stattgefunden.«

Vom Minarett aus konnten wir sehen, wie sich der Fluss, von Bäumen umstanden, zu den Biga-Hügeln schlängelte. In der Ferne erstreckten sich gelbe Felder vor dem niedrigen Bergkamm, auf dem die griechischen Söldner Stellung bezogen hatten. Dieser Knotenpunkt, der in der Antike als »Tore Asiens« bekannt war, gehörte zu denen, die seit alters her von Reisenden und Armeen passiert wurden. Genau hier trifft die alte, am Marmara-Meer entlangführende Straße der

---

Von Natur aus zum Töten bestimmt: Der 22-jährige Alexander am Granikos. Alexander-Sarkophag von Sidon, jetzt in Istanbul (etwa 310–300 v. Chr.)

Römer und Griechen auf die Route, die in Richtung Süden nach Sardes abbiegt. Gleich daneben markiert eine vollständig erhaltene Römerbrücke die alte Kreuzung. Der Fluss konnte durchaus ein Hindernis darstellen. Heutzutage ist er ungefähr 25 m breit. Seine steilen Ufer sind stellenweise eingebrochen, und die Böschungen fallen flach ab zum Fluss, der von feinkörnigen, weißgrauen Kiesablagerungen gesäumt ist. Im Winter schwillt der Fluss stark an und ist dann oft sechs oder noch mehr Meter tief, doch im Frühling führt er gewöhnlich weniger Wasser, und ab Mai kann man ihn leicht zu Fuß durchqueren. Dies war der Schauplatz von Alexanders erster Schlacht in Asien.

In der Dämmerung dieses Maiabends rückte Alexanders Heer in Schlachtformation auf den Fluss zu. Vor ihm, auf der gegenüberliegenden Seite, hatten die Perser ihre Reiterei in einer langen Reihe am Fluss entlang aufgestellt, etwa 10 000 Mann, darunter Eliteschwadronen, die aus so weit entfernten Gegenden wie Baktrien in Nordafghanistan kamen. Auch bei den Persern gab es ungefähr 4000 griechische Söldner und daneben weitere Fußtruppen, die sie auf einer kleinen Anhöhe postierten, 1 oder 2 km vom Fluss entfernt. Dabei gingen sie ganz offensichtlich davon aus, dass diese Verbände nicht zum Einsatz kommen würden. Die Perser hatten bloß die Absicht, Alexander aufzuhalten und zu verhindern, dass er über den Fluss ging. Und obwohl es sehr ungewöhnlich war, dafür die Kavallerie einzusetzen, vertrauten sie offenbar darauf, mit ihr den gewünschten Erfolg zu haben.

Im makedonischen Führungskommando plädierte Alexanders altgedienter General Parmenion dafür, die Schlacht zu verschieben. Es sei nun schon zu spät, die Sonne gehe gleich unter. Alexander wollte jedoch nichts davon wissen. Die Perser hatten ihm die Initiative überlassen, und er war nicht der Mann, diese Herausforderung zurückzuweisen. Er beschloss, sogleich loszuschlagen. Arrian, ein späterer griechischer Historiker, hat diesen Moment in einer eindrucksvollen und bewegenden Schilderung festgehalten. Vor dem ersten Schlag habe, so schreibt er, tiefe Stille geherrscht, so »als zögerten sie vor dem, was nun kommen musste« (*Anabasis* 1,14,5; Übers. G. Wirth und O. v. Hinüber) – vielleicht schreckten sie nicht nur vor dem Gefecht hier zurück, sondern überhaupt vor dem ganzen schrecklichen Krieg, der sich bis nach Indien ausweiten und zahllose Todesopfer und den Niedergang ganzer Reiche zur Folge haben sollte.

Die Stille wurde durch schmetternde Trompeten und ein furchtbares Gebrüll unterbrochen: Die Makedonen riefen zu ihrem Kriegsgott. Dann geschah alles sehr schnell. Alexander startete mit 1000 Berittenen und 500 Leichtbewaffneten einen Scheinangriff, um die Feinde hinunter ins Flussbett zu ziehen. Sie sollten glauben, der Hauptangriff habe bereits begonnen. Die Perser waren nervös und fielen auf das Täuschungsmanöver sofort herein. Mit ihrem linken Flügel drängten die Perser vorwärts. Dabei verloren sie alle ihre Speere und stießen mit der Vorhut zusammen. Am Ufer und im Flussbett kam es zu einem wilden Handgemenge. Nachdem sich die Perser auf den Kampf eingelassen hatten, führte Alexander seine Eliteschwadronen in den Fluss hinunter. Er stellte sie, die Front abschrägend, nach rechts »gegen die Strömung des Flusses«, um so die Schlachtreihe der Perser einzukreisen und von der Seite über sie herzufallen. Entgegen allen Erwartungen hatte sich Alexander vor den Augen seiner Feinde den Übergang über den Fluss erzwungen.

In einem letzten verzweifelten Versuch, Alexander zu töten, umzingelten nun einige der ranghöchsten persischen Offiziere den König. Einer von ihnen kam so nahe an ihn heran, dass er ihn am Helm traf, doch nach einem erbitterten Gefecht wurde Alexander durch die schnelle Reaktion eines seiner berittenen Offiziere gerettet: durch den Schwarzen Kleitos, dessen Schwester die Amme des Königs gewesen war. Acht der persischen Befehlshaber wurden in dem Getümmel niedergemetzelt, darunter auch Dareios' Schwiegersohn. Innerhalb von wenigen Minuten war alles vorüber.

In der Zwischenzeit sahen sich die griechischen Söldner, die zu den besten Soldaten der Perser zählten, mit einer bösen Überraschung konfrontiert. Während sie im Dämmerlicht auf dem weiter hinten gelegenen Bergkamm standen, hatten sie das Handgemenge am Fluss beobachtet und nur Staub und ein großes Durcheinander wahrgenommen. Dann sahen sie plötzlich, wie die persische Kavallerie zurückwich, Alexander mit seiner Reiterei aus dem Flussbett auftauchte und geradewegs auf sie zurückte. Arrian sagt, die Soldaten seien »einfach nur darüber erstaunt gewesen, welchen Lauf das Geschehen genommen habe« (vgl. Arrian, *Anabasis* 1,16,2). Vom Schlachtfieber ergriffen, startete Alexander einen heftigen Angriff, bei dem er mehrere seiner Begleiter verlor und das Pferd, auf dem er saß, getötet wurde. Daraufhin griff die Phalanx an und ein erbittert geführtes Infanteriegefecht zog sich hin bis zum Einbruch der Dunkelheit. Bis dahin war die Hälfte der Söldner dem Massaker zum Opfer gefallen. Alexander akzeptierte jedoch nur eine bedingungslose Kapitulation. Als der Mond aufging, legten die überlebenden Soldaten schließlich ihre Waffen nieder. Sie wurden in Ketten gelegt und zu lebenslanger Zwangsarbeit in die Silberbergwerke von Thrakien geschickt, wo einige ihrer angeketteten Skelette von heutigen Archäologen entdeckt worden sind. Dies war eine bittere Lehre für alle Griechen, die mit dem Gedanken spielten, in die Dienste des Perserkönigs überzuwechseln.

Der Sieg erschloss die ionische Küste.

Für uns war es auf dem ersten Teilstück unserer Reise leicht, Alexanders Route zu folgen. Einige Städte in der westlichen Türkei ergaben sich und hießen ihn willkommen, darunter vor allem Sardes, die Hauptstadt des westlichen Perserreichs. Die Stadt lag auf einem mächtigen Plateau, das das Tal am Fuße des Berges Tmolos überragte; hier endete die von Susa im Iran kommende königliche Straße. Dann stürmte Alexander das Tal des Flusses Hermos hinunter zur Küste bei Ephesos, dessen gigantischen, der Göttin Athene geweihten Tempel er wieder aufzubauen versprach.

Manche griechische Stadtstaaten fanden die Aussicht, von den Makedonen regiert zu werden, nicht verlockend und waren darauf vorbereitet, Widerstand zu leisten, wobei sie auf die Unterstützung durch die persische Flotte hofften. Einer dieser Stadtstaaten war Milet, die selbsternannte »Metropole Asiens«, deren gewaltige Ruinen am Rande eines verschlammten Vorgebirges liegen, wo das große Theater die grasbewachsene Löwenbucht überragt. Als der Widerstand aufgegeben wurde, behandelte Alexander die Stadt mit Milde, was er sich in diesem Stadium des Krieges leisten konnte. Währenddessen beobachtete ihn die persische Flotte mit Argwohn, und es kam zu gelegentlichen Überfällen. Schwarz drohten die Schiffe am Horizont.

Südlich von Milet kann man heute noch immer Alexanders Spuren zu Fuß verfolgen. Wir wissen, dass er auf seinem Weg nach Süden einen Umweg gemacht hat, um den berühmten Orakelschrein von Didyma zu besuchen, und heutige Archäologen haben jetzt die Heilige Straße freigelegt, durch welche die beiden Orte verbunden waren. Auf dieser Straße muss er gekommen sein. Es ist eine sehr reizvolle Strecke von 20 km, die Hügel hinauf, die mit Dornengestrüpp und

Oben: Das Gorgonenhaupt in Didyma. Alexander trug dieses Bildnis auf seiner Brust, um seine Feinde in Stein zu verwandeln. Er hatte damit Erfolg.

Rechts: Der riesige Apollon-Tempel in Didyma. Hierher kam Alexander im Herbst 334 v. Chr., um das Orakel zu besuchen, dessen heilige Quelle, die lange versiegt war, sofort wieder sprudelte. Wie manche heutige Staatschefs besaß Alexander das außerordentliche Geschick, die Dinge so zu gestalten, wie sie für ihn günstig waren. Das Orakel verkündete, dass er Asien beherrschen werde.

Asphodelen bewachsen sind und nach Salbei duften. Unterwegs kommt man an den Ruinen mehrerer alter Heiligtümer und an ein paar zerfallenen griechischen Kapellen vorbei, bevor man zum Meer hinunter in den alten Hafen von Panormos gelangt, der jetzt durch Ferienhaussiedlungen schrecklich verunstaltet ist. Wenn man sich wieder landeinwärts begibt, wandert man auf dem letzten Stück der Heiligen Straße, die noch immer mit weißem Marmor gepflastert ist, bis man dann die drei noch erhaltenen riesigen Säulen des Tempels von Didyma erblickt, die zu den spektakulärsten Überresten der klassischen griechischen Welt gehören.

Didyma spielte eine sonderbare und bedeutsame Rolle in Alexanders Geschichte. Im Jahre 494, als sich die ionischen Griechen gegen die Perser erhoben hatten, war die Stadt Milet geplündert, ihr Tempel in Didyma entweiht und ausgeraubt und die Kultstatue des Apollon nach Susa verschleppt worden. In jener Zeit hatte ihre Priesterschaft, die Branchiden, mit den Persern gemeinsame Sache gemacht und war daraufhin nach Zentralasien umgesiedelt worden. Dann war das Orakel verstummt, und die heilige Quelle, der die Prophezeiungen entstiegen, war laut Alexanders Propagandachef Kallisthenes versiegt. Als jedoch Alexander nach Didyma kam, begann die Quelle auf wundersame Weise erneut zu sprudeln. Zumindest war das die Geschichte, die Kallisthenes in Umlauf brachte. Das Orakel lebte wieder auf, und eine neue Seherin erhob bald ihre Stimme zugunsten ihres neuen Herrn. Sie sagte seinen Sieg in Asien und den Tod des Dareios vorher. Was die ursprüngliche Priesterschaft angeht, so erwartete ihre Nachkommen im Fortgang der Geschichte ein schreckliches Schicksal: Durch einen erstaunlichen Zufall begegnete ihnen Alexander auf seinem Weg nach Asien und übte Rache für das alte Sakrileg (vgl. S. 152).

Alexander fasste nun den sonderbaren und noch immer umstrittenen Beschluss, seine Flotte aufzulösen. So wie Cortés, der seine Boote an den Ufern des Yucatán verbrannte, wollte er den Krieg zu Lande gewinnen. Er behielt nur eine ausreichende Zahl von Transportfahrzeugen zurück, um die Belagerungsmaschinen von Milet zur Halbinsel von Halikarnass (Bodrum) zu verschiffen.

Von Panormos aus folgten wir ihm nun ebenfalls auf dem Seeweg, auf einem »Gulet« (Segelboot), wie es die Einheimischen benutzen. Bald ließen wir den großen runden Hügel von Samos hinter uns zurück, desgleichen die Zwillingsgipfel von Mykale, wo die Perser ihre Flottenbasis hatten. Den ganzen Nachmittag fuhren wir an einer verlassenen zerklüfteten Küste entlang, vor uns die dunkle Silhouette von Kalymnos. Dann ging es vorbei am Vorgebirge von Iasos, wo, einer seltsamen Sage nach, ein Knabe mit einem Delphin befreundet war und von Alexander adoptiert wurde. Nachdem wir uns in der Abenddämmerung am *Wreck Rock* (»Schiffbruchfelsen«) vorbeilaviert hatten, gelangten wir in die enge Hafeneinfahrt von Myndos (einer Stadt, die ihren Hafen vor Alexander verschloss), und als die Sonne zwischen Kalymnos und der Halbinsel von Milet im Meer versank, gingen wir in einer stillen Lagune vor Anker.

Im Morgengrauen lichteten wir die Anker, ließen Kos rechts liegen und segelten in den Golf von Keramos, um einen ersten Blick auf die große Burg der Johanniter in Bodrum zu werfen. Sie befindet sich an der Einfahrt des alten Hafens von Halikarnass, von wo aus, wie es bereits in der Antike hieß, die Stadt sich noch immer wie ein griechisches Theater in die Hügel hinaufzieht. Dies war der Schauplatz von Alexanders erster Belagerung.

Alexander war mit der Armee auf der alten Straße nach Mylasa (jetzt Milas), der ehemaligen Hauptstadt Kariens, nach Süden vorgestoßen. Dort bot ihm Ada, die entthronte Königin, ihre

Hilfe an (in ihrem Grab, das kürzlich in Bodrum gefunden wurde, entdeckte man das goldgeschmückte Skelett einer Frau von Ende vierzig mit stark ausgeprägten Gesichtszügen). Sie adoptierte Alexander als ihren Sohn und schickte ihm Geschenke und Naschwerk. Was indes noch wichtiger war: Sie sicherte seinem Heer auf dem kargen und trockenen Vorgebirge von Bodrum den notwendigen Nachschub. Dann begann Alexander mit allem Ernst die Belagerung von Halikarnass, der wichtigsten Basis der Perser im südwestlichen Anatolien. Ihr Hauptquartier befand sich im karischen Palast (wo heute die Burg der Johanniter steht). Er überragte die Stadt und das Mausoleum – das riesige Grabmal des Königs Mausolos, eines der Sieben Weltwunder.

Hier hatte Memnon seine Truppen zusammengezogen. Er war jetzt Dareios' Oberbefehlshaber im Westen und, wie die Makedonen einräumten, ein »sehr mutiger Mann mit scharfem strategischen Verstand«. Memnon hatte seine persische Frau Barsine mit ihren Kindern bei Dareios in Sicherheit bringen lassen. Bei Memnon waren die athenischen Söldner-Führer Ephialtes und Thrasybulos, zwei Männer, die seit der thebanischen Revolte auf Alexanders Fahndungsliste standen. Sie konnten sich nicht ausstehen, und Alexander und sie hatten ihre Verteidigungsstellungen massiv verstärkt, um sich auf den bevorstehenden Angriff vorzubereiten. Die Stadt war durch eine mächtige Mauer gut gesichert. Sie ist stellenweise noch erhalten und windet sich hinauf zu den steinigen Hügeln oberhalb von Bodrum. Sie besaß zwei oder drei Haupttore und war an ihrem Fuß von tiefen Gräben geschützt. Außerdem gab es Befestigungsanlagen auf dem Vorgebirge oberhalb des Hafens. Draußen in der Bucht lag eine Flotte von 400 Schiffen. Eine harte Nuss war zu knacken. Hier in Bodrum wurde Alexanders Belagerungstechnik zum ersten Mal getestet, und von seinem Sturmangriff hieß es später, er sei »heftig und entschlossen« gewesen.

Alexander entschied sich, auf der flachen Seite links der Stadt anzugreifen. Dort schütteten seine Pioniere schnell den Graben zu und schlugen eine Bresche in die Mauer, doch unterdessen hatten die Verteidiger hinter der Lücke einen neuen gebogenen Wall in Form eines Halbmonds errichtet, so dass die Makedonen nicht weiter vordringen konnten. Aus der Belagerung wurde ein Wechselspiel von nächtlichen Angriffen und Revanche-Überfällen. Dann ergriff Memnon die Initiative und startete im Morgengrauen einen massiven Überraschungsangriff, um Alexanders Belagerungstürme in Brand zu setzen. Er hatte fast den gewünschten Erfolg, und einen Augenblick lang waren die Makedonen völlig verblüfft. Doch Alexanders Reservetruppe, Veteranen der Feldzüge seines Vaters, schlugen die Angreifer schließlich zurück und fügten ihnen dabei schwere Verluste zu. Ephialtes wurde getötet.

Memnon hatte jetzt genug. Er hatte zwar seinen Gegner richtig eingeschätzt und, solange er konnte, sich mit ihm gemessen, doch als zum Schluss die Sache zu heiß wurde und die Verluste zu groß, entschied er sich für den Rückzug. Er ließ in den Befestigungsanlagen eine Garnison zurück und setzte um Mitternacht seine Truppen nach Kos über. Er steckte seine Arsenale und die militärische Ausrüstung, die er nicht mitnehmen konnte, in Brand. Von seinem Hauptquartier oben auf den Bergen Richtung Milas sah Alexander im Morgengrauen des folgenden Tages einen Rauchschleier über der Bucht und der Stadt. In ihrer Mitte erhob sich das riesige Grabmal des Mausolos unversehrt, und in seinen vergoldeten Zinnen spiegelte sich das morgendliche Licht. Memnon war abgerückt.

Die Zitadelle von Bodrum, die Burg der Johanniter,
die an der Stelle des karischen Palastes, dem Sitz des persischen Hauptquartiers
während Alexanders Belagerung, errichtet wurde.

Alexander hatte gewonnen, aber nicht endgültig. Er hatte Verluste erlitten und würde Truppen zurücklassen müssen, um die übrig gebliebenen Befestigungen abzubauen. Memnon war es gelungen, seine Streitkräfte mit Hunderten von Schiffen abzuziehen. Das verhieß vielleicht nichts Gutes: Falls Memnon ihm weiterhin auf diese listige Weise Widerstand leistete, würde Alexander niemals aus Anatolien herauskommen, geschweige denn den Großkönig Dareios in den Krieg hineinziehen. Und was wäre, wenn Memnon sich zu dem Versuch entschlösse, einen Seekrieg gegen Makedonien und Griechenland zu führen? Darüber durfte man gar nicht erst nachdenken.

Die lykische Küste

In diesem Winter geriet Alexanders Vorhaben ins Stocken, und er marschierte entlang der Südwestküste der Türkei durch die herrliche Landschaft Lykiens mit ihren bewaldeten hohen Zitadellen, deren zauberhafte Überreste noch immer in der Gegend verstreut sind: Xanthos, Tlos und Termessos. Zu diesem Zeitpunkt erlaubte Alexander den jung verheirateten Soldaten seines Heeres, desgleichen seinem General Koinos, für die Dauer des Winter nach Hause zu ihren Frauen zu gehen: »Gerade durch eine derartige Maßnahme aber erwarb sich Alexander Zustimmung bei den Makedonen«, sagt Arrian (*Anabasis* 1,24,2). Die Armee muss sich hier aufgeteilt haben. Der größte Teil des Heeres begab sich vielleicht auf der alten Karawanenstraße von Kaşnach Termessos ins Landesinnere. Als wir dieser Straße folgten, hatten wir eines Morgens eine denkwürdige Begegnung mit Dorfbewohnern in einer kleinen Ortschaft namens Susuz, »kein Wasser«, die in einer weiten staubbedeckten gelben Ebene zwischen kargen Hügeln lag. »Dort ist der Weg, den Buyuk Iskandar gegangen ist«, sagten sie und zeigten auf eine weit entfernte Herde von Hunderten von Ziegen, die auf höher gelegenes Weideland getrieben wurden. »Wie uns die Alten erzählten, ist das die Straße nach Bagdad!«

Alexander selbst zog mit einem kleineren Heer die Küste entlang zum Berg Klimax, der mit seinen 3000 Metern eindrucksvoll über der Meeresküste emporragt. Hier teilte er seine Soldaten erneut auf. Man hatte die Wahl zwischen einem sehr holprigen Pfad über die Berge und einem Marsch direkt am Strand entlang. Einige gingen über das Gebirge auf einer Straße, die von thrakischen Pionieren aus den Felsen geschlagen worden war. Alexander nahm die Abkürzung entlang der Küste. Aber es herrschte Winter, und er marschierte los, als das Wetter stürmisch war und die See noch hoch ging. Fast den ganzen Tag über marschierten die Truppen in ungemütlicher Nässe und Kälte. Alexanders Weg muss genau unterhalb des Klimax entlang geführt haben, vorbei am Beldibi-Strand, wo man sich heute, um Alexanders Spuren zu folgen, zwischen engen Reihen von Luftmatratzen, abgestellten Surfbrettern und all dem Strandkrempel durchkämpfen muss, der von gut betuchten europäischen Touristen gebraucht wird.

Ich schlug mich durch mit Rucksack und Wanderstiefeln, platschte um Landspitzen, manchmal bis zur Brust im Wasser, und stapfte einher unter orangefarbenen zerklüfteten Klippen mit alten Zwergpinien, die vom Wind gebeugt waren wie die Bäume auf einer japanischen Miniatur. In der Ferne, am Ende dunstiger Täler, konnte ich gerade noch den Verlauf des alten Pfades über den Klimax erkennen, wo die gezackten Ränder seiner Kämme in den Wolken verschwanden. Alexander und seinen Männern erging es nicht besser. Sie marschierten fast den ganzen Tag durch »brusthohes« Wasser, wie der Geograph Strabon berichtet. Doch endlich ließ der Wind nach, sprang um und wehte meerwärts; sie konnten ihre Kleidung trocknen und sie gaben Kallisthenes die Gelegenheit, aus der schlecht geplanten Unternehmung einen Propagandacoup zu machen: »Das Meer verneigte sich vor Alexander«, verkündete er. Diese Geschichte wurde in Athen mit Hohn und schallendem Gelächter aufgenommen, wo alle zu hören hofften, dass der »total Durchgeknallte« endlich stecken geblieben sei.

Der Gordische Knoten

Zu Beginn des Frühjahrs stieg Alexander, nachdem sich ihm über 30 Städte Lykiens ergeben hatten, auf zur anatolischen Hochebene, um den langen Bogen nach Ankara zu schlagen. Den ersten Teil der Strecke muss man zu Fuß zurücklegen. Man braucht sich nur wenige Kilometer von den Ferienstränden von Antalya zu entfernen, um die alte Straße in die Berge, die das Mittelmeer umsäumen, zu erreichen. Zerfallene Karawansereien markieren den Anfang des Weges aus der Ebene hinauf zur Sohle der Dosheme-Schlucht. Dann gibt es einen steilen Aufstieg von 5 km. Ein großer Teil der gepflasterten Straße ist unversehrt erhalten, wobei die römischen und byzantinischen Straßendecken parallel nebeneinander zu sehen sind. Ganz oben finden sich die Überreste einer Wegestation und einer Zollstelle mit Tor, Mauern und einem hellenistischen Turm, einer Zisterne und den Ruinen einer byzantinischen Kirche. Vom Gipfel aus windet sich die Straße in ein verlassenes, grün funkelndes Tal hinunter, bestanden mit Mimosen, Myrten und Olivenbäumen. Bei Sonnenuntergang leuchtete das Tal in samtenem Glanz, durchzogen von dem geweißten Kopfsteinpflaster der Straße, die noch immer ordentlich eingefasst ist. Jenseits der Hügel verläuft die alte Straße durch weite Weizenfelder, begrenzt von weit entfernten Bergen. Dann ging es weiter in das öde Hochland Anatoliens.

Nach einem etwa dreiwöchigen Marsch erreichten die Soldaten die alte Stadt Gordion. Dieser berühmte Ort befand sich auf einem vom Fluss Sangarios umgebenen Hügel, dessen tief eingeschnittenes Bett mit Schilf, Malven, wilden Olivenbäumen und Weiden gesäumt war. Überall in der Umgebung erstrecken sich staubige wellige Ebenen, die im Sommer gelb verbrannt sind. Hier und da tauchen Tumuli auf, deren größter sich über dem Grabmal des Midas erhebt, dem ältesten erhaltenen hölzernen Bauwerk der Welt. Zur Zeit Alexanders hatte die Zitadelle einen Durchmesser von etwa 700 m, und man näherte sich ihr auf einer Rampe, die über ein 10 m hohes steiles Glacis mit Steinstufen aufwärts führte. Ganz oben befand sich zwischen quadratischen Türmen ein mächtiges Tor, durch das man einen Innenhof betrat, in dem sich drei merkwürdige Megara bzw. Hallen befanden, über deren Funktion man noch nichts herausgebracht hat. Der von den Griechen erwähnte Zeus-Tempel wurde von den Archäologen noch nie identifiziert – er war der Schauplatz des seltsamen Mythos vom Gordischen Knoten.

Alexander kam aus taktischen Gründen hierher – Gordion war der wichtigste Straßenknotenpunkt in Zentralanatolien –, aber auch wegen einer merkwürdigen Sage, die er seit seiner in den Gärten des Midas verbrachten Kindheit kannte. Gordion war die Stadt des Midas, dessen Vater Gordios vor Jahrhunderten angeblich in einem hölzernen Karren nach Makedonien gezogen war. Seine Ankunft erfüllte eine lokale Prophezeiung, und Gordios wurde König der Stadt, die seitdem als Gordion bekannt war. Als Dankgeschenk ließ er den Wagen in der Einfriedung des Tempels des Zeus, des Göttervaters. Es handelte sich um einen »alten, billigen« Bauernkarren, der ziemlich genau so ausgesehen haben muss wie die mit Holzrädern versehenen Bauernkarren, die man in der anatolischen Landschaft immer noch antreffen kann und bei denen das Joch durch einen Lederknoten mit der Deichsel verbunden und mithilfe eines Holzpflocks befestigt ist. Aber Gordios' Karren hatte einen außerordentlich verschlungenen Knoten, gefertigt aus dem Bast der Kornelkirsche; seine Enden waren unsichtbar (ein solcher Knoten heißt bei uns »Türkenkopf«). Eine lokale Sage besagte, dass derjenige, der den Knoten löse, ganz Asien beherrschen werde.

Alexander stieg zur Akropolis hinauf. Vielleicht war die ganze Sache inszeniert, so wie Politiker heute einen von ihren PR-Leuten bühnenreif vorbereiteten Fototermin wahrnehmen. Vielleicht war dies alles aber auch etwas weniger gesteuert. Es gibt Hinweise, dass die Umgebung des Königs nervös war. Alexander musste es einfach probieren oder sich den Vorwurf gefallen lassen, er weiche dem Problem aus. Doch was wäre, wenn der Erfolg ausbliebe?

»Er stand eine Weile nachdenklich da, aber er konnte nicht herausfinden, wie der Knoten zu lösen sei.« Was dann passierte, werden wir niemals genau wissen. Sogar Arrian zögerte: »Wie sich bei der Lösung dieses Knotens alles wirklich zutrug, kann ich nicht genau sagen« (*Anabasis* 2,3,8). Nach der frühesten Quelle zog er den Pflock heraus, der durch den Knoten ging, welcher das Joch mit der Deichsel verband. Andere hingegen, die vielleicht etwas romantischer sind, sagen, Alexander habe plötzlich vor sich hin gemurmelt: »Es ist egal, wie der Knoten gelöst wird.« Dann habe er sein Schwert gezogen und den Knoten durchgehauen, um die Enden im

Inneren freizulegen (daher benutzen wir noch heutzutage den Ausdruck »den gordischen Knoten durchhauen«). Was auch immer geschah, Arrian berichtet, dass die Männer die Akropolis in dem Glauben verließen, das Orakel habe sich erfüllt, und er erzählt außerdem, dass in jener Nacht ein Sturm mit Donner und Blitz über Gordion getobt habe. Zeus hatte seine Zustimmung gegeben.

Als wir wieder in der Ausgrabungsbaracke der Archäologen in Gordion waren, kam nach Sonnenuntergang ein enormer Wind auf, der plötzlich von den Wegen und Feldern Staub aufwirbelte und die Bäume neben der Dorfmoschee hin und her schüttelte. Als wir aufbrechen wollten, klatschten dicke Regentropfen auf den Hof und ein schwärzlicher Wirbelwind hing wie ein Schatten über Midas' Grab. Wir hatten das Gefühl, als sei der Geist Aristanders, Alexanders Omen- und Zeichendeuter, bei uns.

Der König der Könige

Weiter auf Alexanders Spuren begaben wir uns mit dem Bus nach Ankara, dann nach Süden in Richtung Tarsos. In der Ägäis hatte sich die Lage so entwickelt, wie es Alexander vermutlich befürchtet hatte. Nachdem sich Alexanders Flotte aufgelöst hatte, ließ Memnon die seine in Aktion treten, 300 Schiffe mit erfahrenen Mannschaften aus Zypern und der Levante. Er fuhr durch die Inselwelt vor der anatolischen Küste und brachte einige Verbündete Alexanders auf seine Seite. Chios und Lesbos, zwei geeignete Stützpunkte für Operationen in der nördlichen Ägäis, wurden eingenommen. Doch plötzlich wurde Memnon krank und starb. Das war einer der größten Glücksfälle in Alexanders ganzer Regierungszeit, und er veränderte das Gesicht des gesamten Krieges.

In Babylon, 1000 km weiter östlich, war der persische König Dareios über die Nachricht von Memnons Tod bestürzt und suchte in aller Eile nach einem Nachfolger für seinen Feldherrn im Westen. Der Historiker Curtius Rufus erzählt von einer erbittert geführten Diskussion im königlichen Rat in Babylon, wo Charidemos, ein athenischer Söldner-Führer, Memnons Pläne erneut zur Sprache brachte und dem Dareios empfahl, sich auf keine Schlacht einzulassen. Ganz unverblümt sagte er dem König, die persischen Streitkräfte seien nicht dafür gerüstet. Die einzige Möglichkeit, die Phalanx zu schlagen, bestehe darin, griechische Truppen gegen sie zu stellen. Er solle sein Gold nehmen und sich die richtigen Männer kaufen. Ein Heer von etwa 100 000 Mann dürfe ausreichen, vorausgesetzt, dass jeder Dritte ein griechischer Söldner sei (vgl. Curtius Rufus 3,2,11). Aber seine Bemerkungen über die persischen Truppen und das Urteilsvermögen des Königs waren so abfällig, dass es anschließend zu einer leidenschaftlichen Debatte kam. Wüste Beschimpfungen wurden ausgetauscht, und Dareios ließ Charidemos hinrichten, eine Entschei-

---

Die Heilige Straße, südlich von Milet in der Westtürkei. Alexander nahm im Herbst 334 v. Chr. diesen Weg, als er sich nach Didyma begab, ein Besuch, der auf uns heute wirkt wie eine Mischung aus Pilgerreise und Pressekonferenz. Wie so oft bei Alexander wird auch hier die Wahrheit vermutlich in der Mitte liegen.

dung, die er später bereuen sollte. Da kein anderer erfahrener General zur Verfügung stand, hatte Dareios keine Wahl und musste sich selbst zum Oberbefehlshaber ausrufen.

Dareios hatte nun eine schlechte Presse. Nachdem er schon auf dem Schlachtfeld geschlagen worden war, musste er noch eine zweite Niederlage einstecken, den Rufmord durch spätere Historiker. Die Sieger sorgten dafür, dass man nach seinem Tode scharf mit ihm ins Gericht ging. »Er besaß, wenn überhaupt, zu kriegerischen Taten zu wenig Energie und Selbstvertrauen«, so lautet Arrians kompromissloses Verdikt (*Anabasis* 3,22,2). Sich einen Einblick in die innere Welt des Dareios zu verschaffen, hat sich in der Moderne als sehr schwierig erwiesen, nicht zuletzt auch deswegen, weil das, was die so genannte historische Überlieferung von Persien berichtet, heute zum größten Teil von seinen Feinden in die Welt gesetzt wurde. Es hat sich bisher als unlösbare Aufgabe herausgestellt, hinter der dichten Nebelwand der Propaganda den wirklichen Dareios zu entdecken. Wer war aber eigentlich Alexanders großer Gegner?

Er war Mitte 40, als Alexander in Asien eindrang. Sein Name war Artashata – den Königsnamen Dareios III. (Daryavaush bedeutet »der, der das Gute festhält«) nahm er an, als er 336 v. Chr. den Thron bestieg. Er war ein Urenkel von Dareios II., jedoch nur entfernt mit dem Königshaus verwandt. In den Zwanzigern hatte er seine leibliche Schwester Stateira geheiratet, die als die schönste Frau Asiens galt, und allem Anschein nach war er ihr sehr zugetan. Er hatte drei Kinder, zwei halbwüchsige Töchter und einen kleinen Sohn.

Obwohl Dareios von den Griechen als verweichlichter Feigling und inkompetenter Feldherr geschmäht wurde, gibt es einzelne Hinweise darauf (sogar in griechischen Quellen), dass dies nicht die ganze Wahrheit war. Während Plutarch ihn als *andron kallistos kai megistos* (»den schönsten und größten Mann Asiens«; Plutarch, *Alexander* 21) beschreibt, erwähnt Curtius auch noch Dareios' Gerechtigkeitssinn und Milde und seinen sanftmütigen und friedliebenden Charakter. Diodorus Siculus stützte sich auf eine persische Quelle für seine Äußerung, dass Dareios in seiner Jugend als äußerst tapferer Mann, als »der weitaus Tapferste aller Perser«, bekannt war. Dareios hatte einmal für seinen Vorgänger Artaxerxes mutig einen Zweikampf ausgetragen, als der beste Kämpfer eines gegnerischen Heeres irgendeinen beliebigen Perser zum Kampf herausgefordert hatte – »niemand außer Dareios wagte es, die Herausforderung anzunehmen; danach wurde er als ihr tapferster Mann anerkannt«. Nachdem er König geworden war, bestand eine seiner ersten Taten in der Wiedereroberung Ägyptens, das sich während des nach dem Tode seines Vorgängers herrschenden Interregnum erhoben hatte. Der König, der damals Alexander gegenübertrat, war ein reifer, persönlich tapferer und wahrscheinlich militärisch einfallsreicher Mann.

Aber sobald er »Großkönig« geworden war, betrat Dareios eine andere Sphäre, die von zahlreichen Totems und Tabus geprägt und von einer Vielzahl von Spezialisten für Rituale, von Trabanten, Hofbeamten und Eunuchen bevölkert war. Wenn er sein Heer befehligte, war er – in Weiß, Blau und Rot gekleidet – der Vizekönig des großen Gottes der Weisheit Ahura Mazda und symbolisierte und verteidigte die kosmische Ordnung gegen die drei großen Feinde: die Große Lüge, die feindliche Armee und die Hungersnot. In Alexander – wie noch immer von den iranischen Anhängern Zarathustras beteuert – sah sich Dareios allen drei Bedrohungen gegenüber.

Als Dareios die persische Armee von Babylon aus nach Westen führte, war er (wie von Curtius dargestellt, der sich auf persische Augenzeugen stützte) nicht mehr bloß Feldherr – er war ein halbgöttliches Wesen. Sein Kriegszelt, vor dem im Morgengrauen die Trompeten erschollen, war gekrönt von dem Bild der in einen Kristall eingeschlossenen Sonne – Symbol des Lichtgottes Mithras, Herr der Sonne und gerechter Kämpfer. Die Prozession wurde angeführt von dem heiligen Feuer auf silbernen Altären, an denen Zarathustra-Priester ihren Dienst verrichteten, von Magiern, die Hymnen sangen, und von 365 jungen Männern, entsprechend der Zahl der Tage im Jahr. Auf den von weißen Pferden gezogenen leeren Wagen des Ahura Mazda folgte ein großer, der Sonne geweihter Schimmel, begleitet von weiß-gold bekleideten Treibern. Dann kamen zehn mit Gold und Silber erhaben verzierte Wagen und eine berittene Garde, die sich aus zwölf Nationen zusammensetzte und ihre verschiedenen Waffen und Bräuche zur Schau stellte, ein Symbol für die Vielfalt des achämenischen Staatenbundes. Anschließend, hinter Eliteregimentern, kam der König persönlich: sein königlicher Wagen erhaben verziert mit den Bildern der Götter in Gold und Silber; auch auf den Jochen wiederum Götterbilder. Dareios, sein Gewand geschmückt mit goldenen Habichten – göttlichen Vögeln der urzeitlichen Legende –, die königliche Standarte, die den Großkönig in Krieg und Frieden stets begleitete, Symbol für den Baum des Lebens, *axis mundi*.

Damals war Dareios kein Mensch, kein normaler Sterblicher mehr. Er war nicht länger der edle Artashata, sondern hatte die Rolle eines kosmischen Königs angenommen, der die Weltordnung symbolisierte und verteidigte. Er durfte, da er der Herrscher der Welt war, weder getötet werden noch dem Feind in die Hände fallen. Trotz all der großen praktischen Errungenschaften des persischen Reiches war das Königtum in einer archaischen, von Riten geprägten Welt zu Hause, das sich einfach nicht auf die kommende neue Zeit hatte einstellen können.

Alexander war von Zentralanatolien durch die Kilikischen Tore hinab nach Tarsos gekommen, durch einen tiefen, engen Hohlweg, der das Tauros-Gebirge, über das die alte Straße von Anatolien nach Syrien führte, durchschnitt. Diese Straße war eine der großen Verkehrsadern der Geschichte, die jetzt von einer modernen Autobahn hinweggefegt wurde. In Tarsos erkrankte er, nachdem er in den eisigen Wassern des Flusses Kydnos gebadet hatte. Sehr wahrscheinlich litt er an Malaria, für die das Gebiet um Tarsos bekannt war – und ist. Eine Weile glaubten ihn seine Ärzte in Lebensgefahr, und zahlreiche Gerüchte von einem Komplott liefen um, wonach Dareios versucht haben sollte, Alexander vergiften zu lassen.

Doch Alexander wurde wieder gesund und marschierte Ende Oktober hinab in den Engpass zwischen dem Amanos-Gebirge (Nur) und dem Meer. Er hoffte nämlich, Dareios dazu bringen zu können, auf engem Raum zu kämpfen, wodurch seine zahlenmäßige Überlegenheit hinfällig würde. Dann kam es zu einem höchst erstaunlichen Versagen des makedonischen Geheimdienstes, was zeigt, dass Dareios bis jetzt weder die Nerven verloren noch seine strategischen Fähigkeiten eingebüßt hatte. In einem waghalsigen taktischen Manöver führte Dareios in Alexanders Rücken eine kreisförmige Truppenbewegung durch und schnitt ihm so den Rückzug ab. Alexander wurde völlig auf dem falschen Fuß erwischt und musste in aller Eile ein Schiff die Küste hinaufschicken, um sich zu vergewissern, ob das alles wirklich wahr sein könne. Dennoch vermochte Dareios, obwohl er Alexander strategisch überlistet hatte, keinen Nutzen daraus zu ziehen. Er musste immer noch zu Lande mit Alexander kämpfen, was Alexander zupass kam – auf einer kleinen Küstenebene zwischen dem Amanos-Gebirge und dem Meer. Dort, nahe der kleinen Stadt Issos, wartete das Schicksal.

Die Schlacht von Issos

Wenn man heutzutage nach Issos kommt, wird einem der Ort nicht schicksalsträchtig erscheinen. Die Moderne hat der mit ihren Zypressen, Tabak- und Weizenfeldern einst so herrlichen Ebene – sie liegt zwischen dem Meer und den pinienbestandenen Abhängen des Amanos – übel mitgespielt. Diese Welt ist erst vor so kurzer Zeit untergegangen, dass sie noch in der Erinnerung der alten Hirten, die ihre Ziegen auf den Hügeln weiden, weiterlebt. Issos war jedoch die Geschichte hindurch ein strategisch wichtiger Ort. Er liegt noch immer an der Hauptstraße von Anatolien nach Syrien, und hier führt die irakische Ölleitung hinunter zum Meer. Entlang der Straße findet man eine bunte Ansammlung von *lokantas*, Rast- und Teehäusern, bedeckt vom Staub und Ruß der Fabrikschornsteine. Wenn man heute auf der modernen Payas-Brücke steht, dort, wo die Armeen aufeinandertrafen, sind an den meisten Sommertagen die Abhänge des Amanos-Massivs wegen des Smogs kaum mehr zu erkennen. Und der Blick auf den Fluss wird verstellt durch ein Gewirr von Hochspannungsleitungen entlang der neuen Superautobahn, deren Zufahrten genau da das Flussbett durchschneiden, wo Alexander und Dareios vor so vielen Jahren aufeinanderstießen. Es gibt hier indes noch eine frühere Geschichte. Ihre Spuren lassen sich an Ort und Stelle nachzeichnen und beginnen bei dem uralten Hügel von Issos (Kinet Huyuk) neben dem Ölterminal. Genau dort legte Dareios vor der Schlacht einen Halt ein, um – eine Warnung an die Adresse der Griechen – Alexanders kranke und verwundete Soldaten zu verstümmeln. Auf dem Weg südlich zum Fluss Payas sieht man Reste einer osmanischen Brücke, eine wunderschöne steinerne Karawanserei aus dem 16. Jahrhundert und am Ufer ein altes Fort, wo Fischerboote in den warmen, braunen Wogen auf- und abschaukeln.

Die Schlacht wurde im November des Jahres 333 v. Chr. am Payas geschlagen. Sie fand auf einer Breite von nur 2600 m statt. (Diese Zahl wurde von Alexanders Feldmessern angegeben und jetzt durch neue Vermessungen bestätigt, welche die Auffüllung der Ebene seit damals aufzeigen.)

Sobald sich Alexander darüber im Klaren war, dass Dareios ihn tatsächlich umzingelt hatte, kehrte er auf dem Absatz um, führte seine Armee den Küstenstreifen entlang zum Payas und bereitete sich darauf vor, am nächsten Tag die Schlacht zu schlagen. Die griechische Propaganda übertrieb die Stärke des persischen Heeres – sie sprach von mehr als 500 000 Mann. Zweifellos war es größer als das griechische, aber vielleicht nicht so sehr viel größer. Dareios hatte seine Armee nach Süden ausgerichtet. Er wollte Alexander am Fluss festhalten und seine besten Reiter auf der rechten Seite an der Meeresküste einsetzen, um auf Alexanders linkem Flügel, der von dem alten, getreuen Parmenion befehligt wurde, durchzubrechen. In der Mitte waren Dareios' Elitetruppen postiert, schwere Infanterie, darunter griechische Söldner. Zahlenmäßig war dieser Verband mindestens genauso stark wie die makedonische Phalanx. Da diese Soldaten im Zentrum standen, hatten sie die steilen Ufer des Payas vor sich, ein stellenweise 6–7 m steil abfallendes

---

Das Schlachtfeld von Issos heute. Im Vordergrund links erhebt sich das steile Kliff, welches das Vorrücken von Alexanders Phalanx verhinderte. Der Angriff von Alexanders Kavallerie kam von rechts, von dem Hang im Mittelgrund, dort, wo jetzt ein Stahlwerk steht.

kleines Kliff. Während der Wartezeit, die den ganzen Tag andauerte, hatten die Perser das Kliff ganz und gar uneinnehmbar gemacht, indem sie oben einen Palisadenzaun aus rohen Hölzern errichtet hatten, der »auf der Stirnseite des Flusses«, wie Kallisthenes (ein Augenzeuge) es beschrieb, über die Makedonen hinausragte. Es war für die Phalanx unmöglich, diese Linie in Schlachtordnung zu durchbrechen – sie würden versuchen müssen, in kleinen Formationen durchzukommen.

Hätten sich die persischen Truppen der Situation gewachsen gezeigt, wäre dies ein guter Plan gewesen. Doch wie am Granikos hatte Alexander erneut die Möglichkeit, die Initiative zu ergreifen, und wie üblich zögerte er nicht, die Chance zu nutzen. Sobald er sich versichert hatte, wo Dareios war, ging er in die Berge, um zu den einheimischen Göttern zu beten. Dann, zur dritten Nachtwache, um zwei Uhr morgens, setzte er sein Heer in Marsch. Zunächst war der Küstenstreifen zu schmal, als dass er in Schlachtformation hätte ziehen können. Als er schließlich auf die Perser zurückte, war es später Nachmittag, und die persische Vorhut musste voller Beklemmung mit ansehen, wie sich vor ihren Augen der Heereszug der Makedonen zur Schlachtreihe formierte. Die geballte Masse der Phalanx teilte sich mit einer Präzision, als befände sie sich auf dem Exerzierplatz, von 32 Mann starken Kolonnen in Abteilungen von 16 und schließlich von 8 Mann auf. Dies geschah dort, wo die Ebene auf den letzten 2 km breiter wird. Gleichzeitig begab sich die Kavallerie nach außen auf die Flügel. Dieses ganze Manöver muss die Perser einfach mit Schrecken erfüllt haben.

Alexander beobachtete das Geschehen wie gewöhnlich von seinem in Hügelnähe höher gelegenen Posten auf dem rechten Flügel. Er sah, dass die persische schwere Reiterei zu seiner Linken am Meer zusammengezogen war, und ließ seine thessalischen Berittenen umgehend auf die linke Seite überwechseln. Er postierte sie hinter seinen Linien, um Parmenion zu unterstützen. Auf seiner Seite sah er, dass der schwache persische Verband auf den Ausläufern der Hügel aufgestellt war, wo eine unerfahrene Infanteriedivision von Bogenschützen gedeckt wurde. Dies war ein sicheres Zeichen dafür, dass Dareios seinen Fußsoldaten nicht zutraute, die Linie aus eigener Kraft zu halten (man schützt sein Fußvolk nur dann mit Bogenschützen, wenn man sich Sorgen macht). Darüber hinaus war, wie Kallisthenes berichtete, das direkt vor ihnen befindliche Flussufer – dort, wo der Fluss aus den Hügeln kam – niedrig und für die Kavallerie leicht zu nehmen. Genau dort beschloss Alexander anzugreifen und übernahm höchstpersönlich das Kommando. Es war etwa 16 Uhr, und da es November war, wurde es rasch immer dunkler.

Die Schlachtrufe hallten in den Schluchten wider. Dann stürmten Alexander und seine Mannen – von den Griechen aus gesehen, rechts – den Fluss hinunter (der Abhang existiert noch, etwa eine Achtelmeile nördlich der neuen Landstraße, unterhalb einer kleinen Moschee). Wie Alexander festgestellt hatte, war die persische Infanterie nicht sehr schlagkräftig, und die Bogenschützen, die sie sichern sollten, kamen ihrem Auftrag nicht nach, da sie ihre Pfeile sinnlos verschossen und dann voller Panik die Linien durchbrachen. Die makedonische Reiterei stürmte nun durch den Fluss und stieß unverzüglich auf die Schlachtreihe der persischen Infanterie. Diese brach ein und ermöglichte es Alexander, sie zurückzudrängen, einen Schwenk zu machen und hinter das persische Zentrum zu gelangen.

Dort nahmen es in der Zwischenzeit Dareios' griechische Söldner leicht mit der makedonischen Phalanx auf. In einem blutigen Gefecht wurden in diesem Frontabschnitt 120 von

Alexanders besten Phalangisten zusammen mit ihrem Brigadekommandanten getötet. Doch plötzlich sahen die Söldner, die das Geschehen in ihrem Rücken besorgt verfolgten, mit Schrecken, dass sie Gefahr liefen, eingeschlossen zu werden. Sie wussten nur allzu gut, dass ihnen dasselbe Schicksal drohte wie ihren Kameraden am Granikos, wenn es ihnen nicht gelänge, sich rechtzeitig aus der Umklammerung zu befreien. Erneut war der Verlauf der Schlacht in wenigen Minuten entschieden. Doch die Söldner waren diszipliniert genug, sich zurückzuziehen, und mindestens 12 000 von ihnen überlebten, wahrscheinlich die Mehrheit. Ihnen half der Einbruch der Dämmerung und die Tatsache, dass Alexander seinen Angriff jetzt gegen Dareios persönlich richtete.

Nun diente die ganze Wucht der Attacke nur dem Ziel, Dareios gefangen zu nehmen oder zu töten, und mit einem Mal sahen sich die beiden fast Auge in Auge gegenüber. Etliche Befehlshaber aus Dareios' Verwandtschaft fielen, als sie ihn in einem verzweifelten Kampf Mann gegen Mann verteidigten. Dann wurden die Pferde von Dareios' Streitwagen verwundet und gerieten in Panik. Später sagten die Griechen, es sei von Dareios feige gewesen, in diesem Augenblick die Flucht zu ergreifen, aber vom persischen Standpunkt aus betrachtet, war es Dareios' Aufgabe, am Leben zu bleiben. Er wurde von seiner Leibwache sofort in Sicherheit gebracht, nahm ein frisches Pferd und flüchtete. In seinem Lager ließ er alle königlichen Frauen und seine Kinder zurück, dazu Zehntausende von gemeinen Soldaten, die jetzt in der Engstelle zwischen den Bergen und dem Meer in der Klemme saßen. Als die Dunkelheit hereinbrach, muss ein totales Chaos geherrscht haben.

Von diesem Augenblick besitzen wir auf dem Alexander-Mosaik, einem der größten aller Kriegsbilder, eine fast fotografisch genaue Darstellung. Es soll die getreue Kopie eines Gemäldes aus dem späten 4. Jahrhundert sein, das vielleicht für einen makedonischen König in Pella gemalt wurde, aber möglicherweise ist es in einer griechischen Werkstätte in Syrien oder dem Nahen Osten entstanden. Wie alle Meisterwerke ist es voller Mehrdeutigkeiten. Am Horizont sieht man eine bedrohliche Hecke von Speeren der Phalanx, auf dem Boden ein Durcheinander von Waffen und Leichen, im Mittelgrund einen einzelnen kahlen Baum, der in einer der Quellen erwähnt wird. Die Dramatik wird durch die perspektivische Darstellung gesteigert. Reiterlose Pferde scheuen und bäumen sich auf. Das Bild zeigt die berühmte Begebenheit, von der alle unsere Quellen berichten: den Augenblick des höchsten Schreckens, als Alexander und seine Kampfgenossen in das persische Zentrum vorstießen, in dem sich Dareios aufhielt. »Dann nahm das Gemetzel«, sagt Curtius, »entsetzliche Ausmaße an. Um Dareios' Streitwagen lagen seine be-

---

Umseitig: Der Schrecken des Krieges – Alexander in Issos. Dieses große Mosaik (2,17 m × 5,12 m),
1831 in Pompeji gefunden, ist die aus dem 2. Jahrhundert stammende
römische Kopie eines Gemäldes, das um 300 v. Chr. in Makedonien entstanden ist.
Diese Komposition aus winzigen Steinen und Glasscherben hat vielleicht besser als jedes andere
Kunstwerk den Wahnsinn und das wilde Durcheinander einer Schlacht zum Ausdruck gebracht.
Alexander, auf seinem Pferd Bukephalos, greift an. Dareios,
mit der gelben persischen Tiara auf dem Kopf, scheint nicht in der Lage,
Alexanders unbarmherzigen Ansturm aufzuhalten.

rühmtesten Generale, die vor den Augen des Königs ein ehrenvolles Ende gefunden hatten. Alle lagen sie nun mit dem Gesicht zu Boden dort, wo sie gekämpft hatten …« (Curtius Rufus 3,11,9). Erinnern Sie sich: All dies, was an diesem Herbsttag bei Einbruch der Dunkelheit geschah, hatte sich innerhalb weniger Augenblicke, in denen ein wildes Durcheinander herrschte, abgespielt. Curtius fährt fort: »Und schon waren die Pferde, die Dareios' Wagen zogen, von Lanzen durchbohrt und außer sich vor Schmerz. Sie versuchten ihre Joche abzuwerfen und den König aus seinem Wagen zu stürzen. Da dieser nun fürchtete, lebend in die Hände seiner Feinde zu geraten, sprang er ab …« (Curtius Rufus 3,11,11). Auf dem Mosaik sind alle diese Bilder gegenwärtig: Alexander, wie er seinem Pferd die Sporen gibt, mit wild fliegendem Haar, eine Naturgewalt. Dareios mit weit aufgerissenen Augen – vielleicht nicht so sehr vor Angst (wer indes hätte an seiner Stelle keine Angst gehabt?), als vielmehr vor Entsetzen, geradezu wie wenn ihm ein Angreifer von einem anderen Stern begegnet wäre. Auf dem Mosaik prallen zwei Welten aufeinander: der kosmische König, jetzt nur allzu menschlich und verwundbar, plötzlich all seiner göttlichen Macht beraubt, und der mordlustige Eroberer mit seiner fast dämonischen Kraft. Dareios' Gestik drückt weniger den Wunsch aus, sich selbst zu verteidigen, sondern soll vielmehr seine Anteilnahme bekunden: Er muss ohnmächtig mit ansehen, wie einer seiner Kampfgefährten, durchbohrt von Alexanders Lanze, tot zu Boden sinkt. Wer immer der Künstler gewesen sein mag, es ging ihm offensichtlich darum, unser Mitgefühl für die Besiegten zu wecken.

Im krassen Gegensatz dazu steht, wie Arrian und Curtius erzählen, danach die Ruhe im Zelt des Königs. Es ist Mitternacht, die Schlacht ist vorüber. Vor den Augen der Sieger sind der unglaubliche Reichtum der königlichen Insignien und des königlichen Hausrats auf kostbaren Teppichen ausgebreitet. »So sieht also das Leben eines Königs aus«, sagt Alexander ironisch. Noch später betritt Alexander das Frauenzelt, weil er das Wehklagen der persischen Eunuchen, Höflinge und Frauen gehört hatte, die den Tod des Königs der Welt befürchteten. Voller Entsetzen erwarteten sie ihr Schicksal wie alle Frauen, die sich in der Gewalt siegreicher Heere befinden, von der Antike angefangen bis zum Bosnienkrieg. Die Königinmutter wirft sich vor Hephaistion auf die Knie. Sie hält ihn für Alexander (er ist der Größere von beiden und sieht besser aus). »Du hast dich nicht geirrt, Mutter«, sagt der König, »auch er ist Alexander.« (Curtius Rufus 3,12,17) Eine vielsagende Bestätigung dessen, dass Hephaistion in gewissem Sinne Alexanders Alter Ego war – wenn die Geschichte überhaupt wahr ist.

Alexander konnte gut mit älteren Frauen umgehen, vielleicht fühlte er sich vom Typ der mütterlichen Frau angezogen. Seine Beziehung zu Dareios' Mutter (sie war wohl Anfang 60) soll sehr eng geworden sein. Die Griechen behaupteten, sie habe ihn schließlich wie einen Sohn geliebt und sei nach dem Tod des Königs krank geworden und innerhalb weniger Tage aus Kummer gestorben. Doch steht es sehr dahin, ob wir solchen Geschichten glauben dürfen. Wenn die griechischen Quellen sagen, dass Dareios' Frau Stateira eine hinreißende Schönheit gewesen sei und dass Alexander sie, um nicht in Versuchung zu kommen, nicht einmal ansehen wollte, so ist dies eine weitere fragwürdige Geschichte, auf die frühere Historiker hereinfielen. Sie sahen, ganz anachronistisch, Alexander als den Inbegriff der Rechtschaffenheit und Ritterlichkeit. Stateiras weiteres Schicksal ist unbekannt. Im Herbst 333 geriet sie in Gefangenschaft und starb 18 Monate später – wie Curtius sagt, an Krankheit und Erschöpfung, wie Plutarch und Iustinus behaupten, im Kindbett. Möglicherweise wurde sie von Alexander nicht ganz so gut behandelt, wie es uns seine Apologeten glauben machen wollten.

Es gibt noch ein letztes Bild von den Geschehnissen nach Issos. In einer Ecke des Zeltes hielten sich Dareios' sechsjähriger Sohn und die beiden halbwüchsigen Töchter des Dareios und der Stateira auf. Jahre später, nach ihrer Rückkehr nach Susa, sollten Alexander und Hephaistion die beiden jungen Mädchen heiraten, die jetzt in dem flackernden Licht vor ihnen kauerten. Nichts würde dem Zufall überlassen bleiben. Dareios' Familie war durch die Geschichte zum Untergang verurteilt.

Über Issos brach die Nacht herein, als wir uns daran machten, zur syrischen Grenze aufzubrechen. Als wir von den Hügeln oberhalb auf die Stelle hinunterblickten, wo der rechte Flügel der Griechen gestanden hatte, konnten wir das letzte Tageslicht auf den Wassern des Payas glitzern sehen. Es war eine passende apokalyptische Szenerie: Der Lärm der Fabriken, der wie der Wind brauste und heulte; Rauch, der in einer dicken Schmutzwolke über den Hügeln hing; die Sonne, die als verschwommener roter Ball in den dichten Dunstschleiern über dem Meer versank. Entlang der Straße sah man die Scheinwerfer der zwischen Syrien und Anatolien verkehrenden Fernlastwagen.

Alexander hatte auf dem Schlachtfeld 302 Fußsoldaten und 150 Berittene verloren, während sich die Zahl der Verwundeten auf etwa 4500 belief. Auf der persischen Seite waren die Verluste wahrscheinlich um ein Mehrfaches höher. Doch von den Überlebenden muss eine sehr viel größere Zahl auf dem Heimweg gestorben sein. Wie sollen sie überhaupt auch nur den Weg zurück nach Babylon oder Persien gefunden haben? Wie konnten sie sich ernähren oder sich im kalten Winter Nordsyriens warm halten? Vielleicht sind die meisten nie zu Hause angekommen. Dareios' große Armee existierte nicht mehr.

Mit einem neuen Heer, das er aus dem Nichts ausheben würde, sollte Dareios zwei Jahre später wieder kämpfen – aber Issos blieb ein vernichtender Schlag. In Griechenland und Anatolien wurde die Nachricht mit Erstaunen aufgenommen. Es war schon vorgekommen, dass die Perser von den Griechen besiegt worden waren. Jedoch hatte der Großkönig, der höchstpersönlich die gesamte Armee befehligte, noch nie eine solch katastrophale Niederlage erlitten. Von jetzt an lebte Dareios auf Abruf. Was Alexander betrifft, so wissen wir nicht, wie weit er zu gehen beabsichtigte, als er den großen Feldzug begann, und ob er bereits vorhatte, bis ans äußerste Ende der Welt vorzudringen. Aber falls er es vorher nicht wusste, so muss er jetzt gewusst haben, dass er dazu wirklich imstande war.

ZWEITER TEIL

Sohn des Gottes

Syrien, Libanon, Israel und Ägypten
Frühjahr 332 – Frühjahr 331 v. Chr.

Alexander marschiert durch Phönizien (heute: Syrien und Libanon); seine Belagerung von Tyros und das Schicksal seiner Bewohner; der palästinische Widerstand und der grauenvolle Tod des Statthalters Batis von Gaza; weiter nach Ägypten: Alexander reist durch die Wüste zur Oase Siwa, wo ihn das Zeus-Orakel zum Gottessohn erklärt; der Rückweg durch die Große Sandsee und die Entdeckung eines vergessenen Tempels des vergöttlichten Alexander; Alexander gründet Alexandria, das bestimmt ist, »die erste Stadt der Welt« zu werden

Nach der Schlacht von Issos entsandte Alexander den General Parmenion nach Damaskus, um den Hauptgepäckzug der Perser in seinen Besitz zu bringen. Dort nahm Parmenion wider Erwarten einige Leute gefangen, unter ihnen die rätselhafte, äußerst charmante Barsine. Als Tochter eines persischen Adligen und einer Mutter aus königlichem Geblüt hatte sie eine griechische Erziehung genossen und einige Zeit in Makedonien verbracht. (Vielleicht war sie Alexander schon vorher begegnet?) Zuerst war sie mit dem aus Rhodos stammenden Söldner-Führer Mentor verheiratet, nach seinem Tod heiratete sie dessen Bruder, Alexanders großen Widersacher Memnon. Vor der Belagerung von Halikarnass war sie mit ihren Kindern zu Dareios geschickt worden, den sie dann bis nach Damaskus begleitete. Barsine spielt in der Geschichte eine mysteriöse Rolle. Plutarch erzählt, sie sei die erste Frau gewesen, mit der Alexander eine sexuelle Beziehung gehabt habe. Von Alexander hatte sie einen Sohn namens Herakles, der seinen Vater überlebte und von manchen sogar als möglicher Nachfolger gehandelt wurde. Doch sonst ist nichts sicher bekannt. Wieder einmal treffen wir in der Biographie des Königs auf einen entscheidenden Augenblick, über den wir nur spekulieren können. Was würden wir nicht alles für Barsines Tagebuch geben!

In der Zwischenzeit war das Hauptheer an der Küste Phöniziens (heute: Syrien und Libanon) hinabmarschiert. Die Truppen überquerten die Hundefluss-Schlucht (Nahr al Kalb) in der Nähe der Kalksteinhöhlen von Jeita, welche die Griechen mit ihren Sagen von der Unterwelt in Verbindung brachten. Hier kommt man an der Klippe vorbei, wo auswärtige Eroberer zahlreiche Inschriften eingeritzt haben, die an Invasionen des Libanon erinnern, vom ägyptischen Neuen Reich angefangen bis zum Zweiten Weltkrieg. Hier sind der Pharao Ramses II., assyrische, babylonische und römische Kaiser, Allenby im Jahr 1918 und die Alliierten im Jahr 1942 gegenwärtig. Möglicherweise hat auch Alexander seine eigene Selbstdarstellung hinzugefügt, jedoch sind die beiden griechischen Inschriften auf dem Kliff zu verwittert, als dass man sie entziffern könnte.

Vom Hundefluss aus marschierte die griechische Armee weiter, entlang der libanesischen Küste. Mehrere phönizische Ortschaften waren glücklich, Alexander als Nachfolger des Dareios anerkennen zu können – unter ihnen Arad und Sidon. Die mächtigste Stadt – Tyros – verhielt sich nicht eindeutig. Das auf einer küstennahen Insel gelegene Tyros war eine große Handelsstadt und Seemacht, eine der stärksten im Mittelmeer. Seine Bewohner überbrachten Alexander eine goldene Krone und Lebensmittel, baten aber die Makedonen, die Stadt nicht zu betreten (vielleicht, wie manche sagen, um Dareios zu helfen, Zeit zu gewinnen, oder – was wahrscheinlicher ist – um ihre Neutralität zu wahren, wie Arrian feststellt). Alexander nahm ihre Geschenke an, doch bestand er darauf, dem Herakles von Tyros zu opfern. Die Tyrer waren damit einverstanden, doch sollte das Opfer in dem antiken Tempel von Alt-Tyros an der Küste dargebracht werden. Daraufhin verlangte Alexander die Kapitulation der Stadt (die persische Vormachtstellung zur

---

Vorausgehende Seiten, links: »Der Alexanderbogen« in Tyros, der vielleicht die Stelle bezeichnet, wo der Damm begann, den der König für die Belagerung errichten ließ.
Rechts: Alexander mit seinem sternenverzierten Kopfschmuck als Helios Kosmokrator, »göttlicher Weltherrscher«. Obwohl es sich um ein Fantasie-Porträt handelt, hat der Künstler doch das kräftige Kinn des Königs herausmodelliert.

Luftaufnahme von Tyros. Die heutige Halbinsel war früher eine Insel, bevor sie durch Alexanders Belagerungsdamm mit dem Festland verbunden wurde.

See wäre durch den Verlust eines solchen Stützpunktes schwer erschüttert). Doch im Vertrauen auf ihre Mauern und Waffen beschlossen die Tyrer, Widerstand zu leisten. Die Belagerung begann – die längste und schrecklichste aller Belagerungen, die Alexander je durchführte.

Tyros lag 800 m vor der Küste auf einer Insel. Alexander und sein Belagerungsspezialist, Diades aus Thessalien, der später bekannt wurde als »der Mann, der Tyros eroberte«, holte sich Arbeitskräfte vom Lande, deportierte die »gesamte Bevölkerung aller Nachbarstädte« oder zerstörte ihre Städte, um sich mit Steinen und Holz zu versorgen. In der Zwischenzeit arbeiteten seine Zimmerleute und Ingenieure mit aller Kraft daran, bewegliche Belagerungstürme zu bauen. Man wollte zwischen dem Festland und der Insel von Tyros einen Damm aufschütten. Fast über-

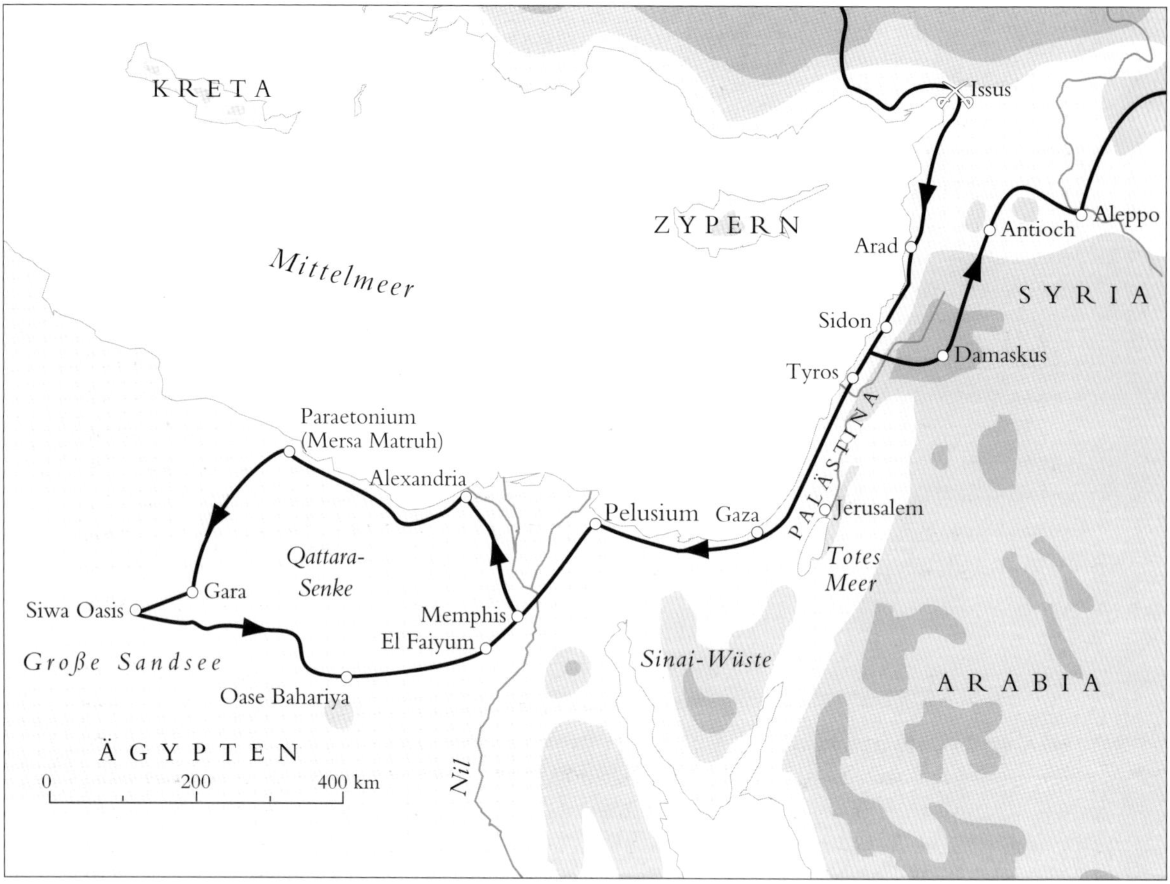

all war das Wasser flach und schlammig, doch unmittelbar vor der Insel wurde es bis zu 5 oder 6 m tief. Man trieb Pfähle in den Grund und stützte sie mit Steinen, eine Konstruktion, die als Unterbau für eine 60 m weit ins Meer reichende Straße dienen sollte. Anfangs spotteten die Inselbewohner über die Anstrengungen des Königs, segelten nahe heran und »fragten ihn, ob er dächte, er könne Poseidon übertreffen« (Curtius Rufus 4,2,20). Doch als der Damm immer näher kam, wurden sie sehr unruhig und ergriffen Maßnahmen zur Evakuierung der Frauen und Kinder. (Aber es war zu spät: Bei Beginn der Belagerung waren fast noch alle Leute in der Stadt.) Die Tyrer postierten Artillerie auf den Mauern, um die Bauarbeiter auf der Mole zu beschießen. Im Hafen hatten sie etwa 80 dreiruderige Galeeren, die sie mit Katapulten, Bogenschützen und Schleuderern ausrüsteten, und diese ruderten sie um den Damm, um die Arbeiterkolonnen anzugreifen. Als Antwort darauf ließ Alexander Schutzschirme errichten, die seine Arbeiter decken sollten. Die Tyrer schlugen daraufhin an der Küste mit Überraschungsüberfällen zurück, um die Nachschubkolonnen zu behindern, welche die Baumaterialien heranschafften. Zu diesem Zeitpunkt führte Alexander persönlich einen Trupp Männer in die libanesischen Berge; es ging um die Beschaffung von Bauholz für den Damm.

Als der Damm der Insel näher kam, ließ Alexander zwei mit Rädern versehene Belagerungstürme bauen; beide waren um die 17 m hoch und wurden mithilfe einer im Inneren befindlichen Gangspill manövriert. Die Stockwerke erreichte man über Leitern, die von Lederhäuten geschützt waren, und auf dem obersten Stock waren mechanische Katapulte angebracht. Nun war er in der Lage, auf die Verteidiger zu schießen, und die mit dem Bau des Damms beschäftigten Mannschaften konnten schneller arbeiten. Die Tyrer mussten jetzt zu einem verzweifelten Gegenschlag ausholen. In dieser Jahreszeit wehen kräftige Südwestwinde, und so fassten sie einen kühnen Plan. Auf einem dickbauchigen Transportschiff wurden zwei über den Bug ragende Masten angebracht. An diesen waren 2 m lange Nockarme befestigt, an denen Behälter mit Bitumen und Schwefel hingen. Sie beluden das Schiff mit trockenem Holz und beschwerten das Heck mit Felsbrocken, so dass sich der Bug aus dem Wasser hob. Sie warteten auf einen Tag, an dem ein starker Südwest blies, schleppten dann das Feuerschiff um die Insel nach Süden in den Sturm. Danach steckten sie es in Brand und sprangen von Bord. Das Schiff krachte in das Ende des Damms, die hervorstehenden Masten brachen und ließen die Kessel mit Bitumen auf die Mole fallen. Die Belagerungstürme gingen in Feuer auf. Später, als Alexanders Truppen versuchten, den Brand unter Kontrolle zu bringen, setzten die tyrischen Schiffe Angriffstrupps entlang der Mole ab, um die Palisaden zu zerstören und das hölzerne Floß zu zertrümmern, das den Damm abstützte. Bei Alexanders Rückkehr war, wie Curtius berichtet, von der Mole nur noch ein Trümmerhaufen übrig.

Nun verschärfte sich die Lage. Alexander hatte bereits Monate ins Land gehen sehen, hohe materielle Verluste erlitten und ein Absinken der Moral feststellen müssen. Jetzt sah er sich mit der Möglichkeit einer »entsetzlichen Katastrophe« konfrontiert. In seinem Kriegsrat kam es allem Anschein nach zu gegenseitigen Anschuldigungen. Vielleicht dachte er sogar daran, die Belagerung abzubrechen und nur eine Schutztruppe zurückzulassen, doch konnte er es sich nicht leisten, die Tyrer und ihre Flotte ungeschoren davonkommen zu lassen. Nach Curtius' Darstellung beschloss der König jetzt den Bau eines zweiten Dammes; er sollte weiter nördlich entstehen und schräg auf die Insel treffen. Die Anstrengungen wurden verdoppelt und riesige Gesteinsmassen, die von ganzen Bäumen zusammengehalten wurden, aufgeschüttet, um ein solides Fundament zu legen. In der Zwischenzeit entwickelte sich im östlichen Mittelmeer alles in Alexanders Sinn: Phönizische Schiffe kamen zu ihm nach Sidon, dazu die Flotte von Rhodos und später noch 120 Schiffe vom König von Zypern. Das Schicksal der Tyrer war besiegelt. Es war nun möglich, sie in ihrem eigenen Hafen festzuhalten.

An den flachen Stellen wurde der zweite Damm rasch immer weiter vorwärts getrieben, und erst als sie in tiefes Wasser kamen, gerieten die Griechen in die Schussweite der Speere, die von der Stadtmauer auf sie geworfen wurden. Die Verteidiger griffen nun zu verzweifelten Mitteln: Sie setzten Taucher ein, welche die Ankertaue der Griechen kappen sollten, und brachten Leinen an, mit denen sie die Balken des Damms herausziehen wollten. Sie postierten Kräne auf ihren Mauern, um Alexanders Schiffe zu beschießen, und bedienten sich bronzener Gefäße, um kochenden Sand auf die Belagerer zu schütten. Um ihre eigenen Mauern vor Geschossen zu schützen, polsterten sie die Stirnseite der Stadtmauer mit Häuten, die sie mit Seegras und Spreu ausgestopft hatten. Außerdem bauten sie hinter dem beschädigten – dem Damm gegenüberliegenden – Teilstück eine neue Mauer und füllten die dazwischen befindliche Lücke mit Steinen und Erde auf. Auf den Wallanlagen und Türmen errichteten sie hölzerne Aufbauten, um im Kampf gegen die Angreifer Unterstützung von oben zu haben. Die Makedonen konterten, indem sie Schiffe zusammenbanden und ihre Katapulte auf Plattformen stellten, doch in der unruhigen See brachen diese wieder auseinander. Dann machten die Tyrer mit 13 Kriegsschiffen, bemannt mit Elitetruppen, einen kühnen Ausfall aus dem Hafen, um 30 Schiffe Alexanders zu versenken oder auf Grund laufen zu lassen.

Doch es gab keine Hoffnung mehr. Schließlich erreichte der Damm die Mauern von Tyros. Wie Alexander versprochen hatte, gehörte die Stadt nun zum Festland. Auf dem Damm wurde eine Straße angelegt, und die Makedonen konnten ihre Belagerungstürme direkt an die Mauern

heranbringen und ihre Zugbrücken auf die Zinnen hinunterlassen. Selbst in dieser Situation bewiesen die Tyrer eine unvorstellbare Genialität: Ihre Schmiede hatten Überstunden gemacht und riesige, mit Widerhaken versehene Dreizacke angefertigt, Hakenwaffen, »Mauerbrecher und

»Frage mich nach einem Sinnbild der Humanität«, sagte der Römer Seneca, »und ich werde dir die Plünderung einer großen Stadt zeigen«. Zwischen Griechenland und Indien plünderte Alexander eine Vielzahl von Städten und tötete Zehntausende, vielleicht Hunderttausende von Menschen. Ausschnitt aus dem Nereiden-Relief, Xanthos, um 400 v. Chr.

eiserne Hände«, außerdem Enterhaken, mit denen sie die Angreifer von den Mauern hinunterreißen wollten. Sie hatten große Netze hergestellt, um die Makedonen von den Mauern und Türmen wegzuziehen, und lange Stangen mit scharfen Rändern versehen, um die Taue, welche die Sturmböcke der Griechen hielten, durchzuhauen. Die Schilderungen bei Arrian und Diodorus Siculus beschwören Bilder verzweifelten Heldentums herauf, Szenen »eines äußersten Schreckens«, in denen der wütende Widerstand der Verteidiger zeitweise fast unüberwindlich wurde. Aber der griechische Generalstab wusste, dass man die Stadt einnehmen konnte. Im Kriegsrat plädierten einige für Übergabe-Verhandlungen. Alexander aber wollte eine bedingungslose Kapitulation und gab ihnen zwei Tage Bedenkzeit. Am Morgen des dritten Tages begann der letzte Angriff; er wurde sowohl vom Meer als auch vom Damm aus vorgetragen. Beim Marinehafen (im Süden) war die Stadtmauer am schwächsten. Hier leitete Alexander von einem Belagerungsturm aus, der an Schiffe angebunden war, die Attacke und sprang von der Brücke auf die Mauern, eine tollkühne Tat, die, wie Arrian sagt, selbst für die Augenzeugen kaum zu glauben gewesen sei. Mit zusammengebundenen Dreiruderern, die einen Belagerungsturm und einen Sturmbock trugen, wurde ein 30 m breites Loch in die Mauer zwischen dem Damm und dem Hafen im Süden gebrochen. In der Zwischenzeit wurden gleichzeitig mehrere Angriffe durchgeführt, um die Verteidiger an das Ende ihrer Kräfte zu bringen. Die ägyptische Flotte stieß in den südlichen Hafen, die zyprische in den nördlichen. Damit brach die Abwehr endgültig zusammen. In erbitterten Kämpfen Mann gegen Mann leisteten die Tyrer in den Straßen des Stadtzentrums, irgendwo bei der späteren, herrlichen Kathedrale, ihren letzten Widerstand. Die Frauen und Kinder suchten Zuflucht in den Tempeln, die unversehrt zu lassen die Griechen gelobt hatten. Vielleicht hat die sidonische Flotte einigen Zivilisten bei der Flucht geholfen. Nach einer Quelle sollen 15 000 Flüchtlinge unter ihrem Schutz davongekommen sein, doch nach Curtius' Darstellung wurden sie als Sklaven verkauft.

Kaum ein anderer Text der Antike vermittelt besser den blanken Schrecken der Belagerung und Plünderung einer Stadt – das verzweifelte Heldentum der Verteidiger trotz der Aussichtslosigkeit ihrer Lage. Zwischen 6000 und 8000 Mann wurden getötet und 13 000 gefangen genommen. Der König von Tyros und sein Thronrat, außerdem einige Gesandte aus Karthago, suchten Zuflucht im Herakles-Tempel und fanden nach Arrians Aussage Gnade. Doch Curtius berichtet, und das ist wahrscheinlicher, dass nur die auswärtigen Diplomaten verschont geblieben seien. Die tyrischen Anführer wurden exekutiert, desgleichen die 2000 Überlebenden der kämpfenden Truppe. Diese wurden entlang der Küste gekreuzigt. Der Sturmbock, der die erste Bresche geschlagen hatte, wurde im Herakles-Tempel geweiht. So hat sich Tyros eher tapfer als weise gegen die Belagerung gewehrt und erlebte nach einem sieben Monate dauernden Widerstand diese fürchterliche Katastrophe.

Im Juli oder Anfang August – Hochsommer in Palästina – marschierte Alexander weiter, wobei er auf dem Seeweg Nachschub bekam. Die wichtigste persische Festung auf dem Weg von Palästina ins ägyptische Nil-Delta befand sich in Gaza. Verteidigt wurde sie von dem Statthalter Batis (oder Betis), dem persischen Befehlshaber vor Ort, und einer starken Truppe arabischer Söldner. Angesichts der Tatsache, dass das Schicksal von Tyros damals überall an der Levante bekannt sein musste, leisteten sie besonders tapferen Widerstand. Die Belagerung – zwischen September und November 332 v. Chr. – war schwierig und erbittert. Beide Seiten gruben unterirdische Gänge in den sandigen Küstenboden. Während eines Ausfalls wurde Alexander durch ein von einem Katapult abgefeuertes Geschoss schwer verwundet und war für zwei oder drei Wochen außer Gefecht.

Erst im November war der König wieder einsatzfähig. Mittlerweile waren die Stollen direkt bis unter die Stadtmauern getrieben worden, und der entscheidende Angriff konnte beginnen. Die Stollen wurden gesprengt und die Mauern stürzten an mehreren Stellen ein. Dann scheiterten drei Frontalangriffe, der vierte jedoch, von Alexander persönlich geleitet, brachte die beschädigte Stadtmauer zum Einsturz und bahnte einen Weg in die Stadt. Auf den Straßen kam es zu heftigen Gefechten. Dabei wurde Alexander erneut verwundet, diesmal am Bein, und musste das Feld räumen. Die Stadt aber fiel und Alexanders Rache war brutal. 10000 Mann wurden, wie Curtius berichtet, getötet, die Frauen und Kinder in die Sklaverei verkauft. Der schwer verwundete Batis wurde lebend gefangen genommen. Nachdem er vor Alexander gebracht worden war, teilte man ihm mit, er habe eine höchst unangenehme Gefangenschaft vor sich. Doch er weigerte sich, mit Alexander auch nur zu sprechen, und schaute ihn bloß »mit unverschämter Miene« an. Da seine Nerven bereits durch die Heftigkeit des Widerstands und seine eigenen Verwundungen gereizt waren, geriet Alexander außer sich vor Wut und gab den Befehl, Batis die Knöchel zu durchbohren und sie mit Riemen zu fesseln: Er sollte mit seinem Streitwagen um die Mauern von Gaza zu Tode geschleift werden. Eine grauenhafte Anspielung darauf, wie Achill in der *Ilias* mit dem Leichnam Hektors verfahren war – aber eine wahrlich unheldenhafte Tat.

Weiter nach Ägypten

Am Ende des Jahres 332 v. Chr. marschierte Alexander von Gaza aus an der Küste entlang nach Ägypten. Dort gab es keinen Widerstand und keinen Versuch, die Grenzfestung und den Verteidigungswall in Pelusium zu halten – vielmehr sei, so behaupteten die Griechen, eine riesige Menschenmenge aus der Stadt geströmt, um Alexander als Befreier zu begrüßen. Dies sollte man vielleicht nicht ganz für bare Münze nehmen, obwohl eine pro-griechische Partei durchaus eine Demonstration organisiert haben könnte. Es gibt keinen Grund anzunehmen, dass die Ägypter ihn freudiger willkommen geheißen hätten als die Perser. Er traf jedoch auf keinen Widerstand, als er den Tempel des Sonnengottes in Heliopolis besuchte, bevor er den östlichen Arm des Deltas bis zum Nil hinaufsegelte. Anschließend schlug er in Memphis, »weiße Mauern«, sein Lager auf. Memphis war die alte Hauptstadt, seit die beiden Reiche 3000 Jahre vor Alexanders Zeit vereinigt worden waren. Dies war wahrhaft uraltes Land: »Verglichen mit uns«, hatten die ägyptischen Tempelpriester zu dem Griechen Solon gesagt, »seid ihr Griechen nur Kinder«. Die Griechen hatten Zeit, einige Sehenswürdigkeiten zu besichtigen, und ihre Graffiti zeigen uns, dass sie beeindruckt waren: »Ich habe auf diese ehrwürdigen Monumente geschaut und bin wie vom Donner gerührt.«

Für spätere griechische Historiker war Alexanders Aufenthalt in Ägypten besonders von einem Ereignis geprägt: seinem Besuch des Orakels in Siwa, wo er angeblich zum Sohn der Gottheit erklärt wurde. Heute ist es fast unmöglich, seine wirklichen Motive herauszufinden. »Ihn erfasste ein heftiges Verlangen«, sagt Arrian, »ein *pothos*«, ein Wort, das immer wieder in seiner

Geschichte auftaucht und einen Mann charakterisiert, der vom Schicksal getrieben wurde, doch vielleicht auch starken manischen Schüben und plötzlichen Stimmungsumschwüngen unterworfen war. Dass Alexander den leidenschaftlichen Wunsch hatte, das Orakel in Siwa zu besuchen, passt in Arrians idealisiertes Bild des göttlich inspirierten Helden. Nach Strabons Aussagen war er auch von »Ruhmsucht« getrieben: Er wollte es mit seinen Vorfahren Herakles (Herkules) und Perseus aufnehmen. Curtius und Diodorus Siculus erwähnen zudem gewisse existentielle Fragen, von denen manche vielleicht unausgesprochen geblieben seien. Die Gelehrten haben vermutet, Alexander sei noch nicht vom Erfolg seines Feldzugs überzeugt gewesen. Oder noch nicht von der Unterstützung durch seine eigenen Leute. War er womöglich bereits dem Wahn verfallen, sich für göttlich zu halten? Andere rücken mehrere rein politische Beweggründe in den Vordergrund: z.B. die anhaltende quälende Furcht wegen seiner Verwicklung in die Ermordung seines Vaters (vgl. S. 32) und die Notwendigkeit, diese Gerüchte ein für alle Mal aus der Welt zu schaffen. Die meisten dieser denkbaren Motive dürften spätere Erfindungen sein. Im Zusammenhang mit Ägypten kristallisiert sich indes ein anderes Bild heraus.

Alexander stellte sich damals die zentrale politische Frage, wie er es erreichen könne, als Herrscher Ägyptens anerkannt zu werden. Er hatte sich darüber deutlich genug öffentlich geäußert und war von Anfang an darauf bedacht, sich bei den Vertretern der herrschenden Klasse und der altehrwürdigen Priesterschaft einzuschmeicheln, die beide einer griechischen Herrschaft wohlwollend gegenüberstanden. Er besuchte den Apis-Stier-Tempel, das Serapeion außerhalb von Memphis, eine Nekropole mit unheimlichen unterirdischen Gewölben, in den sich die gewaltigen Sarkophage der heiligen Tiere befanden. Anders als die persischen Könige hatte er keine Skrupel, den mumifizierten Stieren seine Reverenz zu erweisen. Wie die meisten Griechen seiner Zeit war er anderen Religionen gegenüber aufgeschlossen und hatte keine Schwierigkeiten, ihre Symbole und Götter in seinen eigenen Glauben zu integrieren (dies tat er gewiss aus Überzeugung; bis zu seinem Todestag versäumte er es niemals, »seinen täglichen religiösen Pflichten nachzukommen«, wie Arrian es formulierte). Das Problem allerdings war, dass es gegen die Tradition verstieß, Ausländer als echte Pharaonen anzuerkennen. Ägypten war ein riesiges, reiches Land und mit seinen vier oder fünf Millionen Einwohnern dicht besiedelt. Falls Alexander bis nach Asien vordringen wollte, war er darauf angewiesen, dass sich Ägypten ruhig verhielt und seine Armee weiter mit Getreide belieferte. Und tatsächlich fand sich eine Lösung. Während seines Aufenthalts in Memphis muss er die dortige Priesterschaft um Rat gefragt haben. Aus ihrer ägyptischen Sicht dürfte die Antwort gelautet haben, dass er nur mit göttlicher Hilfe Erfolg haben könne. Vielleicht waren es tatsächlich die Priester, die ihm rieten, sich an das Orakel des Zeus-Ammon in Siwa in der westlichen Wüste zu wenden, damit er sich zum Pharao erklären lassen könne. Dazu kam wohl auch noch ein starkes psychologisches Motiv. Wie Arrian feststellt, ist Alexander auch deshalb nach Siwa gegangen, um seine Abstammung, nämlich seine Zeugung, irgendwie auf Ammon zurückzuführen (vgl. *Anabasis* 3,3,2). In den Mythen waren die Zeus-

---

»Geliebter des Ra, Sohn des Ammon, Alksndrs« – Alexander betet als Pharao von Ägypten zu dem phallischen Gott Min, dessen Kapelle sich im großen Tempel von Amenophis III. in Luxor befand.

Söhne Perseus und Herakles (Herkules) seine Vorfahren. Alexander stammte in männlicher Linie von Herakles und Perseus ab, in mütterlicher Linie von Achill. In seiner Welt machte man keinen Unterschied zwischen Mythos und Geschichte, und derartige Behauptungen wurden wahrscheinlich geglaubt. Für Alexander waren Herakles, Perseus und Achill wirkliche Personen und seine tatsächlichen Vorfahren. Daher sollte er auf seinen Reisen mit ihnen konkurrieren: in Siwa mit Herakles und Perseus (und später in Aornos mit Herakles und mit Dionysos in der Nordwestprovinz Pakistans). Nach seinem Tod war Herakles aus einem Sterblichen zu einem Gott geworden – eine Ehre, die er seiner ungewöhnlichen Tugend und seinen edlen, tapferen Taten verdankte. Wir können nur vermuten, dass sich solche Ideen auch leicht in Alexanders jugendlichem Hirn festgesetzt hatten und er wirklich glaubte, er könne, sollte er Herakles übertreffen oder es ihm gleichtun, eine ähnliche Auszeichnung erwarten.

Doch vor allem war der Besuch in Siwa ein kluger politischer Schachzug. Wie Napoleon sagte, als er auf Alexanders Spuren nach Ägypten kam: »Was ich am meisten bewundere, ist sein politisches Gespür. Es war ein schlauer Schritt, nach Siwa zu gehen. Ja, ich hätte auf der Stelle eine Pilgerfahrt nach Mekka gemacht, wenn mir das geholfen hätte, die Welt zu erobern.« Dem hätte Alexander zugestimmt. So nahm sich Alexander mitten in diesem entscheidenden Stadium seines Feldzugs mindestens einen Monat frei, um sich hinaus in die Wüste zu begeben und in einem abgedunkelten Raum einem seltsamen Gott Fragen zu stellen. Welche Motive er auch immer gehabt haben mag (und vielleicht hätte selbst er sie nicht vollständig angeben können), es sollte ein entscheidender Moment in seinem Leben werden.

Die Reise nach Siwa

Die Reise nach Siwa wurde später von dem Chronisten des Feldzugs, Kallisthenes, in übertriebener Weise dargestellt. Die romantischen Ausschmückungen, die Omina und Zeichen, alles sollte den Leser dazu bringen, an ein göttliches Eingreifen zu glauben. Wie wir wissen, führte Alexanders Hinweg vom westlichen Nil-Delta über das spätere Schlachtfeld von El Alamein an der Küste entlang nach Mersa Mathru. Dann schlug Alexander mit einem kleinen Gefolge einen Bogen ins Landesinnere.

Als wir seinen Spuren folgten, durchquerten wir eine eintönige, mit Buschwerk bewachsene Wildnis noch innerhalb des Regengürtels der Mittelmeer-Küste, bevor wir, nach 70 km, die Hochebene erreichten, wo die wirkliche Wüste begann. Die alte Straße hatte jedoch einen anderen Verlauf als die moderne Asphaltstraße. Sie führte von Mersa aus in Richtung Süden, östlich der heutigen Trasse, am Rand der Qattara-Senke entlang über eine niedrige, als Qarat Iskander bekannte Bergkette. Dies war die Straße, die wir nun nahmen. Unterwegs kamen wir durch die kleine Oase Gara mit ihrer alten, aus Lehmziegeln erbauten Zitadelle, einem fliegenumschwirrten verlassenen Bau, der in der Hitze flimmerte.

Die Einheimischen meinen, dass man auf der alten Straße acht Tage brauchte, wenn man die 250 km nach Siwa mit Kamelen zurücklegte. Für einen Wagen mit Vierradantrieb war es nur eine Tagesreise. Unterwegs sahen wir nichts als ödes Wüstenland. Wie Arrian feststellte, gab es an den Straßenrändern keine Markierungen, nirgends Berge, keinen Baum, keine festen Anhöhen, an denen sich die Wanderer auf ihrem Weg orientieren könnten wie die Seeleute an den Sternen (vgl. *Anabasis* 3,3,4f.). Wie es sich für eine Propagandaschrift gehört, hob Kallisthenes in seinem Bericht glückliche Fügungen des Schicksals hervor, obwohl es sich um eine gut befestigte Karawanenstraße handelte und man nicht weiß, warum Alexander in Schwierigkeiten geraten sein sollte. Allerdings kamen Alexander und seine Begleiter vom Wege ab, und nach vier Tagen war ihr Wasser, das sie in Lederschläuchen mit sich geführt hatten, aufgebraucht (es ist wahr, dass es unterwegs praktisch kein Wasser gibt). Rettung brachte ihnen ein winterlicher Platzregen. Curtius Rufus (4,7,14) beschreibt, wie die Reisenden umherrannten, um das Wasser, so wie es vom Himmel fiel, gierig zu trinken. Ein gutes Omen, sagte der Seher der Armee, und angeblich gab es *en route* noch andere günstige Zeichen. Als sie sich verirrt hatten, sollen zwei Raben erschienen sein und ihnen den Weg zur Oase gezeigt haben (was nicht unmöglich ist – Raben sind in Siwa noch immer verbreitet). Nach weiteren vier Tagen erreichten sie – der ausführlichsten Quelle zufolge – den »Bittersee« – die Salzseen Birket el Ma'sir an der Straße von Gara nach Siwa. Dann, nach noch einmal 15 km, kamen sie zu den »Städten Ammons« (ihre Überreste wurden kürzlich am See Birket Zeitun entdeckt), tags darauf näherten sie sich dem Heiligtum.

Ebenfalls von Gara kommend, erklommen wir die letzten Dünen und hatten einen überwältigenden Blick: eine große grüne Oase, rund 100 km lang und zwischen 3 und 20 km breit. Wir traten in eine magische Welt: dichte Palmenhaine, die selbst in der Hitze des Tages die Gärten beschatteten, Oliven, süße Zitronen, Feigen, Granatäpfel und Zitronen. Oberhalb des kräftigen Grüns der Oase erhebt sich, fast wie ein Märchenschloss, der alte braune Hügel von Aghurmi. Dort standen der Tempel des Orakels und die alte Stadt, ein aus Lehmziegeln errichtetes Mauernlabyrinth, ausgezackte Spitzen, kegelförmige Moscheen wie Bienenkörbe. Es ist ein erstaunlicher Anblick inmitten der unendlichen Ödnis ringsumher. Gen Osten erheben sich die Dünen der westlichen Wüste, durchschnitten von den alten Karawanenstraßen in den Sudan und nach Nubien, wo noch bis vor 80 Jahren der Sklavenhandel blühte. Zum Süden hin halbmondförmige Gebirgskämme, Kiesablagerungen und die brennenden Salzwüsten der bis zur Sahara reichenden Großen Sandsee; zwischen ihr und Timbuktu gibt es fast keine richtige Ortschaft. Zu unseren Füßen, im Schatten einer Viertelmillion Dattelpalmen, erstreckte sich, so weit das Auge schaute, fruchtbares Land. Kein Wunder, dass dies während so langer Zeit ein heiliger Platz war, ein Platz, an dem, wie man glaubte, die Gottheit unmittelbar zu den Menschen sprach. Dies hatte Alexander hierher gelockt.

Das Orakel befand sich auf dem Hügel von Aghurmi im Zentrum der Oase innerhalb einer Festung, die auf einem Felsvorsprung oberhalb der Palmenhaine aus Lehmziegeln errichtet war. Alexander begab sich sofort zum Orakel-Tempel. Nach einer Quelle wurde Alexander von den Priestern vor dem Tor am Fuße des Felsen empfangen. Und der Oberpriester begrüßte ihn, wahrscheinlich auf Griechisch, als Sohn des Zeus-Ammon, als den Herrn aller Länder, unbesiegbar, bis er mit den Göttern vereint sei. Jeder lebende Pharao hätte auf diese Weise angesprochen werden können, doch Alexander wertete dies als einen ganz besonderen Gruß. Plutarch fügt noch eine ausführlich erzählte Einzelheit hinzu. Er behauptet, der Oberpriester hätte *O paidion* (»mein Sohn«) sagen wollen, habe ihn aber, da er nicht fließend Griechisch sprach, mit *Pai Dios* angesprochen, »Sohn des Gottes«, Sohn des Zeus-Ammon (vgl. Plutarch, *Alexander* 27). Alexander war darüber entzückt, und wegen dieses einfachen Versprechers verbreitete sich in der griechischen Welt die Kunde, das Orakel habe Alexander als Sohn des Zeus bezeichnet. Diese Geschichte ist möglicherweise eine literarische Ausschmückung, klingt jedoch sonderbar glaubwürdig. Aufgrund solch unbedeutender Zufälle können Reiche aufsteigen oder fallen.

Sohn des Gottes

Alexander und sein kleines Gefolge stiegen den Pfad vom Tor zum Tempel hinauf. Durch die Tempeltür näherten sie sich der Schwelle zur inneren Kammer, die noch bis in die Höhe des Dachs erhalten ist. Hier wurde das Bild Ammons in Gestalt eines Omphalos, geschmückt mit Smaragden, von den Priestern in einer hölzernen Barke aufbewahrt (ganz ähnlich den Sänften, die man heutzutage sieht, wenn bewegliche Bilder um die Hindu-Tempel geführt werden). An öffentlichen Festtagen wurde diese Barke dann um den Hof getragen, während Priester und Tänzerinnen sangen und tanzten, all dies »in einer ganz eigentümlichen Art und Weise«, da die Träger ihre Schritte dahin lenkten, wohin der Gott sie führte. Eine große Schar von Frauen folgte ihnen und stimmte Lobeshymnen an. Die Sänfte hob und senkte sich, schwankte vor und zurück. Auf Fragen antwortete sie mit einem schlichten Ja oder Nein, bis der Hohepriester irgendwann verkündete, dass das Herz der Gottheit zufriedengestellt sei. Doch für Alexander war dies nicht genug: Er kam als künftiger Pharao. Er hatte nicht den ganzen Weg auf sich genommen, um sich eine kleine Touristen-Show anzusehen. Wie es sich für einen Pharao geziemte, verlangte er einen schriftlichen Bescheid und eine persönliche Audienz bei dem Gott im Innern des Heiligtums, zu dem nur Könige Zutritt hatten. Allein.

Die innere Kammer, nur 3 × 6 m groß, war mit einem Zwischenboden versehen, über dem sich ein Kabinett verbarg; dort lauschte einer der Priester den Fragen, die dem Orakel gestellt wurden. Es gibt nur zwei oder drei Räume, von denen wir sicher wissen, dass sich Alexander dort aufgehalten hat. Obwohl man, wenn man vor der Gottheit erschien, üblicherweise die Kleidung wechselte oder sich bis auf den Lendenschurz auszog, ging Alexander vielleicht, noch staubbedeckt von der Reise, in seiner gewöhnlichen Bekleidung allein in den Raum. Die Tür wurde geschlossen und seine Begleiter warteten.

Alexander stand am Eingang des Raumes, betrachtete das Bild des Gottes in seiner goldenen Barke und stellte dort seine Fragen, die von dem Priester auf dem Zwischenboden mit angehört wurden. Anschließend wurde er in einen Vorraum gleich neben dem Allerheiligsten geführt. Dort wartete er. Jetzt trat der älteste der Priester ein und begrüßte Alexander, so wie er jeden lebenden Pharao begrüßen würde, als Sohn Ammons und König. Eben dieser Gruß, ins Griechische übersetzt, wurde an griechische Historiker wie z.B. Plutarch weiterüberliefert. Der alte Mann kam mit einem schriftlichen Bescheid, der nicht auf Griechisch verfasst war, sondern auf Ägyptisch, der heiligen Sprache der heiligen Schrift, in Hieroglyphen (es ist allerdings sehr fraglich, ob die Priester damals genaue Texte schreiben konnten; das Ägyptisch auf den Wandinschriften in Siwa ist miserabel). Dann wurde die Antwort verlesen. Der entscheidende Punkt war seine Verwandtschaft mit Ammon-Zeus, und obgleich seine Motive wohl hauptsächlich politischer Natur gewesen waren, ist es doch sehr gut möglich, dass Alexander glaubte, er sei in gewissem Sinne »Sohn der Gottheit«.

Die Oase Siwa inmitten der libyschen Wüste. Es lässt sich leicht ersehen, wieso die Griechen meinten, dies sei ein Wohnsitz der Götter.

Wir werden niemals die volle Wahrheit über das erfahren, was sich an jenem Tag in Siwa ereignete. Der genaue Wortlaut des Orakels wurde nie bekannt. Alle unsere Quellen stellen das, was der König zu hören bekam, leicht unterschiedlich dar. Wir können heute die makedonische Propaganda nicht durchschauen. Es war eine dieser geschlossenen Veranstaltungen, zu denen, wie wir uns heutzutage ausdrücken würden, die Presse keinen Zutritt hatte. Arrian bemerkt schlicht, Alexander habe gehört, was sein Herz begehrte. Spätere Historiker glaubten jedoch, dass noch andere Fragen gestellt worden seien. Die erste, ob der Mord an seinem Vater gesühnt sei. Der Priester antwortete, er werde nichts dazu sagen, da Alexanders Vater kein Sterblicher gewesen sei. Daraufhin formulierte Alexander die Frage anders: Waren alle, die an der Ermordung Philipps beteiligt waren, bestraft worden? Die Antwort lautete, der Tod sei ausreichend gerächt. Hinsichtlich einer zweiten Frage herrscht weitgehende Übereinstimmung: War es Alexanders Bestimmung, die ganze Welt zu beherrschen? Zeus-Ammon sagte ja.

Mag es sich nun um einen politischen Schachzug gehandelt haben oder nicht, irgendetwas war in Siwa geschehen, was Alexander tief beeindruckte. (In der Tat könnte die Geschichte wahr sein, dass Alexander kurz vor seinem Tod Aridaios, einem engen Vertrauten, den Befehl gab, ihn neben seinem Vater Ammon in Siwa zu bestatten. Dazu kam es allerdings nie. Schließlich wurde er in dem von ihm neu gegründeten Alexandria beerdigt.) Was die genauen Worte betrifft, die das Orakel an jenem Wintertag in der westlichen Wüste äußerte, müssen wir davon ausgehen, dass Alexander ihr Geheimnis mit in sein Grab genommen hat.

Gleichwohl war genug gesagt worden. Alles hatte Alexanders Kontrolle unterstanden, und seine PR-Leute, Seher und enge Berater, schlachteten es hervorragend aus: »Er erfuhr alles, was er zu wissen wünschte; sein Herz war erfreut.« In den Aufzeichnungen des Feldzug-Chronisten konnte der Besuch als endgültiger Beweis für die göttliche Zustimmung zu der Expedition gedeutet werden. Von da an sollte Kallisthenes Alexander als Sohn des Zeus porträtieren, darunter tat er es nicht. Die Omina waren durchgängig optimistisch gewesen. Seit den ersten Worten der Seherin in Delphi, nach Didyma, Xanthos und Gordion nun dies. Das Schicksal war auf Alexanders Seite.

Durch die Große Sandsee

Auf welcher Route reiste er zurück? Die meisten vermuten, auf derselben, auf der er gekommen war. Doch Arrian sagt, sich auf Ptolemaios stützend (dieser muss den König auf dem Ausflug nach Siwa begleitet haben), er habe einen anderen Rückweg genommen. Im Sommer 1942, am Vorabend der Schlacht von El Alamein, stellte der deutsche Feldmarschall Rommel dieselbe Frage. Er hatte seine eigene Pilgerreise nach Siwa gemacht, um zu erkunden, ob es von Siwa aus einen Weg durch die Wüste ins Nil-Tal gebe, der es ermöglichte, die Briten, welche die Ölfelder Ägyptens und des Mittleren Ostens verteidigten, auszumanövrieren. Er besuchte den Orakel-Tempel (vielleicht mit einer geheimen Frage nach seinem eigenen Schicksal?), inspizierte anschließend die Wüste südlich von Siwa und befand, dass für seine Panzer ein Durchkommen unmöglich sei. Alexander indes mag anders gedacht haben – zumal er eine Sage gekannt haben muss, die Herodot von Siwa erzählt. 200 Jahre zuvor, so ging die Geschichte, habe Kambyses, König von Persien und Sohn Kyros' des Großen, ein starkes Heer nach Siwa entsandt, um die Ammonier anzugreifen, sie zu Sklaven zu machen und das Orakel des Zeus niederzubrennen. Vom Nil-Delta aus erreichten die Soldaten die Oase Kharga, dann waren sie plötzlich nicht mehr da, verschluckt von einem Sandsturm auf halbem Weg nach Siwa. Sie blieben für immer spurlos verschwunden (vgl. Herodot 3,26). Auf den ersten Blick ist die Geschichte durchaus plausibel. In den Oasen der westlichen Wüste erzählt man noch immer von einer berühmten Begebenheit aus dem Jahre 1805: 2000 Personen einer Kamel-Karawane gingen, ohne Spuren zu hinterlassen, in einem heftigen Sandsturm verloren. Wie dem auch sei, die Geschichte von der Katastrophe des Kambyses könnte Alexander dazu angespornt haben, dieselbe Wüste auf einem anderen Weg zu durchqueren, als wäre es ihm darum gegangen, seine Unbesiegbarkeit zu beweisen.

Obwohl die Gegend auf vielen Landkarten als Tabula rasa erscheint, gibt es dort doch zwei Wüstenstraßen, die östlich von Siwa zum Nil führen, und beide wurden im 19. Jahrhundert noch von Kamel-Karawanen benutzt. Heutzutage sind sie jedoch praktisch vergessen. Man begab sich entlang der Qattara-Senke, ohne die Küste zu berühren, nach Memphis, eine Reise, für die eine Karawane vormals zwei Tage brauchte. Die andere Straße führte in genau östlicher Richtung zur Oase Bahariya, dann nordöstlich nach El Faiyum und weiter nach Memphis. Einer Eingebung folgend, dass Alexander auf diesem Weg zurückgekehrt sei, beschlossen wir, uns auf direktem Weg über Bahariya wieder zum Nil-Tal zu begeben. Vor Tagesanbruch verließen wir Siwa mit zwei vierradangetriebenen Wagen, Ersatzteilen und Wasser, und fuhren in südöstlicher Richtung der aufgehenden Sonne entgegen. In unseren Tagen ist dies ein kaum sichtbarer Fahrweg, der, wenn der Wind weht, leicht aus dem Blick gerät, aber in den alten Zeiten war es eine gut erkennbare Karawanenstraße nach El Faiyum. Jenes Wüstenleben existiert nicht mehr: Die Kamele sind verschwunden, ebenso wie die kleinen Halteplätze. Die Oasen selbst sind noch da, grüne Flecken in einer weiten, hitzeglühenden Einöde, doch sind sie keine Wohnzentren mehr; heute lebt dort keine Menschenseele mehr. Doch gerade das Vorhandensein dieser kleinen Poststellen war ein eindeutiger Beweis dafür, dass in der fernen Vergangenheit hier die Straße war.

In den allerersten Stunden führt der Feldweg östlich von Siwa durch ein Gelände, wie man es sich rauer nicht vorstellen kann. Wir fuhren über rissige, ausgewaschene Felder von Tonerde, über Kiesbetten und Wanderdünen, wir kamen an seltsam geformten, etwa 30 m hohen Sandsteinstümpfen vorbei, die an der Basis so ausgewaschen waren, als hätten die Gezeiten des Meeres sie unterspült. Hier konnten wir unter dem überhängenden Felsen etwas Schatten finden, um ein paar Datteln zu essen und aus unseren Thermosflaschen etwas – fast kochendes – Wasser zu trinken (nach der letzten kleinen Oase, die 150 km entfernt war, fanden wir kein Wasser mehr). Wir passierten einen breiten Dünengürtel – dort können Sandstürme den Weg unkenntlich machen – und kamen dann in eine ausgedörrte Wildnis, in der streckenweise rasiermesserscharfe Glasscherben unsere Reifen aufzuschlitzen drohten. In der nachmittäglichen Hitze kamen wir hinunter in eine glühend heiße, salzverkrustete Ebene, wo das Licht so grell war, dass Himmel und Sand zu einem einzigen weißen Dunstschleier zu verschmelzen schienen.

Die Fahrt nach Bahariya dauerte zwölf Stunden. Während dieses ganzen Tages begegnete uns kein anderes Fahrzeug. In dem Maße, wie unser Gefühl des Verlassen-Seins zunahm, wurde uns auch immer deutlicher bewusst, auf was für eine riskante Unternehmung wir uns eingelassen hatten. Verständlicherweise versetzte uns eine Panne, die uns zwei Stunden kostete, einen schweren Schock. Schließlich, am späten Nachmittag, als die Schatten länger wurden und die Hitze gnädig nachließ, führte, nach 450 km, die Straße hinunter in die Oase Bahariya. Hier machte der ägyptische Archäologe Ahmed Fakhry im Jahre 1939 eine bemerkenswerte Entdeckung. Fakhry war ein Mann aus Faiyum; er kannte die westlichen Oasen besser als jeder andere. Er hatte mit den alten Leuten geredet, auch mit ehemaligen schwarzen Sklaven, die auf den alten Kamelstraßen gearbeitet hatten. In den Außenbezirken von Bahariya, genau dort, wo die Straße von Siwa auf die Oase stößt, entdeckte er einen Tempel, der fast bis zum Dach mit Sand angefüllt und dessen obere Teile verwittert waren, eine Folge der heftigen Sandstürme, die von der großen Wüste herüberfegen. Da er damals keine weiteren Nachforschungen anstellen konnte, kam er im nächsten Jahr wieder und versuchte, die Hauptkammer freizulegen. Als er bei seinen Ausgrabungen den Sand von der Außenmauer entfernte, kam eine Statue zum Vorschein, ein zu Horus und Isis betender König. Fakhry ließ seine Finger über die den Namen des Königs enthaltende Kartusche gleiten und las zu seiner großen Überraschung Alexanders Namen als Pharao. Er hatte den ersten bekannten Tempel Alexanders des Großen gefunden.

Wieso war der Bahariya-Tempel an einem so verlassenen Ort errichtet worden? Kürzlich wurde von italienischen Archäologen ein ähnlicher Bau – eine kleine Kapelle für den Alexanderkult, die bis dato gleichfalls unbekannt war – am Ende der alten Karawanenstraße entdeckt, die von Bahariya ins Nil-Tal und nach Memphis führt: an einem Ort namens Madinet el Ma'adi am südwestlichen Stadtrand von El Faiyum. Reiste Alexander auf dieser Straße zurück nach Siwa? Und markierten seine Freunde, vielleicht der General Ptolemaios, der später über

Ägypten herrschte, die Straße mit diesen Tempeln, um dieser bedeutungsvollen Reise zu gedenken? Vielleicht gab sogar Alexander selbst ihren Bau in Auftrag, um den Göttern nach der waghalsigen Reise nach Siwa und zurück für den glücklichen Ausgang zu danken, den wichtigsten Augenblick in der Geschichte, der den jungen Makedonen zum Sohn des Zeus-Ammon machte?

So wie uns auf unserer Überfahrt von Siwa der Sand gepeitscht und die Sonne verbrannt hatte, standen wir nun in den teilweise schlammbedeckten Überresten des Tempels von Bahariya. Die Sonne ging über der westlichen Wüste unter, und von Afrika blies ein heißer Wind herüber. Nicht zum ersten Mal auf unserer Reise ahnten wir, dass wir, wenn wir Alexanders Spuren folgten, mehr taten als nur seinen Weg nachzuzeichnen; dass, wenn wir bloß genau hinschauten und die alten Quellen sorgfältig genug lasen, Alexanders Feldzug in gewissem Sinn wieder zum Leben erweckt werden konnte; dass selbst nach so langer Zeit, wenn wir nur wussten, wohin wir zu blicken hatten, die Zeichen noch immer vorhanden waren. Und dieser Eindruck verstärkte sich, als uns unsere Reise östlich durch den Iran führte, über die hohen Pässe des Hindukusch, bis zu den Bergen Tadschikistans am Rande Chinas und weiter bis zu den Gefahren der Makran-Wüste.

Die Gründung Alexandrias

Die Ereignisse in Siwa und die Rückkehr fanden mitten im Winter und den ersten Januarwochen statt. Zu dem Zeitpunkt stand die makedonische Macht in Ägypten auf einer stabilen Grundlage. Bei seinem Aufbruch in den Osten brauchte Alexander nur 4000 Frontsoldaten als Besatzung in Memphis zurückzulassen. Die Übernahme des Landes war geschickt inszeniert worden. Natürlich mögen oppositionelle Kräfte gegrollt haben. Heute zeigen uns Papyri, auf denen Orakelsprüche und apokalyptische Visionen aufgeschrieben sind, dass es in Ägypten Leute gab, welche die Griechen als Diebe und Emporkömmlinge betrachteten und sie für »gewaltsüchtige« Menschen hielten. In einer Prophezeiung aus griechischer Zeit sah ein Autor voraus, wie sich seine Landsleute auf den Tag freuten, an dem »die fremde, uns aufgepfropfte Kultur dahinsterben wird und die Fremden, die Ägypten besetzt halten, verwehen werden wie die Blätter im Herbst«. Doch im ersten Rausch seines Erfolgs scheint sich Alexander um Besänftigung und Versöhnung besonders bemüht zu haben; und wir haben keinen Anhaltspunkt für einen konkreten Widerstand. Es ist gut möglich, dass ihn die Priesterschaft von Memphis vor seiner Abreise tatsächlich zum Pharao krönte, aber dies wird in keiner seriösen Quelle erwähnt, sondern lediglich im späteren Alexander-Roman, in dem es unmöglich ist, Tatsachen und Erfindungen auseinanderzuhalten. Ebenso hat er sich vielleicht in das ägyptische Landesinnere begeben. Bis nach Theben war es keine weite Reise, und heute kann man in dem großen Tempel von Luxor den jungen König sehen; an den Wänden des Allerheiligsten im Tempelinneren ist er in typisch ägyptischem Stil als Pharao dargestellt und trägt die Krone der beiden Reiche. Obwohl dies den Ägyptern damals

---

Vorangehende Seiten: Die westliche Wüste bei der Oase Gara.
Diesen Weg nahm Alexander im Winter 332/331 v. Chr. Er kampierte unter freiem Himmel.

nicht bewusst gewesen sein mag, signalisierte Alexanders Thronbesteigung das Ende der einheimischen Dynastien, welche die beiden Königreiche 3000 Jahre lang beherrscht hatten.

Im *Timaios* hatten die ägyptischen Priester zu Solon gesagt, dass die Griechen im Vergleich mit den Ägyptern reine Kinder seien, und dies entsprach der Wahrheit. Doch jetzt waren die Griechen die Herren ihrer Welt. Ihnen gehörte die Zukunft. Ähnlich wie die Chinesen oder die Mittelamerikaner vor ihren Zusammenstößen mit den Europäern lebten die Ägypter in einem in sich geschlossenen Kulturkreis. Trotz all ihrer praktischen Errungenschaften war ihr intellektuelles Leben statisch geblieben, resistent gegenüber von außen kommenden Ideen. (Wie Herodot festgestellt hatte, hielten sie an den Gesetzen ihrer Vorfahren fest und verweigerten sich entschlossen allen fremdländischen Sitten und Gebräuchen; vgl. Herodot 2,79.) Ihre Gesellschaft schaute nach innen, auf das Tal, dieses lange grüne Band, das eingesäumt war von pfirsichfarbenen Felsen und umgeben von den weiten Wüstenflächen, die sich fast über ganz Ägypten erstrecken. Im Vertrauen auf die regelmäßige Wiederkehr der lebensspendenden Überschwemmungen des Nils waren sie auf die Welt draußen nicht angewiesen. Im Vergleich dazu waren die Griechen beweglich, aggressiv, intelligent. Wie Aristoteles seinem Schüler Alexander schrieb: »Und deshalb haben sie die Kraft, die Mittel und die Fähigkeit, die Welt zu beherrschen.«

Für Alexander sollte Ägypten den Grundstein des hellenistischen Weltreichs bilden, und es musste daher ermutigt werden, einen Blick über die Grenzen zu werfen. Daher bewies er politischen Scharfsinn und kluge Einsicht in die geographischen Verhältnisse, als er sich bei seiner Rückkehr aus Siwa dafür entschied, für eine große Stadt an der ägyptischen Mittelmeerküste ganz formal die Fundamente zu legen – Alexandria. Dies war die erste von mehr als 30 über Zentralasien, das Tal des Indus und Nordafrika verstreuten Städten, die seinen Namen tragen sollten. Das überlieferte Datum war der 25. Tybi, wahrscheinlich der 20. Januar 331 v. Chr.

Die Gründung Alexandrias sollte dazu führen, dass sich der Schwerpunkt des intellektuellen und ökonomischen Lebens Ägyptens verlagerte. In den folgenden 1000 Jahren würde das Land, bis zum Aufkommen des Islam, auf das Mittelmeer und eine größere Welt seine Blicke richten. Alexandrias voller Name war »Alexandria bei Ägypten«, *nicht* »Alexandria in Ägypten«. Es war als Umschlaghafen gegründet worden, durch den der Reichtum Ägyptens hindurchfließen sollte; und innerhalb von zwei Jahrhunderten sollte es »zum Schnittpunkt der ganzen Welt« werden: das El Dorado des hellenistischen Zeitalters. »Wenn du es im Leben weiterbringen willst, mein Junge«, so sagte man damals, »dann schnür' deine Stiefel und geh' nach Ägypten«. Heutzutage erinnern nur noch Bruchstücke an diese herrliche Zeit – Grabmäler, Theater, Mosaiken in Alexandria; die Werke der dort lebenden griechischen Philosophen, Künstler und Geographen und, aus einer späteren Epoche, die wunderbaren Schöpfungen, die aus dem dynamischen Zusammenspiel von Kulturen hervorgingen, für die Alexandria als Katalysator diente; Schätze, die in so weit entfernten Ländern wie Afghanistan und Indien gefunden wurden. Im 1. Jahrhundert n.Chr. segelten alexandrinische Kaufleute mit den Monsunwinden nach Südindien und knüpften ihre Handelsbeziehungen bis zum Ganges, bis nach Vietnam und China – Teil der Ideen und Kontakte, die sich zur Zeit Alexanders explosionsartig entwickelt hatten. Auf diese Weise sollte das uralte Leben Ägyptens durch »die größte Stadt der zivilisierten Welt« von Grund auf verändert werden.

All dies begann symbolisch in jenem neuen Jahr 331 v. Chr.

DRITTER TEIL

Herr der Welt

Irak und Iran

Frühjahr – Sommer 331 v. Chr.

Alexander marschiert weiter; Dareios versucht, Alexander mit einer königlichen Summe Lösegelds zu kaufen; Dareios erleidet eine vernichtende Niederlage in der Schlacht von Arbela (Gaugamela); weiter Richtung Süden in den Irak; Ruhe und Erholung in Babylon; die Invasion des Iran und eine seltsame biblische Geschichte; die Schlacht an den »Persischen Toren«; Persepolis: »die bestgehasste Stadt der Welt«; der Brand von Persepolis; Alexander, der Verfluchte; der Tod des Dareios; »keine Rückkehr«; an den Ufern des großen Weltmeers; die Sage von der Amazonenkönigin; die verwundete Seele des Iran

Die entscheidende Schlacht rückte nun immer näher. Nach seiner Niederlage bei Issos hatte sich Dareios zurückgezogen, um seine Wunden zu lecken und ein neues Heer zu rekrutieren – eine grandiose Armee, in der Soldaten aus allen Winkeln des Reiches zusammengezogen waren. Er wusste, Alexander würde an den Ufern des Mittelmeers nicht Halt machen. Das »Auswärtige Amt« der Perser begann einen letzten verzweifelten Briefwechsel und versuchte, Alexander zu kaufen. Es hatte bereits eine erste Kontaktaufnahme gegeben, die jedoch an die neue Wirklichkeit der weltpolitischen Lage nicht angepasst war: Man wollte einen Vertrag schließen und Dareios' Familie freikaufen. Dies war von der Gegenseite kategorisch abgelehnt worden. Daraufhin machten die Perser das Angebot, den Griechen das Reichsgebiet bis zum Fluss Halys in Zentralanatolien zu überlassen und ein sehr hohes Lösegeld für die Familie zu zahlen. Schließlich boten sie ihnen alle Länder des Perserreiches bis zum Euphrat und waren bereit, ein sagenhaftes Lösegeld von 30 000 Talenten zu zahlen und zudem Alexander eine Frau aus dem persischen Königshaus, eine von Dareios' Töchtern, zur Frau zu geben. »Ich würde annehmen, wenn ich Alexander wäre«, sagte der alte General Parmenion. »Das würde ich auch, wäre ich Parmenion«, gab Alexander zur Antwort. Jetzt hatte der junge Eroberer Blut gerochen. In seinem Brief stellte er Dareios die Lage aus seiner Sicht dar: »Nenne mich jetzt Großkönig. Lebe als mein Vizekönig oder stelle dich und kämpfe. Sei jedoch versichert, dass ich dich, wohin du auch gehst, verfolgen werde.« Dareios muss das Blut in den Adern erstarrt sein.

In diesem Frühjahr, Anfang April, hielt die makedonische Armee, ausgeruht und frisch gestärkt, Spiele und Opfer ab, verließ dann Memphis, zog nach Gaza hinüber und marschierte wieder an der Küste von Palästina hinauf bis Tyros. Hier fand ihr Geheimdienst heraus, dass sich Dareios' Truppen um Babylon konzentriert hatten, und sie wendeten sich landeinwärts nach Damaskus. Von da aus zogen sie nach Aleppo, überschritten bei Jerablus den Euphrat und marschierten über Nisibis in Assyrien (heute: nördlicher Irak) ein.

Die persischen Streitkräfte des Dareios wurden jetzt aus allen Teilen des Reiches nach Osten beordert, Truppenverbände aus Zentralasien und dem Indus-Tal jenseits des Hindukusch. Die Griechen behaupteten, es seien eine Million gewesen, doch das ist völlig unmöglich. Nach einer realistischeren Schätzung könnte das persische Heer doppelt so groß gewesen sein wie Alexanders Armee. Da es seiner schweren Infanterie in früheren Schlachten übel ergangen war, setzte Dareios sein Vertrauen jetzt in seine Kavallerie, die fünfmal so stark war wie die makedonische. Andere Neuerungen, die er versuchte, waren der Einsatz von Spezialeinheiten und geschmiedeten längeren Lanzen, mit denen die Phalanx bekämpft werden sollte. Auch dies straft das griechische Bild von ihm Lügen, wonach er ein unfähiger Kriegsführer und ein vom Unglück gelähmter Regent gewesen sein soll. Das Problem war, dass die Umstellung der Taktik und Ausrüstung mitten in einem Feldzug sehr viele Risiken mit sich brachte. Um eine so verschiedenartig zusammengesetzte Streitmacht zu einer Einheit zu verschmelzen, braucht es mehr als nur Zeit – und Zeit hatte Dareios gerade nicht.

Vorausgehende Seiten, links: Furcht und Mitleid. Ein persischer Fußsoldat auf dem Alexander-Sarkophag.
Rechts: Der junge Alexander idealisiert als androgyner Träumer des hellenistischen Zeitalters.

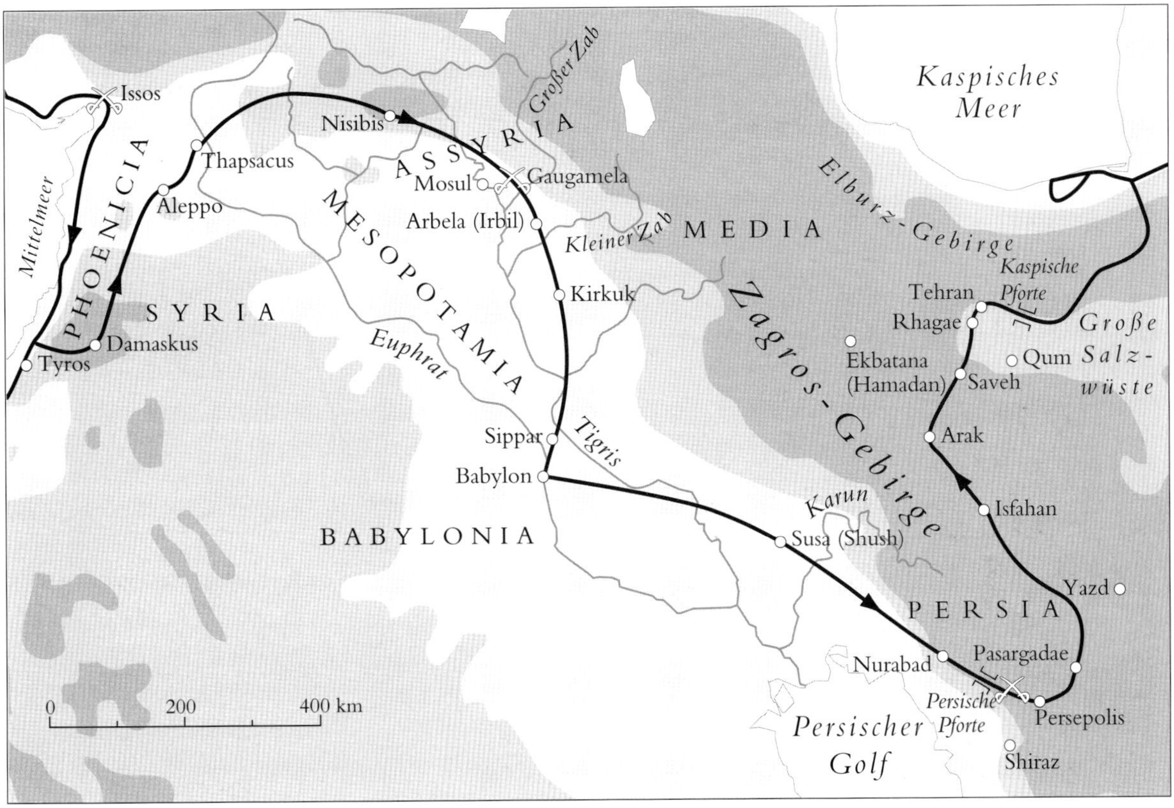

Die persische Armee hatte sich bei Babylon gesammelt und wartete auf Alexander, der den Euphrat entlang aus Nordsyrien kommen sollte. Aber erneut schlug Alexander eine indirekte und unerwartete Route ein, indem er den langen Umweg durch den nördlichen Irak wählte, wo es für ihn einfacher war, seine Truppen zu versorgen. Aus Gründen, die wir nur teilweise verstehen, marschierte Dareios nun – statt sich dafür zu entscheiden, den rechten Augenblick abzupassen und nördlich von Babylon auf die Griechen zu warten – 320 km in nördlicher Richtung und schlug in der Nähe der alten Stadt Arbela sein Lager auf. Er war gespannt, wo Alexander den Tigris überschreiten würde. Alexanders Kundschafter waren nun in der Lage, Dareios' Position auszumachen. Alexander zog auf der nördlichen Route weiter und ging um den 18. September über den Tigris nordwestlich von Mosul (dort verlief die Frontlinie zwischen Saddam Hussein und den freien kurdischen Streitkräften im Kriegsgebiet nach dem Golfkrieg 1991). Überall auf dem Lande jenseits des Tigris betrieb Dareios nun eine Politik der verbrannten Erde, um die Griechen vom Nachschub abzuschneiden. Der Rauch von Bränden und in Flammen stehenden Dörfern stieg auf, so weit das Augen reichte, sodass »das Tageslicht durch schwarze Rauchschwaden getrübt wurde«.

Wiederum hatte Dareios Alexander die Initiative überlassen, und da er wusste, er würde bald kämpfen müssen, tat er sein Bestes, um das Gefechtsgelände selbst zu bestimmen. Die nächsten paar Tage verbrachte er damit, das Schlachtfeld einzuebnen, um seinen Streitwagen eine größtmögliche Chance gegen die makedonische Phalanx einzuräumen. Die Stelle, die er aussuchte, befand sich bei der kleinen Stadt Gaugamela (Tell Gomel) nördlich der Hügel Jehl Maqlub, die sich über 1000 m direkt aus der Ebene erheben, in der Nähe des Flusses Gomel, etwa 120 km nordwestlich von Arbela (Irbil). Am 20./21. September fand eine fast totale Mondfinsternis statt, die in den makedonischen Reihen mit Bestürzung aufgenommen, jedoch von den Sehern des Heeres schnell als Siegeszeichen gedeutet wurde. Am nächsten Tag brachte man Sühnopfer dar, und dann stieß Alexander vor. Am 25. September kam er in Berührung mit dem Feind und besetzte die Höhenzüge oberhalb des Schlachtfelds. Dann erkundete er das Terrain und verordnete seinem Heer eine viertägige Ruhepause. Vermutlich wollte er, während er seinen Schlachtplan ausfeilte, auch die Spezialeinheiten neu organisieren und trainieren. Am 30. September schloss er zu Dareios auf und schlug, bereit zur Entscheidungsschlacht, auf der gegenüberliegenden Seite sein Lager auf. Alexander hatte 40 000 Fußsoldaten und ungefähr 7000 Berittene für die Front. Dareios verfügte über 34 000 Kavallerie- und Infanterieeinheiten, die von den Griechen unterschiedlich – auf zwischen 200 000 und einer Million Mann – geschätzt wurden. Die niedrigere Zahl kommt, obgleich auch sie gewiss übertrieben ist, vermutlich der Wahrheit näher.

Nach den fürchterlichen Temperaturen, die Ende August 50° C erreichen, dürfte am 1. Oktober 331 v. Chr. die spätsommerliche Hitze in der Ebene von Arbela nachgelassen haben. Doch es wird wohl noch immer heiß und sehr staubig gewesen sein – denn häufig fegen Sandstürme über die kahlen, ausgewaschenen Hügel Kurdistans. Obwohl den Berichterstattern eine genaue Aufstellung von Alexanders Truppenstärken und Schlachtplänen zur Verfügung stand, desgleichen die genau verzeichneten Formationen des persischen Heeres, Aufzeichnungen, die nach der Schlacht in Alexanders Hände fielen, sind alle unsere Quellen äußerst unklar hinsichtlich der folgenden Ereignisse. Was auf dem Papier erscheint, ist allerdings meilenweit entfernt von der schmutzigen und konfusen Wirklichkeit einer Schlacht. Diese wurde auf einer 4 km langen Front geschlagen, inmitten aufwirbelnder Staubwolken. Und große Teile des Geschehens blieben dem Blick der Kommandanten verborgen, sodass in keiner der überlieferten Darstellungen die Geschichte vollständig erzählt wird.

Alexander wusste, dass die persische Schlachtreihe ihn in einem großen Bogen von den Flanken her angreifen würde. Tatsächlich ermutigte er sie dazu, da er seine Linie absichtlich in einem 45°-Winkel gestaffelt zurückzog. Seine Absicht war es, die Perser zu einem vorzeitigen Angriff zu provozieren, der in ihren Reihen Lücken aufreißen würde. Doch wie es sich traf, war es im ersten Teil der Schlacht die griechische Schlachtreihe, die auseinandergerissen wurde. Bessos, der Befehlshaber der aus Nord-Afghanistan kommenden baktrischen Elite-Kavallerie, startete einen schweren Angriff gegen Alexanders rechten Flügel, und daraufhin riss in der vorstürmenden makedonischen Phalanx eine Lücke auf. Dies erlaubte anderen persischen Kavallerie-Einheiten durchzubrechen, um den griechischen Tross zu attackieren. Auf der anderen Seite konnte die auf dem rechten Flügel postierte persische Reiterei einen Schwenk um die griechische Linie machen. In diesem Augenblick hatten die Perser die Chance auf den Sieg. Doch weil sie vielleicht dachte, die Schlacht sei schon gewonnen, stürmte die persische Kavallerie vor, um das makedonische Lager zu plündern, das sich einige Kilometer weiter im Hinterland befand. Dieses undisziplinierte Verhalten bedeutete das Ende für Dareios' Hoffnungen.

»Wenn du mir die Herrschaft über Asien streitig machen willst, stelle dich und kämpfe. Doch wohin auch immer du fliehst, ich werde dich verfolgen.« Der immer wiederkehrende persische Alptraum: Alexander auf den Fersen des fliehenden Dareios. Nach der Schlacht bei Arbela brachen die persischen Kriegsanstrengungen zusammen, und Alexander konnte sich zum Herrn über Asien erklären. Ausschnitt aus einer griechischen Amphore.

Während Parmenion die persischen Hauptangriffe auf dem linken Flügel der Griechen abwehrte, bildete Alexander aus den stärksten Schwadronen seiner Phalanx und Spezialeinheiten eine Art bewegliche Burg; von dort rückte er mit einem Stoßkeil, formiert aus Berittenen und königlichen Gardesoldaten, auf die Bresche zu, die er in die persische Schlachtreihe geschlagen hatte. Inmitten von Staubwolken fand sich Dareios plötzlich wieder ungedeckt, da seine königliche Garde, seine Reiterei und die griechischen Söldner, wie von einem Hammerschlag getroffen, ins Wanken geraten waren. Es muss ein völliges Chaos geherrscht haben, da Dareios nicht in der Lage war, die Verbindung mit seinen weit verstreuten und schwerfälligen Truppen aufrechtzuerhalten. In diesem Moment blies Bessos, da er sah, wie das Zentrum einbrach und die königlichen Schwadronen zurückwichen, mit der Reiterei auf dem linken Flügel der Perser zum Rückzug. Die

Schlacht war verloren und mit ihr das Schicksal der persischen Monarchie besiegelt, die Kyros vor zwei Jahrhunderten begründet hatte. Es war das größte Reich gewesen, das es in der Geschichte bis dahin gegeben hatte.

Von Alexander und seiner Garde unter Beschuss genommen, ergriff Dareios die Flucht, ebenso wie bei Issos, und er konnte sich nur mit knapper Not vor dem griechischen Angriff retten. Die Schlacht war endgültig vorüber, obwohl die Gefechte auf dem Schlachtfeld noch länger andauerten. Der rechte Flügel der persischen Reiterei attackierte den Gepäckzug, kehrte dann zurück, und es kam zu einem blutigen Zusammenstoß mit Alexander. Der Tag endete damit, dass Dareios auf seinem Streitwagen, verfolgt von Alexander, in Richtung Arbela davonstürmte, als wäre der Teufel hinter ihm her. Es kam zu einer wilden Jagd über die Ebene, die erst bei Einbruch der Dunkelheit beendet wurde. Die Griechen ruhten sich ein paar Stunden aus, aßen und tranken und begannen um Mitternacht wieder aufs Neue. Alexander ritt, vom Fluss Gomel kommend, im Morgengrauen in Arbela ein. Die alte Stadt lag auf einem großen Hügel und war wie noch heute von weitem sichtbar. Dareios war fort. Später erfuhren die Griechen, dass er eine Schar von Überlebenden gesammelt und sich durch die armenischen Berge nach Osten gewendet hatte, Richtung Ekbatana (Hamadan) in Medien. Tatsächlich hatte er den Griechen nicht nur Babylon und Mesopotamien überlassen, sondern auch Susa, die Winterhauptstadt am Golf.

Die Schlacht von Arbela (oder Gaugamela) wird oft als eine der entscheidendsten Schlachten der Geschichte bezeichnet. Nach der realistischsten antiken Schätzung der persischen Verluste waren 56 000 Mann getötet worden, obwohl Dareios' gesamte Armee wohl nicht viel mehr Soldaten aufzuweisen hatte. Die richtige Zahl war höchstwahrscheinlich nie bekannt. Die griechischen Verluste werden von Arrian und Curtius mit wenigen Hunderten angegeben. Der Wahrheit näher kommt ein in Ägypten gefundenes Papyrusfragment; danach waren es 1000 Fußsoldaten und 200 Berittene, dazu noch 60 Hetairoi, die nach Dareios' Flucht im Reiterkampf gefallen waren. Arrian teilt noch mit, dass 1000 Pferde getötet worden seien. Das waren schwere Verluste, doch ein geringer Preis, um Herr über Asien zu werden.

Unser einziger nicht-griechischer Text über die Schlacht umfasst nur ein paar Zeilen, doch er ist von großem Interesse. Er stammt von einem kürzlich entzifferten Tontäfelchen in Keilschrift, Teil eines zeitgenössischen, in Babylon verfassten Tagebuchs. Es ist daher unsere früheste Quelle für diese Ereignisse und ermöglicht uns, von der anderen Seite einen kleinen Blick auf Alexander zu werfen. Wie üblich in solchen Texten, notiert der Schreiber zunächst die Preise des Monats (»Öl: 1 Pi, Wolle: 5 Schekel«) und die astrologische Konjunktion (»Damals stand Jupiter im Skorpion«), dann fährt er fort: »Am Tage 11 dieses Monats brach im militärischen Lager Panik aus … Bevor der König [die griechische Armee] erschien, schlugen sie vor dem König [Dareios] ihr Lager auf. Am Morgen des Tages 24 pflanzte der König die Standarte auf. Sie kämpften gegeneinander, und die Griechen brachten den Persern eine Niederlage bei. Wichtige Offiziere [wurden getötet?]. Er [Dareios] kehrte seinem Heer den Rücken … [Sie flohen?] zu ihren Städten … Er setzte sich ab in das Land Guti [westlicher Iran].« Der Bericht ist zwar äußerst lakonisch, aber er vermittelt uns das Gefühl, unmittelbar dabei gewesen zu sein – er zeigt, wie das Geschehen ablief und nicht, wie es durch den Filter der griechischen Propaganda gesehen wurde.

Die Omina hatten sich bewahrheitet. Alexander wusste jetzt, dass ihm der Weg offen stand, Herr über Asien zu werden, so wie es die Orakel in Gordion, Didyma, Xanthos und Siwa allesamt zu verstehen gegeben hatten. (Dann soll er für eine Weile überhaupt keine Wahrsager mehr konsultiert haben – hör' auf, wenn du am Gewinnen bist!) Mesopotamien lag vor ihm, ein reiches, dicht besiedeltes, uraltes Land, die Wiege der Zivilisation. Obwohl zwei Jahrhunderte lang unter persischer Oberhoheit, hatte sich das Land noch nicht mit deren Herrschaft abgefunden. König Xerxes hatte, so behauptete man, den heiligsten Tempel Babylons zerstört. Deshalb stand die Aramäisch sprechende herrschende Klasse, die in der Diyala-Ebene in großen, aus Lehmziegeln errichteten Landgütern lebte, den Persern feindselig gegenüber; ebenso die alten Familien, die den riesigen Tempeln über Generationen hin vorgestanden hatten und im Süden ausgedehnte Ländereien besaßen (vergleichbar etwa den späteren Moscheen); desgleichen die alte Priesterkaste mit ihrer Keilschrift-Gelehrsamkeit; und vielleicht in besonderem Maße die aus vielen Nationalitäten zusammengesetzte Schicht der Kaufleute: Juden, Aramäer, Araber, Bankleute und Gewerbetreibende in den Städten, deren Geschäftsbeziehungen bis zum Persischen Golf, nach Bahrain und zur indischen Küste reichten. Diese Leute pflegten, so wie z.B. die Familie Murashu, Finanzleute und Dattel- und Kornhändler, Verbindungen bis ins ferne Anatolien und Ägypten. Hatten sie aber irgendeinen Grund, den Griechen wohlwollend zu begegnen? Vielleicht nicht. Dennoch gab es im Süden viele Stadträte – in Uruk beispielsweise oder in Larsa –, die wohl ganz gern einen Befreier willkommen geheißen haben. Alexander wusste dies und schickte rasch eine Gesandtschaft nach Babylon voraus. Er wollte einerseits Vereinbarungen für die Unterbringung und Versorgung seiner Armee treffen und andererseits den Weg für Übergabe-Verhandlungen ebnen. Währenddessen warteten die Stadträte im Süden mit angehaltenem Atem darauf, welche Art von König ihnen im Nacken sitzen würde.

Ruhe und Erholung in Babylon

Im Nord- und Mittelirak ist das Wetter im Oktober angenehm. Von der Stadt Arbela (Irbil) rückte Alexander schnell durch die wogenden Weizenfelder Assyriens nach Süden vor. Die Schlacht von Arbela fand, wie wir heute wissen, am 1. Oktober statt. Er verbrachte nur ein oder zwei Tage damit, seine Toten zu verbrennen und sich um die Verwundeten zu kümmern, und schlug dann die Straße nach Kirkuk ein, die an den Ausläufern der kurdischen Berge entlangführte. Dies ist eine Gegend, um die seit Menschengedenken gekämpft wurde. (Ich kann mich daran erinnern, wie ich Anfang 1989 nach den verheerenden Angriffen gegen die Kurden dort entlangfuhr, in grauem Schneeregen, hinter Lastwagen voller Gefangener, denen die Augen verbunden waren. Wir kamen an verwüsteten Dörfern und den düsteren Blockhäusern der Besatzungstruppen vorbei – sie sahen aus wie die befestigten Polizeistationen, welche die Griechen gebaut hatten und die von heutigen Archäologen ausgegraben wurden. In diesen Gegenden wiederholt sich die Geschichte auf unheimliche Art und Weise.) Die Griechen hielten an einem Ort namens Mennis an, offenbar in der Nähe des Ölfelds von Kirkuk. Hier zeigte man Alexander eine Grotte, aus der Bitumen strömte, und eine Naphtha-(Rohöl-)Quelle. In jener Nacht beträufelten die Einheimischen damit die beiden Ränder des Weges, der zu Alexanders Hauptquartier führte, und hielten dann Fackeln daran, sodass der Weg blitzartig »von oben bis unten in hellen Flammen« stand (Plutarch, *Alexander* 35). Eine angemessene Metapher für den furchteinflößenden Vormarsch des Königs.

Über Tikrit und Samarra zogen sie weiter in Richtung Süden. Für Alexander war es ein einfacher Marsch. Neue Einzelheiten darüber erfahren wir wiederum aus dem babylonischen astronomischen Tagebuch. Während er vorrückte, wurden Verhandlungen geführt, und Botschafter waren schon bei den Bewohnern Babylons eingetroffen. In dem Tagebuch wird anscheinend die Forderung nach der Übergabe von Tempelschätzen erwähnt. Am 20. Oktober legte Alexander 60 km nördlich von Babylon in der uralten Stadt des Sonnengottes Sippar einen Halt ein. Sippar, ein altes Labyrinth aus lehmziegelgepflasterten Straßen und mit einem Zikkurat aus verfallenem Backstein, lag innerhalb der so genannten »medischen Mauer«, einer aus Backsteinen errichteten großen Verteidigungsanlage zwischen Euphrat und Tigris. Alexander traf jedoch auf keinerlei Widerstand. Das Tagebuch berichtet von etlichen schikanösen Anordnungen Alexanders. »Von Alexander traf ein [offenbar an die Bevölkerung gerichteter] Befehl ein, der es den Leuten untersagte, ihre Gebäude zu betreten.« (Damit waren vielleicht die Tempel gemeint, in denen die Schätze und Wertgegenstände aufbewahrt wurden; sollte dies ein Erlass sein, der Plünderungen verbot?) Zwei Tage später erreichte Alexander die Außenbezirke der Stadt, wo ihn, wie die griechischen Quellen berichten, die Stadtältesten mit Geschenken empfingen: mit Pferden, Groß- und Kleinvieh, dazu noch Löwen, Leoparden und verschiedenen anderen exotischen Tieren, die eher an den hastig zusammengesuchten Bestand eines babylonischen Zoos denken lassen. Dann erfolgten Auswechslungen: Manchen wurde etwas genommen (das Amt? oder das Leben?). Anschließend brachte man Opfer dar. Die Szene lässt sich leicht vorstellen: die Betreuer und Leibwächter des Königs, die argwöhnisch die Menge beäugten; Dolmetscher, welche in die vom Stadtrat getroffenen Maßnahmen Klarheit zu bringen versuchten; der Singsang einer Schar babylonischer Priester, die Weihrauchfässer und Palmwedel schwenkten; und die berittene Hofgarde der Perser, die in ihrer Paradeuniform erschien, befehligt von dem Satrapen Mazaios, dem Befehlshaber des rechten Flügels bei Arbela. Mazaios hatte sich den Griechen ergeben und seinen Rang behalten.

Dann, am 24. oder 25. Oktober, so das Tagebuch, »marschierte König Alexander mit Pferden und militärischem Gerät in seinem Babylon ein, um von den Bürgern der Stadt und dem Volk empfangen zu werden«. Nach Darstellung der Griechen bestieg er einen Streitwagen und hielt feierlichen Einzug, wahrscheinlich auf dem großen Prozessionsweg hinunter zum Ishtar-Tor, dem wunderschönen Nordportal der Stadt, das mit lasierten blauen Kacheln gefliest und rundherum mit Wappentieren verziert war. Hinter ihm folgten die Elitetruppen, die Hetairoi, die mit ihren feschen böotischen Ritterhelmen und wehenden Halstüchern eine besonders schneidige Figur machten. Die Stadtältesten hatten in aller Eile einen Willkommensempfang vorbereitet, und die Straßen waren mit Blumen bestreut und Girlanden geschmückt. Auf den Altären am Straßenrand brannten Weihrauch und Öl, die Luft war von angenehmen Düften erfüllt, und die Bürger ließen Rosenblätter auf Alexander niederregnen. Bald darauf konnte Alexander, während

---

Luftaufnahme von Babylon, der »Metropole der Welt«. Blick in nördlicher Richtung über das Herz der Stadt. Im Zentrum links die ausgegrabenen Fundamente des Etemenanki, des »Turms von Babel«. Oben links der Euphrat. Alexander zog den Prozessionsweg hinunter und betrat die Stadt durch das Ishtar-Tor oben rechts.

die Quartiermeister Vorräte für den Nachschub organisierten und sich um die Entspannung und Erholung der Soldaten kümmerten, im Palast des Nebukadnezar die Füße hochlegen. Er war Herr über alles, was er sah.

Babylon war eine der ältesten und berühmtesten Städte. 3000 Jahre lang war der Irak der Mittelpunkt der zivilisierten Welt gewesen, und in den letzten Jahren hatte sich Babylon zu seiner größten Stadt entwickelt. Den Kern des Ortes bildete ein riesiger rechteckiger Bau aus Lehmziegeln, der durch den Euphrat zweigeteilt war. In seinem damaligen Erscheinungsbild war er weitgehend das Werk des biblischen Nebukadnezar, der vor zweieinhalb Jahrhunderten gelebt hatte. Obwohl sie nun schon alt und brüchig waren, glänzten im herbstlichen Sonnenlicht die hoch aufragenden Wälle aus gebrannten Ziegeln noch immer »wie polierte Bronze«. Da gab es große Tempel und Pyramiden und riesige innere Verteidigungsanlagen; deren größte Mauern waren so breit, dass vierspännige Wagen auf der Mauerkrone entlangfahren konnten. Die äußeren Verteidigungsanlagen waren überall mit wuchtigen Bastionen bewehrt, und es gab schmale, grasbewachsene Pfade und Aufschüttungen aus gebrannten Ziegeln, umgeben vom Euphrat und einem Netz von Kanälen. Am Ufer im nördlichen Teil erhob sich eine riesige Plattform; sie stand in einem Wassergraben, dessen gewaltige Mauern bis unter den Fluss reichten und die Erosion verhindern sollten. Hier befand sich Nebukadnezars Palast. Die prächtigen Mauern seiner vier riesigen Höfe waren oben mit Friesen aus emaillierten blauen Ziegeln geschmückt. Ihre Türen aus Zedernholz waren mit Bronze verkleidet und mit Gold, Silber und Elfenbein eingelegt – im Stil ähnlich wie später die großen irakischen Moscheen mit ihren Säulenhallen aus Zedernholz und geometrischen Mustern aus farbigem Stein, Kupfer und Perlmutt. Die Wohngebäude hatten Dächer aus Zedernholzbalken vom Libanon, von denen einige vergoldet waren. Hier befanden sich die privaten Gemächer des Königs mit ihrer Empfangshalle, einem Tauchbad und Schlafzimmern, von wo aus man auf der einen Seite auf den Fluss und die Kaimauer und auf der anderen Seite auf die königlichen Gärten blickte. Aus seinem Fenster hatte der König eine wunderschöne Sicht. Richtung Norden, in einer Flussbiegung, konnte er auf die Terrassen eines großen Gartens mit Bäumen und zahlreichen Pavillons, so genannten »Sommerhäusern«, blicken – dies waren die berühmten »Hängenden Gärten (der Semiramis)«. Dort gab es Früchte, Weinreben, Dattelpalmen, Eichen, Tamarisken, Obst- und Granatapfelbäume, die alle durch das Kanalwasser berieselt wurden, das von oben auf die Gärten hinuntersprudelte. Hier, im Zentrum der Welt, konnte Alexander Bilanz ziehen und die nächste Kriegsphase planen. (Und obwohl sich ihm noch kein Wölkchen am Himmel zeigte, sollte er acht Jahre nach seiner Rückkehr aus Indien gerade in diesem Palast sterben.)

Die Reiseführer machten zweifellos ein Riesengeschäft – ein Stadtführer ist fragmentarisch erhalten. »Die Stadt hat zehn Stadtviertel mit jeweils einem eigenen Stadttor; es gibt 24 große Boulevards, 43 Tempel für die großen Gottheiten, 900 Kapellen für die kleineren Götter und dazu mehrere Hunderte Schreine an den Straßenecken«. Den Fluss säumten Kais und Docks, von denen Treppen zu den Straßen hinaufführten. Dort luden Händler ihre Waren vom Golf und aus Indien ab. Einige Wahrzeichen zerfielen nach der persischen Besatzung: Der große Tempel Etemenanki (dort, wo heute der Amran-Schrein in einem ummauerten Garten steht) war heruntergekommen und renovierungsbedürftig. Babylon hatte bessere Tage gesehen, doch es war wahrscheinlich noch immer die größte und attraktivste Stadt der Welt. Natürlich waren die

Griechen schon früher dort gewesen, als Kaufleute, Söldner und Reisende. Die Stadt war Gegenstand eines berühmten Pflichtstücks gewesen, das Herodot in seinen *Büchern der Geschichte* ein Jahrhundert zuvor verfasst hatte. Darin enthalten waren Beschreibungen des Zikkurat, der Stufenpyramide, die zuweilen mit dem biblischen Turm von Babel gleichgesetzt wurde, und der Hängenden Gärten. Herodot hatte außerdem Pikantes aus dem gesellschaftlichen Leben von Babylon geschildert und auch von Sexorgien auf dem Dach des Zikkurat und von der Prostitution mit Krokodilen (!) berichtet. Er war ein wichtiger Vorläufer der sensationslüsternen anthropologischen Reiseberichte der Moderne.

Wie gewöhnlich kümmerte sich Alexander um die einheimischen Kulte. Ganz ausdrücklich versprach er wie ein babylonischer König den Wiederaufbau des Tempelturms Esagila, des großen Schreins des Gottes Marduk, von dem die griechische Propaganda fälschlicherweise behauptet hatte, er sei ein Jahrhundert zuvor von dem Perser Xerxes dem Boden gleichgemacht worden. Die makedonischen Kommandanten hatten nun Zeit, sich die großartigen Sehenswürdigkeiten anzusehen. Für die Armee gab es die übliche Runde von Spielen, Festlichkeiten und sportlichen Wettkämpfen, und man sorgte für die von zu Hause gewohnten Annehmlichkeiten. Die Soldaten erhielten einen Monat Urlaub. Viele Offiziere wurden in Privatquartieren untergebracht. Ein sehr großer Teil des Soldes wurde für Wein, Weib und Gesang ausgegeben. Die Griechen behaupteten, abgesehen von den professionellen Prostituierten seien auch viele andere Frauen bereit gewesen, die Truppen zu unterhalten und sie um ihre sauer verdienten Sonderzulagen zu bringen. Die von Curtius Rufus beschriebenen Trinkgelage mit Striptease-Einlagen waren vielleicht sensationelle Einzelfälle, wenngleich die Sexualmoral in der babylonischen Religion keine besondere Rolle spielte, erst recht nicht in den großen Städten. An einem solch kosmopolitischen Ort waren wohl viele dazu aufgelegt, sich zu amüsieren und über die Stränge zu schlagen.

Andere gingen während dieser kurzen Urlaubszeit eher intellektuellen Beschäftigungen nach. Kallisthenes, der Chronist dieses Feldzugs, jetzt auf der Höhe seines Erfolgs, bat darum, Einblick in die astronomischen Aufzeichnungen der babylonischen Priester zu erhalten. Diese Dokumente reichten angeblich, wie sie durch Dolmetscher mitteilen ließen, über 30 000 Jahre zurück. (Sie waren noch immer in Keilschrift verfasst, die erst zu Beginn der christlichen Ära außer Gebrauch kommen sollte.) Zweifellos bekam Kallisthenes von seinen Gastgebern, die ihn mit dem Alter und der Bedeutung ihrer Kultur beeindrucken wollten, einige Lügenmärchen aufgetischt, obwohl er natürlich selbst auch ein Meister der Übertreibung war und gewiss nicht abgeneigt, eine gute Geschichte, die er nacherzählte, entsprechend auszuschmücken. Jene Wochen in der großartigen Stadt müssen für die Makedonen eine erhellende Erfahrung gewesen sein. Dennoch standen neben Ruhe und Erholung auch Exerzieren und Training auf dem Programm. Vor ihnen lagen schwere Kämpfe.

Gab es seitens der Babylonier irgendwelchen Widerstand? Anscheinend nicht, doch das muss nicht bedeuten, dass die Griechen von jedermann willkommen geheißen wurden, noch nicht einmal von der Mehrzahl der Bürger. Bis vor kurzem kannten wir die Geschichte nur aus der Sicht der Griechen. Nun jedoch können wir mit der Entdeckung bislang unbekannter babylonischer Texte, einschließlich des astronomischen Tagebuchs, aus der Perspektive der Einheimischen einen neuen Blick auf die griechische Eroberung Babyloniens werfen. Eine kürzlich übersetzte, das Herrscherhaus betreffende Prophezeiung enthält z. B. – soweit wir wissen, zum ersten Mal – Hinweise auf Feindseligkeiten, die Alexander und der makedonischen Herrschaft offen entgegenschlugen:

Ein fremder Prinz wird kommen und den Thron besteigen
Fünf Jahre lang wird er seine Herrschaft ausüben
Das Heer der Griechen wird angreifen –
Die Griechen werden Dareios' Heer besiegen
Sie werden ihn ausplündern und ausrauben
Doch später wird der König seine Armee
Wieder neu rüsten und erneut seine Waffen erheben
Enlil Shamsh und Marduk
Werden seinem Heer zur Seite stehen und
Es wird ihm gelingen, die griechischen Truppen zu schlagen
... Dem Volk, das so viel Unglück erlebt hat,
wird es wohl ergehen ... das Land wird wieder glücklich sein ...

Dieses ausdrückliche Dementi der Niederlage des Dareios findet sich auch noch beim letzten Schah von Persien, der sich bis zu seinem Tode weigerte, die makedonische Eroberung des Iran anzuerkennen oder auch nur zu diskutieren. Die Prophezeiung blieb indes ein frommer Wunsch. Bevor er weitere Schritte unternahm, sammelte Alexander erst einmal Informationen über Dareios. Vor seinem Aufbruch strukturierte er seine Heeresverbände weitgehend um. Dabei brach er mit dem Prinzip, die Berittenen gemäß ihrer Herkunft in Einheiten zusammenzufassen (dies könnte darauf hindeuten, dass nicht alle darauf erpicht waren, immer noch weiterzumachen, vielleicht weil sie dachten, die Arbeit sei getan?). Alexander war allerdings entschlossen, Dareios gefangen zu nehmen, und hatte schon Boten vorausgesandt, um über die Aushändigung des riesigen Staatsschatzes des Perserkönigs zu verhandeln. Der Staatsschatz befand sich in Susa, der Winterhauptstadt des persischen Reiches, über 600 km weiter südöstlich, am oberen Teil des Persischen Golfs. Dies war Alexanders nächstes Ziel.

Der Überfall auf den Iran

Am 25. November verließ Alexander Babylon und marschierte in Richtung Susa. Die auf 70 000 Mann verstärkte Armee war nun wieder vollständig bei ihm, und im Laufe der Geschichte hat es nur wenige Kampftruppen gegeben, die kompetenter und rücksichtsloser gewesen wären. Der Weg führte ihn zunächst über den Tigris und durch die sorgfältig kultivierte irakische Ebene, die von einem Flechtwerk aus Flüssen und Bewässerungskanälen durchzogen war. Hier und dort gab es alte Städte, die aus blanken Lehmziegeln erbaut waren und hoch über die – in Folge von Überschwemmungen – smaragdgrüne Ebene ragten.

Susa liegt östlich des Tigris in der heißen Ebene des heutigen iranischen Khuzestan, dem Arabisch sprechenden Teil Persiens. Es befindet sich im Schutz des Zagros-Gebirges, der großen Bergkette, die sich von Armenien bis zum Persischen Golf hinzieht. Es bildet die Trennlinie zwi-

Luftaufnahme von Susa in südlicher Richtung. Rechts ist die Akropolis am Fluss Shaoor.
Unten rechts sieht man die Fundamente der Empfangshalle der persischen Könige.
Hier saß Alexander auf Xerxes' Thron.

schen dem Iran und dem Irak, zwischen dem Schwemmland der Ebene Mesopotamiens und dem Hochplateau, das sich vom Iran bis nach Innerasien erstreckt. Dieses Gebiet war seit Menschengedenken Schauplatz von Kriegen. Hier lieferten sich die Könige von Ur und Elam ihre Schlachten, desgleichen die sassanidischen und römischen Kaiser, deren Reich sich zur Zeit seiner größten Ausdehnung bis zum bullig heißen Süden Mesopotamiens und dem Golf erstreckte. In den 80er-Jahren unseres Jahrhunderts wurde es, als Saddam Hussein den Iran angriff und einen der schlimmsten Kriege der Moderne entfesselte, erneut zum Schlachtfeld. In dieser Grenzzone des Iran sind entlang den Landstraßen und sogar mitten auf den Straßen der Städte noch immer Schützengräben und kaputte Panzer zu sehen.

In jenem Sommer fuhren wir im Monat Muharram in den Iran. Dieser Monat ist die Trauerzeit der schiitischen Muslime: Lange Prozessionen ziehen durch die Straßen, und die heißen Nächte sind erfüllt von den Klängen alter Klagelieder, die von den großen Niederlagen künden. Die schwersten Niederlagen wurden der persischen Kultur durch Alexander beigebracht und anschließend von den Arabern, welche die Botschaft des Islam mit sich brachten. Beide, sowohl der Hellenismus als auch der Islam, wurden assimiliert und beide verwandelten, wie wir noch sehen werden, die alte persische Zivilisation. In ihr gibt es viele Traditionen, die auf Alexander zurückgehen, und manchmal stehen sie einander diametral gegenüber. Die Erinnerungen, die das Volk an Alexander bewahrt, sind geteilt. Er ist hier beides: einerseits der Verfluchte und andererseits der Schah der Schahs. In Firdausis Epos *Shahnameh* aus dem 10. Jahrhundert, das trotz der Erschütterungen der letzten Dekaden noch immer in Kaffeehäusern rezitiert wird, ist er ein Held. Für Firdausi ist Alexander der rechtmäßige Schah, an den der sterbende Dareios die Königsherrschaft weitergegeben hat. Ganz anders erscheint Alexander im religiösen Volkstheater: Mit Tropenhelm und Sonnenbrille betritt er die Bühne, zusammen mit den anderen Schurken der Geschichte, dem bösen Kalifen Caliph und dem großen Satan höchstpersönlich – Uncle Sam. Für die Verehrer Zarathustras wiederum, die jetzt noch lebenden Anhänger der alten Religion des Iran, ist er der verhasste Eindringling, der ihre heiligen Bücher zerstörte und ihre Priester tötete. Wie wir auf unserer Reise bereits mehrfach gesehen hatten, kann Alexanders Geschichte auf viele widersprüchliche Arten gedeutet werden – und das geschieht auch.

In Ägypten und Babylon war Alexander auf nur geringe oder gar keine Gegenwehr gestoßen und als Befreier begrüßt worden. Doch seitdem er in den Iran eingefallen war, befand er sich auf feindlichem Territorium. Von nun an sollte er auf seinem ganzen Weg bis nach Indien stets auf – oft sogar erbitterten – Widerstand treffen. Im Winter 331 v. Chr. setzte er seinen Fuß auf iranischen Boden und zog in Richtung Zagros-Gebirge, um zum Herzen des Reiches des Dareios vorzustoßen.

Nahe der iranischen Grenze schlugen wir wieder Alexanders Route ein und nahmen die alte persische Königsstraße, die von Babylon nach Susa führt und auf den Landkarten, die ich bei mir hatte, noch immer verzeichnet war. Diese Karten hatte der militärische Geheimdienst der Briten 1917 für die Invasion dieses Gebietes angefertigt. Nordwestlich von Susa überquerten wir an derselben Stelle wie Alexander auf einer von der iranischen Armee errichteten Ponton-Brücke den Fluss Karkhev. Dort wurden die Pässe und Ausweise kontrolliert. Es handelt sich um eine dem Militär unterstellte Zone, und die Brücken sind militärische Einrichtungen. Ein eifriger, aber charmanter Hauptmann hielt uns eine Weile fest. Alexander hingegen traf dort auf keinen Widerstand. Damals, im Dezember 331, kam ihm am Fluss der Statthalter von Susa mit einer Delegation entgegen. Sie führte großzügige Geschenke mit sich: Rennkamele und ein Dutzend indischer Elefanten. Gleichzeitig wurde ihm die Stadt kampflos übergeben.

Am 15. Dezember traf Alexander in der alten Stadt des Xerxes und des Dareios ein. Das moderne Susa (Shush) ist eine staubige Stadt, umgeben von einer weiten fruchtbaren Ebene am

Fluss Karkeh, einem Nebenfluss des Karun. Es war bis in die Zeiten des Islam der große Handelsplatz von Khuzestan, heute jedoch wurde es als wichtigster Hafen von Ahwaz abgelöst. Hier beginnt Mitte November die Regenzeit, was den Zeitpunkt erklärt, den Alexander für seinen Marsch wählte. Er hatte ihn offensichtlich verschoben, um sich nicht der brütenden Hitze in der Ebene von Susa auszusetzen. Der griechische Geograph Strabon liefert eine anschauliche Beschreibung: Im Sommer sei es dort so heiß, dass Eidechsen und Schlangen in der Sonne gebraten würden, bevor sie die andere Straßenseite erreicht hätten. (Wir kamen dort, umgeben von einem weißen Dunstschleier aus Hitze und Staub, im Spätsommer an, und ich kann Strabon Darstellung nur bestätigen. Um die Mittagszeit waren die Straßen fast nicht zu betreten.)

Über der hässlichen Betonwüste der modernen Straßen erhebt sich als Überbleibsel der alten Stadt ein gewaltiger brauner Hügel, der von Schatzgräbern durchsucht wird; Ruinen aus Lehmziegeln; Hitze wie in einem Feuerofen; ein perlweißer Himmel; und überaus grelles Licht über dem festgestampften Boden. Von den leuchtenden Farben der Friese an den Mauern und Gebäuden ist nichts geblieben. Fragmente des herrlichen polychromen Wandschmucks, der im Palast gefunden wurde, sind jetzt im Louvre und in Teheran zu besichtigen. Von den kürzlich unterhalb der Grabungsstätte entdeckten Königshallen sind indes noch alle Säulenbasen an Ort und Stelle zu sehen. Oben auf dem Haupthügel befindet sich das französische »Château«, das im 19. Jahrhundert erbaut und im Krieg mit dem Irak durch Granaten beschädigt wurde (die Front war nur 6 km entfernt). Die alte Stadt erhob sich auf einer gewaltigen Akropolis über dem Fluss und war von einem kanalisierten Arm des Flusses umgeben. Weitere große Gebäude lagen außerhalb, riesige von Artaxerxes erbaute Empfangshallen, grandiose neue Bauprojekte aus der Zeit kurz vor Alexander – sie strafen die Vorstellung Lügen, das persische Reich sei schon damals dem Tode geweiht und seiner schöpferischen Kraft beraubt gewesen.

Das makedonische Offizierskorps schritt in die großen Hallen, einen Wald von Zedernholz-Säulen mit schimmernden Intarsien aus Blattgold und Perlmutt. (Dies erinnert an Bilder aus der Wochenschau, die zeigen, wie die oberste Heeresleitung der Nazis den Invalidendom oder in Athen die Akropolis besichtigt.) Alexander saß auf Xerxes' Thron, aber seine Füße berührten nicht den Boden. Jemand stellte ihm rasch einen Tisch unter. Applaus. Dann hörte man ein ersticktes Weinen: Ein alter persischer Diener, ein Angehöriger des Palastpersonals, konnte seine Tränen nicht zurückhalten. Alexander ließ ihn durch seine Dolmetscher fragen, warum er weine: »Seine Majestät der König Dareios pflegte seine Mahlzeiten an diesem Tisch einzunehmen. Es bricht mir das Herz, wenn ich sehe, dass ein barbarischer Eroberer seine Füße auf ihn setzt.« Für die empfindsamen Perser bedeutete dies ein Sakrileg. Dann sagte ein Makedone mit lauter Stimme: »Der Tisch eures Feindes dient euch als Fußbank: Nehmt es als gutes Omen für euren bevorstehenden Sieg« (vgl. Curtius Rufus 5,2,15).

Das biblische Buch Esther lässt vermuten, welch reiche Schätze Alexander in Susa vorfand. In den Lagerräumen stapelten sich jahrhundertealte Erbstücke und Kostbarkeiten. Zu ihrem großen Erstaunen sahen die Griechen die Beute, welche die Perser bei der Plünderung Griechenlands 150 Jahre zuvor geraubt hatten: die berühmten Statuen der Tyrannenmörder, die von der Athener Akropolis gestohlen worden waren, Ballen von wunderschönem, purpurrot gefärbtem Tuch aus der Stadt Hermione auf der Peloponnes. Ein riesiges Standbild von Dareios

Die Herrlichkeiten Susas: Dekorationen auf den lasierten Backsteinwänden vom Palast Dareios' des Großen, um 500 v. Chr. Oben: Greifen unter der geflügelten Scheibe von Ahura Mazda, dem Gott der Weisheit. Rechts: Fries mit Bogenschützen der königlichen persischen Leibgarde, den Unsterblichen. Eine großartige archaische Welt wurde von Alexander hinweggefegt.

dem Großen als ägyptischem Pharao, mit Inschriften in Keilschrift und Hieroglyphen, wurde 1975, ohne Kopf, von einer französischen Archäologin in den Trümmern gefunden. Von den herrlichen persischen Goldarbeiten, welche die Griechen sahen, sind nur noch eine Handvoll besonders erlesener Stücke erhalten; die besten befinden sich in Teheran. Die meisten dieser Kunstwerke wurden vermutlich geraubt und eingeschmolzen. Alexander fand auch Gold- und Silberbarren: 50 000 Talente, weitere 9000 Talente in geprägter Münze (das kam 1913 einem Goldwert von 22 Millionen Pfund gleich und entspricht dem athenischen Nationaleinkommen im 5. Jahrhundert, das in 150 Jahren erwirtschaftet wurde). Und es sollte noch viel mehr dazukommen. In jenem Moment nun, als sich die persischen Palastbeamten ängstlich in Alexanders Nähe zu schaffen machten, muss ihm bewusst geworden sein, dass er von jetzt an jeden Krieg, den er führen wollte, finanzieren könnte – und zöge er bis an das Ende der Welt.

Von den Fenstern des Schlosses aus konnten wir, ebenso wie es für Alexander von der Terrasse des Palastes aus gewesen sein muss, im Abendlicht die weit entfernte Wand des Zagros-Gebirges, das Tor nach Persien, erahnen und jenseits davon das Hochplateau Asiens.

Wenn die Sonne allmählich untergeht, lässt die Hitze ein wenig nach und die kleine Stadt erwacht nach der langen Mittagspause zum Leben: Die Leute bummeln durch die Straßen des Basars und besuchen die Moschee am Fuße des Hügels. Dies ist der Schrein des Propheten Daniel, der von sehr vielen Arabern des iranischen Khuzestan verehrt wird, desgleichen von iranischen Muslimen, Juden und Christen, die sehr viel weiter weg wohnen. Ein kleiner Hof mit einem Kreuzgang und einem für Waschungen bestimmten Becken führt in die mit Teppichen ausgelegte Grabkammer: überall geschliffenes Glas, Prismen, Spiegelgewölbe; sie reflektieren das Bild der Gläubigen, die dort herumlungern und vor dem silbernen Käfig ihre Gebete verrichten. Im Inneren, unter einem grünen Tuch, befindet sich das Grab des Propheten. Der Wärter interessierte sich für unsere Geschichte. »Christen und Juden kommen genauso hierher wie Muslime«, sagte er, »alle die Leute, die im Buch genannt sind«. Er erinnerte uns an das Buch Daniel und zog ein Exemplar des Alten Testaments hervor. Hier im Buch Daniel taucht Alexander in einer seltsamen Prophezeiung auf, die etwas von der orkanartigen Gewalt, mit der er in Persien einbrach, bewahrt haben mag – so als verfügte er über ganz entsetzliche überirdische Kräfte –, »zornerfüllt«, als wäre er tatsächlich der Teufel in Person. Im Buch Daniel findet sich die Vision von dem Ungeheuer aus dem Meer. Das dritte Tier:

> Es wird eine Zeit geben, wie man sie noch nie gesehen hat ... die Menschen werden durch Feuer und Schwert umkommen und unter Gefangenschaft und Verwüstung leiden ... ein böser Mann, der ankämpft gegen den Bund [zwischen Gott und den Menschen].

Die Erstürmung der Persischen Tore

Nach der Wintersonnenwende, nach der modernen Zeitrechnung kurz vor Neujahr, brach Alexander sein Lager ab, das sich am Stadtrand von Susa befunden hatte. Der erste Teil unserer Geschichte nähert sich nun ihrem Höhepunkt. Vor ihm lag der entscheidende Angriff auf Pars, das

Herzland Persiens. Die alte Straße von Ahwaz führt an der flachen südlichen Ebene entlang, vorbei an Erdgasfeuern und erodierten Gesteinsschichten, und weiter bis in die uxischen Berge. Auf jähen Klippen erheben sich kleine knorrige Eichen. Hier verlangten und erhielten die Einheimischen von dem Großkönig Wegezölle, ebenso wie die afghanischen Bergstämme vom britischen Raj. Alexander war nicht der Mann, der sich solches gefallen ließ, und überwältigte sie in einem kurzen, erbarmungslosen Feldzug. Dann zog er weiter nach Osten. Auf seinem Marsch in das Landesinnere befehligte er ein Heer von 80 000 Mann. Sein Ziel war Persepolis, »Parsa« – der riesige persische Palast mit den nahe gelegenen Königsgräbern, Schreinen und heiligen Feuerstätten – das eigentliche Herz des Reiches.

Wenn man sich heute von Ahwaz aus der zerklüfteten Bergkette von Fars nähert, sieht man zur Linken allmählich das gewaltige Massiv des Zagros-Gebirges aufsteigen. Und auf der Fahrt nach Nurabad führt die alte Straße nach kurzer Zeit direkt unter seinen Ausläufern entlang. Als Alexander dort ankam, war es Mitte Januar, und der 5000 m hohe Zagros war schneebedeckt, die Hochstraßen unpassierbar. An der Stelle, die Diodorus Siculus als die »susischen Felsen« bezeichnet, machte Alexander Halt. Vielleicht waren diese Felsen identisch mit dem gigantischen Tafelberg, der jetzt »Weiße Burg« heißt, eine legendäre Zitadelle, die in dem aus dem 10. Jahrhundert stammenden Epos *Shahnameh* erwähnt wird und unter anderem von Tamerlan belagert worden war. Hier, wo sich der Fluss Fahliun in eine grüne Ebene ergießt, teilte Alexander sein Heer auf. Parmenion übernahm den Hauptzug des Heeres und führte ihn die Fahrstraße entlang, auf der langen südlichen Schleife über Shiraz nach Persepolis. Parmenion war zwar ein verlässlicher Kampfgenosse, doch Alexander liebte es bisweilen trotzdem, seine Armee zu teilen. Parmenion gehörte zur alten Garde, er war ein Mann der alten Schule, die rechte Hand von Alexanders Vater. Alexanders Apologeten beschreiben den alten Mann stets als konservativ und vorsichtig, als einen Hemmschuh für Alexanders ungestüme Visionen. Wie dem auch sein mag, er und Alexander waren nicht immer einer Meinung, und allem Anschein nach wollte der König ihn nun lieber nicht in seiner Nähe haben. Alexander nahm mit einer Elitetruppe von fast 20 000 Mann eine Abkürzung, einen Engpass, durch den man die Ebene von Persepolis erreichen konnte. Er wollte in der Stadt eintreffen, bevor Dareios' Männer mit dem Staatsschatz entflohen wären, und war bereit, eine wenig frequentierte, gefährliche Route einzuschlagen: Er wollte auf einer alten Militär- und Handelsstraße durch den Zagros ziehen, über einen Pass, der den Griechen als die Persischen Tore bekannt war.

Der Weg, den er nahm, führte das Tal des Flusses Fahliun hinauf; er war holperig und uneben, durchquerte zweimal den Fluss und lief im Zickzack über steile Hügel. Ohne Kenntnis der Örtlichkeiten wäre es, glaube ich, unmöglich gewesen, diese Route einzuschlagen. Ich war auf mehreren Erkundungsreisen schon hier oben gewesen und entsprechend vorgewarnt. Diesmal fuhr unser Team in einem kleinen – auch als Taxi dienenden – Lieferwagen eines einheimischen Bauern und übernachtete im Haus des Fahrers Bandar, um dann im Morgengrauen aufzubrechen. Die Straße ist so schlecht, dass man sich kaum vorstellen kann, dass sie früher einmal ein berühmter Fahrweg war – geschweige denn, dass ein Heer auf ihr entlangziehen konnte. Doch dies hier war das alte »Eingangstor nach Anshan«, eine Straße, die Tausende von Jahren alt war und noch immer von Fußwanderern benutzt wird. In der vom Argwohn geprägten Welt des heutigen Iran wird sie im Osten – dort, wo der Pfad die Ebene von Fars erreicht – von einer neuen

Polizeistation gesichert. Bevor vor 25 Jahren in diese Gegend Autos kamen, diente diese Route noch als wichtigste Abkürzung für die Strecke zwischen der Nurabad-Ebene und Fars.

Ringsum am Horizont zeichneten sich die höheren Gipfel des Zagros ab. Hier draußen ist die Welt verlassen und rau, insbesondere im Winter. Es gibt z. B. keine Elektrizität, und im Hochland läuft man baktrischen Nomaden über den Weg, deren provisorisch errichtete Dörfer nur während der sommerlichen Weidemonate genutzt werden. Wir kamen vorbei an zerfallenen Karawansereien, gut erhaltenen alten Brücken und den Überresten eines großen sassanidischen Viadukts. Schließlich machten wir am Eingang einer tief eingeschnittenen Pass-Straße Halt. Dort gab es ein paar Holz- und Schilfhäuser und die Trümmer einer Karawanserei; sie lagen in einem großen Wald von Pappeln, die im Herbstlicht golden strahlten. Hier ist der Eingang zu den Persischen Toren. Sie waren der Schauplatz einer der dramatischsten und vielleicht entscheidendsten Herausforderungen, die Alexander bei seiner gesamten Eroberung Asiens zu bestehen hatte.

Heutzutage muss man zu Fuß in die Schlucht, so wie es auch Alexander tat. Vor ihm lag zunächst ein sanfter Anstieg, der ihn an Wasserfällen und Bächen, Eichen und Platanen entlangführte. (Ironischerweise hielten spätere arabische und persische Geographen diesen Ort für eines der vier irdischen Paradiese.) Dann nahm das Verhängnis seinen Lauf. Nach der offiziellen Version, die bei Arrian nachzulesen ist, gab es lediglich Schwierigkeiten mit dem Gelände. Nach der anderen Überlieferung, die auf Diodorus Siculus und Curtius zurückgeht, waren die Griechen tief in die Schlucht eingedrungen, bevor sie erkannten, dass sie von den Persern in eine Falle gelockt worden waren. An der schmalsten und schwierigsten Stelle, dort, wo sich die Klippen verengen, war der Pfad mit einer Mauer versperrt. Plötzlich regnete es Steine, Wurfspieße und Artillerie-Geschosse. Es kam zu schweren Verlusten. Alexander ließ seine Gefallenen an Ort und Stelle liegen und zog sich in das offene Gelände unterhalb des heutigen Weilers Mulla Susan zurück. Dort schlugen die Griechen ein Lager auf, entzündeten Feuer und versuchten, einen anderen Plan zu entwickeln. In diesem Augenblick hing die erfolgreiche Eroberung Persiens an einem seidenen Faden.

In der ersten – mondlosen – Nacht waren wir gezwungen, im Stockdunklen bergab zu unserem Lagerplatz zurückzufinden. Über steiles, unebenes Gelände stolperten wir unter ausgezackten Felsvorsprüngen hinunter zum Ausgang der Schlucht. Dies führte uns plastisch vor Augen, mit welch schwierigen Bedingungen sich die Griechen auseinanderzusetzen hatten. Wir hatten einen Führer aus der Gegend (Zavore ist Lehrer in Nurabad und hat hier oben ein Sommerhaus), doch wir konnten seine Gestalt, als er vor uns her ging, kaum erkennen. Und es war nervenaufreibend, bei völliger Dunkelheit eine dicht bewaldete Klamm hinabzusteigen und einen Fluss zu durchqueren und dabei nur eine Schachtel Streichhölzer zur Verfügung zu haben. Nach einigen Stunden hatten wir uns bis Mulla Susan durchgekämpft. Todmüde schlugen wir auf der Terrasse von Zavores Haus, das er für uns wieder aufgeschlossen hatte, unsere Zelte auf. Es war Ende

---

An den Persischen Toren. Das weiße Kliff an dem Engpass, wo Alexander von den persischen Verteidigern überrascht und zum Rückzug gezwungen wurde.
Die Stelle konnte bis zu unserer Exkursion niemals genau lokalisiert werden.

November, aber ungewöhnlich sonnig. Unterhalb unseres Quartiers befand sich der Eingang zu den Persischen Toren und das offene Gelände, in dem Alexander nach seinem Rückzug aus der Schlucht sein Lager errichtet haben muss.

Da durch die Tore kein Durchkommen war, erkundigte sich Alexander bei seinen Gefangenen nach einem anderen Weg, um sie zu umgehen. Es war wie sonst auch: Wertvolle Informationen wurden großzügig belohnt, falsche oder lückenhafte mit dem Tode bestraft – ein einfaches, aber wirkungsvolles Verfahren. Ein einheimischer Hirte kam zu Alexander. Er stammte aus Lykien, war in griechischer Gefangenschaft gewesen und sprach Griechisch. Seit vielen Jahren weidete er seine Herde auf diesen Hügeln. Er sagte, es gebe eine Möglichkeit – einen steinigen, schwierigen Weg, der auf die Rückseite des Passes führe; 20 km auf Eselspfaden. Doch ob der Weg auch für ein Heer gangbar sei, fragte Alexander. Auf gar keinen Fall, erwiderte der Hirte. Gleichwohl beschloss Alexander, es zu versuchen. Wahrscheinlich hatte er jetzt keine andere Wahl. Doch wo befand sich der geheime Pfad? Niemand hat ihn je gefunden.

An unserem Lagerfeuer diskutierten Zavore und sein Bruder darüber, welchen Weg Alexander genommen haben könnte. Nach Meinung des älteren Bruders war es todsicher, dass der Pfad, der hinter uns steil nach oben ging, nicht in Frage kam, weil dort im Januar dicker Schnee liege. (Es steht fest, dass die Griechen Schnee vorfanden.) Zavore wollte davon nichts wissen. Während das Feuer niederbrannte, stritten sie sich noch immer, und wir legten uns schlafen. Sie hatten sich jedoch darauf geeinigt, uns am nächsten Tag mit Eseln, die unser Gepäck tragen sollten, den fraglichen Weg zu führen. Vielleicht war es das erste Mal, dass in der Moderne jemand diesen Versuch gemacht hatte.

Im Morgengrauen beluden wir die Esel, löschten die Lagerfeuer und machten uns von Mulla Susan aus auf den kreisförmigen Weg, der das lange Tal hinaufführte. Es war ein Aufstieg, der mit kräftig ausschreitenden Maultieren zwei bis drei Stunden dauerte. Doch man stelle sich vor, wie 15000 Mann diesen Marsch bei Nacht zurücklegen. Wie kühn dieses Wagnis war, wurde uns nur allzu bewusst, als wir Alexanders Spuren folgten. Dann gelangten wir plötzlich auf eine weite, von Bergen umsäumte Hochebene. Im Sommer finden sich hier überall die schwarzen Zelte der Hirten mit ihren Herden. (Falls die Geschichte des Hirten wahr ist, hat er hier seine Schafe geweidet.) Bei einer Mittagspause in eisigem Wind bereiteten wir uns an einem Holzfeuer schwarzen Tee und suchten hinter einem Steinwall Schutz vor dem Sturm. Zavore kochte eine Menge bitterer, holziger Eicheln, und wir aßen sie mit dünnem iranischen Brot, Ziegenkäse und Oliven. (Ich vermute, dass auch Alexanders Leute etwas in der Art zu sich genommen haben.)

Oben auf der Bergspitze wurde alles klar, nicht zuletzt, wie unglaublich kühn Alexanders Plan gewesen war, falls, wie Arrian berichtet, wirklich alles in einer einzigen Nacht über die Bühne ging. Hier teilten sich, wie die griechischen Quellen es darstellen, die Truppen und machten einen Schwenk nach rechts. Sie müssen hier oben vor Mitternacht Halt gemacht haben. Die Soldaten werden wohl angetreten sein und eine kurze Pause eingelegt haben, um etwas zu essen und etwas Wein zu trinken. (Jeder Soldat hatte eine Grundration für drei Tage in seinem Gepäck.) Während der Wind die kahlen Hügel entlangpeitschte, stellte ich mir vor, wie Alexander in einer dringend einberufenen Konferenz mit seinen Befehlshabern zusammenkam; dem Chef der Ingenieure, für den Fall, dass Brücken zu bauen wären; dem Landvermesser Baithon, der die

Marschgeschwindigkeiten und den Zeitplan zu berechnen hatte und währenddessen stets die einheimischen Führer befragte: »Wie weit ist es bis zum Fluss Kur? Wie weit bis Persepolis? Welche Hindernisse gibt es? Kommt man über die Flüsse?« Die Gefangenen werden brutal verhört worden sein: »Wie viele Streitkräfte hat Ariobarzanes in der Schlucht postiert? Wie viele Männer hat er in der Ebene dahinter? Gibt es in Pars eine Garnison?« Dann wurden die Truppen aufgeteilt, wobei jede Einheit von scharf bewachten einheimischen Führern begleitet wurde. Drei Brigaden der Phalanx, befehligt von Amyntas, Philotas und Koinos, dazu einige Verbände von leichter Infanterie (ungefähr 7000 Mann) sollten direkt in die Ebene marschieren, eine Brücke über den Fluss schlagen und sich bereitmachen für einen Blitzangriff auf Persepolis. Alexander selbst übernahm die Hypaspisten (Schildträger), die Perdikkas unterstellte Abteilung der Phalanx, die Bogenschützen, 1000 Agrianen (leicht bewaffnete Gebirgsspezialisten), die königliche Schwadron der Hetairoi und dazu eine doppelte Reiterschwadron. Diese Soldaten, es waren etwa 5000, sollten den Schwenk auf die Rückseite des Passes machen. Nach Mitternacht setzten sie mit zusammengebissenen Zähnen ihren Marsch in dem eisigen Wind fort. Und die Perser hatten noch immer nicht die geringste Ahnung von ihrem Kommen.

Als wir aufbrachen, um den Spuren der Griechen zu folgen, lief uns beinahe ein kalter Schauer über den Rücken. Man konnte diese tollkühne Unternehmung bloß voller Ehrfurcht betrachten. Nur kriegserfahrene (und an das harte Leben im Gebirge gewöhnte) Leute konnten überhaupt auf den Gedanken gekommen sein, einen solchen Versuch ins Auge zu fassen, geschweige denn, ihn durchzuführen. Doch die makedonische Armee war eine straff geführte Kampftruppe; ihre Männer hatten so großes Vertrauen in ihren charismatischen jungen Feldherrn und in ihre eigenen Fähigkeiten als Kollektiv, dass sie bereit waren, jede Art von Schwierigkeiten auf sich zu nehmen. Sie waren so diszipliniert, dass sie keine Furcht kannten. In den frühen Morgenstunden erreichte Alexander das andere Ende des Passweges. Laut Arrian (er hatte Ptolemaios' Memoiren auf seinem Schreibtisch liegen) sollte Ptolemaios, der mit 3000 speziell ausgebildeten Fußsoldaten zurückgelassen worden war, mittlerweile auf einer geheimen Route in das Zentrum der feindlichen Stellung hinabsteigen. Das hat man noch nie erklären können, da bislang noch niemand den Weg an Ort und Stelle nachvollzogen hat. Doch wir fanden den passenden Schlüssel.

Vom Rande des Hochplateaus aus, dort, wo sich die griechische Armee aufgeteilt hatte, konnten wir den mittleren Teil des Passes und das Herzstück der persischen Verteidigungsanlagen überblicken; und genau hier befindet sich eine tiefe Schlucht, durch die man von oben direkt in das Zentrum der persischen Stellung gelangt. Ptolemaios muss diesen Weg genommen haben. Bei Anbruch der Dämmerung ritten wir ihn auf unseren Eseln hinunter, schwankten einen schmalen, tief eingeschnittenen Hohlweg hinab in das immer dunkler werdende Tal. Schließlich waren wir gezwungen, Fackeln zu entzünden; sie werden (ein alter Hirtentrick) aus der Rinde des Gummibaums gemacht und brennen jeweils 15 Minuten. Auf dem nächtlichen Marsch blockierte nach Curtius' Bericht an einer Stelle eine erschreckend tiefe Schlucht den Weg, und erst bei Tagesanbruch wurde erkennbar, wie man hinuntergelangen konnte. Falls Curtius dieses Detail den Memoiren des Ptolemaios entnommen hat, dann muss dies die Schlucht gewesen sein, die wir uns in jener Nacht hinabgequält haben, begleitet vom Geheul der Wölfe auf dem Hochplateau und darum bemüht, mit unserem wertvollen Vorrat an Fackeln möglichst lange auszukommen.

Wir hatten einige nervenaufreibende Stunden durchzustehen, bevor wir unser Lager aufschlagen konnten. Wie das in jener Januarnacht für die Griechen gewesen sein muss, konnten wir nur erahnen.

Bald darauf, beim ersten Tageslicht, war der Weg in die Schlucht klar zu erkennen; Ptolemaios führte seine Truppen aus dem Blickfeld der Verteidiger und zog mit ihnen, bereit zum Angriff, den Pfad hinunter bis in die Nähe des inneren Verteidigungsrings. Bei Anbruch des Tages hatte Alexander mittlerweile die Rückseite des Passes erreicht. Die Falle war zugeschnappt. Im Rücken der Perser ertönten Alexanders Trompeten, und Krateros ließ eine Antwort erschallen. Er hatte sich von dem ursprünglichen Lager wieder zu dem Verteidigungswall begeben, an dem die Griechen zunächst zurückgeschlagen worden waren. Die Perser waren eingeschlossen. Beide Seiten des Passes waren blockiert und in der Mitte wartete Ptolemaios. Im Morgengrauen griff Alexander die Perser von hinten an; Krateros attackierte den Befestigungswall; Ptolemaios stürmte gegen das Zentrum ihrer Verteidigungslinien. Trotz ihrer aussichtslosen Lage kämpften die Perser mit großer Tapferkeit. In einer brutalen Schlacht wurden sie überwältigt, obwohl Ariobarzanes ein Ausbruch gelang und einige wenige Berittene und 5000 Infanteristen mit ihm entkommen konnten. Dieser Sieg brachte die Entscheidung und gilt als »einer der gefährlichsten, kühnsten und sicherlich lohnendsten Gebirgsfeldzüge in den Annalen der Geschichte«.

Persepolis – »die bestgehasste Stadt der Welt«

Für Alexander war der Weg nach Persepolis frei. Die Perser waren nun in totaler Auflösung begriffen und von Furcht praktisch wie gelähmt. Ariobarzanes, der einzige persische Held in dieser traurigen Geschichte, wandte sich wieder nach Persepolis, aber nur um – ausgeschlossen von seinen eigenen Leuten – in einem letzten verzweifelten Kampf vor den Mauern zu fallen. Oben auf den windumpeitschten Hügeln rund um Mulla Susan ist er jedoch bei den Luri-Hirten noch immer ein lokaler Held – »der einzige Mann, der den großen Iskander geschlagen hat«.

Am 30. Januar 330 v. Chr. erreichte Alexander Persepolis, das religiöse und symbolische Zentrum des Reiches. Es ist ein atmosphärisch reizvoller Ort: eine weite, von Bergen umsäumte Ebene, Weizenfelder, bei Sonnenuntergang das Geläut von den Glocken der Ziegen. Auf Schritt und Tritt stößt man auf Spuren der persischen Geschichte. Von einer Reihe Tannen abgeschirmt stehen die Zelte des verlassenen Feldlagers, das der letzte Schah hier im Jahre 1970 für die große Feier des 2500-jährigen Bestehens der persischen Monarchie errichten ließ. Die Symbolkraft des Palastes lässt sich kaum überbieten, und sie blieb auch nach dem Sturz des letzten Schahs erhalten. Tatsächlich hat dann im Jahre 1979 einer der fanatischeren Geistlichen, der sich der Bedeutsamkeit dieses Platzes als Symbol der Monarchie bewusst war, dazu aufgerufen, Persepolis abzureißen. Glücklicherweise hat es diesen Aufruf überlebt.

Da uns sehr daran gelegen war, möglichst nahe an den Ruinen des Palastes zu wohnen, überredeten wir den Besitzer, das bei den Ruinen gelegene alte Hotel für uns zu öffnen. Das Art-Déco-Gebäude, das aus der Zeit des Vaters des letzten Schahs stammt, hat schon bessere Tage gesehen, verdient aber, wieder zum Leben erweckt zu werden. Die Gärten sind von Unkraut überwuchert, die Palmen lassen traurig ihre Blätter hängen, das abgestandene Wasser des Teichs ist voller quakender Frösche, doch von der Hotel-Terrasse aus kann man durch die Bäume die geisterhaften Umrisse des Palastes auf seinem natürlichen Felsenpodest erahnen. Er erinnert an die Akropolis von Athen, und in der nebligen Nacht sehen seine riesigen Säulen aus wie weiße Finger. Jenseits der Ruinen des Palastes zeichnete sich gegen den Himmel ein dunkler Schatten ab, der Berg der Gnade, die Stätte, wo sich die Königsgräber der letzten persischen Herrscher befinden. Ein heiliger Platz in der persischen Geschichte.

Der Palast ist zum Himmel hin offen, und von seinen mächtigen Säulen stehen nur noch ein Dutzend. Einstmals erhob er sich in großartiger Einsamkeit, umgeben von drei riesigen Mauern. Seine Tore aus Bronze waren von gewaltigen Fahnenmasten flankiert, wie es bei dem späteren griechischen Geschichtsschreiber Diodoros von Sizilien heißt. Er stützt sich auf den einzigen Augenzeugen-Bericht, der von jemandem stammen muss, der an Alexanders Feldzug teilgenommen hat. Um die Terrasse des Palastes verstreut lagen auch die königlichen Schatzkammern und die Gemächer der Könige und Mitglieder der königlichen Familie, desgleichen die Unterkünfte des hohen Adels und der Kommandanten des königlichen Heeres, alle mit luxuriöser Ausstattung. Die eigentliche Hauptstadt war drei Kilometer entfernt in Istakhr; dort befanden sich die prächtigen Häuser der persischen Aristokratie und der weniger bedeutenden Angehörigen der königlichen Familie. Hier brannte außerdem das wichtigste sakrale Feuer des Reiches, das religiöse Symbol, das für die alten Perser das heiligste war und das in unserer Geschichte später noch eine Rolle spielen wird.

Alexander stieg die Terrasse der Zitadelle hinauf und nahm den Palast des Großkönigs in seinen Besitz. Der erste Blick auf den Palast – das vielleicht prächtigste Bauwerk, das es in seiner Welt gab – muss ihn mit ehrfürchtiger Scheu erfüllt haben. Von mehreren Generationen erbaut, war er bis in die Jahre unmittelbar vor Alexanders Herrschaft immer wieder erweitert worden. Der Palast war ein großes Theater, wo – vor den Augen der Masse verborgen – die Rituale des Reichs wie die Durbars (Galaempfänge) der Briten in Indien vollzogen wurden. Die großen Empfangshallen und königlichen Gemächer wurden in den 30er-Jahren dieses Jahrhunderts ausgegraben, und unter einer dicken Schuttschicht kamen die gemeißelten Friese unversehrt zum Vorschein. Sie zeigten Gesandte aus Äthiopien, Indien, Zentralasien und dem griechischen Ionien: Sie standen in einer Reihe, um die große Treppe zu der Empfangshalle hinaufzusteigen, und hielten in ihren Händen Geschenke aus der halben Welt. Überall gibt es Bildnisse des Königs: Umgeben von Dienern mit Fliegenwedel, Handtuch und Salbölgefäß, nimmt er Huldigungen entgegen und erschlägt Dämonen. Er trägt eine gestärkte, lockige Perücke, einen ondulierten Bart und Make-up, seine Miene ist unbewegt und ausdruckslos. Für die Griechen verkörperte dies alles das despotische orientalische Königtum. Die griechischen Quellen heben Dareios' verweichlichtes Wesen und seine Feigheit besonders hervor; ihre Darstellungen sind gespickt mit allen Klischees der orientalischen Tyrannis. Manche der griechischen Beschreibungen der Perser und ihrer Könige gehören in der Tat zu den frühen Zeugnissen des europäischen »Orientalismus«. So muss die Geschichte aus der Sicht des Dareios erst noch erzählt werden.

Da Alexander so überraschend schnell in Persepolis einmarschiert war, lag hier in den Gewölben auch noch der größte Teil des Schatzes des persischen Königs: 120 000 Talente Gold und weitere 8000 in Kunstschätzen (44 Millionen Pfund nach dem Goldwert von 1913; dies entspricht dem Nationaleinkommen des athenischen Reiches, das gemessen an der Kaufkraft des

5. Jahrhunderts v. Chr. innerhalb von 300 Jahren erwirtschaftet wurde). Man würde 7000 Tragtiere benötigen, um diesen Schatz wegzuschaffen. Alexander war der größte Schatz, den es in der Geschichte je gegeben hat, in die Hände gefallen. Er war nun in der Lage, die gesamte Landmasse Asiens mit Krieg zu überziehen.

Die Soldaten hatten den Befehl erhalten, den Palast nicht anzutasten, doch Alexander musste seine Truppen für den Sieg belohnen – er hatte ihnen schließlich schon vor langem die Plünderung der »bestgehassten Stadt auf Erden« versprochen. Das Stadtgebiet, das die Griechen mit Persepolis bezeichnen, kann nicht direkt an den Palast angegrenzt haben. Höchstwahrscheinlich war es das nahe gelegene Istakhr, die Stätte eines der drei großen heiligen Feuer des präislamischen Persien. Heutzutage gibt es mitten in einem Trümmerhaufen auf der Straße nach Pasargadae nur noch ein paar zerbrochene Säulen und Lotus-Kapitelle, die zeigen, wo sich die Stadt befand. Diese Stätte wurde den makedonischen Truppen zur Ausbeutung überlassen, und es kam zu einem abscheulichen Raubzug mit Plünderungen und Vergewaltigungen in einem entsetzlichen Ausmaß (dies erinnert an moderne Gräueltaten wie die der Sowjets bei der Plünderung Berlins im Mai 1945). Die Beschreibung dieses schrecklichen Geschehens ist wahrscheinlich authentisch, auch wenn sie auf eine dem Alexander feindlich gesinnte Quelle zurückgeht.

Das folgende Diodoros-Zitat vermittelt mit seinem Gebrauch des Wortes *hybris* (ungeheure Arroganz, die eine Katastrophe provoziert) den Eindruck, dass schlimmes Unrecht begangen wurde, ein Verstoß gegen die natürliche Ordnung und Gerechtigkeit: eine Grenzüberschreitung, die von den Göttern bestraft werden musste.

> Alexander erklärte den Makedonen, Persepolis, die Hauptstadt des persischen Reiches, sei die verhassteste Stadt Asiens, und gab sie seinen Soldaten zur Plünderung frei, nur den königlichen Palast sollten sie schonen. Es war die wohlhabendste Stadt unter der Sonne, und die Privathäuser hatten sich im Laufe der Jahre mit Reichtümern aller Art gefüllt. Die Makedonen stürmten in die Stadt, töteten alle Männer und plünderten die Wohnhäuser; viele der Häuser gehörten gewöhnlichen Leuten und waren mit Hausrat und Kleidern aller Art üppig ausgestattet. Von dort wurde viel Silber weggeschleppt und auch nicht wenig Gold, und zahlreiche kostbare Kleidungsstücke, die mit Meerpurpur gefärbt oder golddurchwirkt waren, fielen den Siegern als Belohnung in die Hände. Der riesige Palast der königlichen Familie, der auf der ganzen Welt berühmt war, fiel der Hybris zum Opfer und wurde völlig zerstört. Die Makedonen gaben sich einen ganzen Tag lang dieser Plünderungsorgie hin, und doch konnte ihre grenzenlose Gier immer noch nicht gestillt werden. Tatsächlich war ihre Habsucht so maßlos, dass sie schließlich einander bekämpften und viele ihrer Gefährten umbrachten, die eine zu große Beute in ihren Besitz gebracht hatten. Manche hauten mit ihren Schwertern die kostbarsten Funde durch, sodass jeder seinen eigenen Anteil haben konnte. Manche schlugen denen die Hände ab, die nach begehrten Stücken griffen – so weit hatte sie ihre Raserei getrieben. Und sie schleppten die Frauen mit ihrem Schmuck gewaltsam weg und machten die Gefangenen zu Sklavinnen. In dem Maße wie Persepolis alle anderen Städte mit seinem Glück übertroffen hatte, so übertraf es sie nun mit seinem Unglück. (Diodorus Siculus, *Historische Bibliothek* 17,70)

Während seines Aufenthaltes in Persepolis ritt Alexander hinaus zu den persischen Königsgräbern in Naksh-i-Rustam. Dort stand er vielleicht in Gedanken versunken vor diesen eindrucksvollen Denkmälern der Herrscher, die das Reich aufgebaut hatten: Dareios I., dessen Invasion Griechenlands bei Marathon geendet hatte; Xerxes, der den Hellespont gegeißelt, über der Meerenge eine Brücke errichtet und die Spartaner bei den Thermopylen besiegt hatte, um dann doch nur bei Salamis eine Katastrophe zu erleben. Diese düsteren, großartigen Grabmale, jedes mit dem geflügelten Symbol von Ahura Mazda, dem zoroastrischen Schöpfergott, geschmückt, legten Zeugnis ab von der weit zurückreichenden iranischen Geschichte. Woran dachte der junge griechische Eroberer in diesem Augenblick? Er hatte nicht nur den gegenwärtigen Reichtum der Perser in seiner Gewalt, sondern sogar die Gräber der Vorfahren.

Alexander besuchte auch Pasargadae, um den Schatz zu beschlagnahmen, der dort im Palast gelagert war. Seine zerbrochenen Säulen stehen noch immer in einer weiten, von Bergen umsäumten Ebene, die im Winter von eisigen Winden durchbraust und im Sommer von der Sonne versengt wird. Diese Felder sind eine alte Versammlungsstätte der Nomaden, das Herz des alten persischen Königtums. Hier, auf einer kleinen Steinplatte, zu der sieben hohe Stufen hinaufführten, war das Grabmal von Kyros dem Großen, dem Reichsgründer. Alexander trat ein. Im Inneren befanden sich auf einem Tisch ein goldener Sarg, alte Schwerter, ein Schild und ein Bogen. Wie das Allerheiligste in Siwa ist dies einer der wenigen noch erhaltenen Räume, in denen, wie wir wissen, Alexander gestanden hat. Angeblich lautete die Inschrift über der Tür: »Wisse, Reisender, dass ich Kyros war, der das Reich der Perser begründete. Missgönne mir daher nicht dieses Fleckchen Erde, das meinen Körper bedeckt.« Nachdenklich geworden respektierte Alexander Kyros' sterbliche Überreste. Es ist ein Ort mit einer eindrucksvollen Atmosphäre, der deutlich macht, dass die persische Monarchie aus kriegerischen Banden hervorging, die mit ihren Viehherden umherwanderten und deren dynamische Anführer erst in den 30er-Jahren des 6. Jahrhunderts v. Chr. ein sesshaftes Königtum schufen; ihre Nachkommen stiegen innerhalb von zwei Generationen zur Weltherrschaft empor. Die einheimischen Stammesangehörigen nennen das Grab die »Mutter Salomons«. Bis vor kurzem pflegten die Luri-Nomaden bei ihren jährlichen Wanderungen von den Ebenen zu den hoch gelegenen Weidegebieten im Zagros singend um das Grab zu ziehen und die Stufen mit Stutenmilch und Honig zu bestreichen. Dies ist einer der seltsamen Überreste des archaischen iranischen Universums, auf die der Reisende während seiner Reise durch den heutigen Iran ständig stößt.

Alexander wartete nun bis Ende Mai oder Anfang Juni in Persepolis. Aber warum? In Persepolis feierten die persischen Könige jedes Jahr ihr großes Neujahrsfest. Rechnete Alexander damit, von den Persern zum König gekrönt und genauso problemlos akzeptiert zu werden wie vorher in Ägypten? Dieses Glück hatte er nicht. In diesem Jahr fand keine Prozession statt, und kein Neujahrsfest erklärte Alexander zu Ahura Mazdas Stellvertreter auf Erden. Im ägyptischen Luxor findet man an den Wänden Abbildungen des Königs, vollständig als Pharao gewandet, und in den letzten Jahren haben Archäologen – von Anatolien bis Tadschikistan – Statuen des vergöttlichten Alexander entdeckt. In Persepolis gibt es jedoch kein Bildnis Alexanders mit persischem Bart und dem Gefolge von Haushofmeistern mit Fliegenwedel und Sonnenschutz und Trägern des Salbölgefäßes und Handtuchs. Tatsächlich ist er nirgendwo im Iran als persischer König porträtiert.

Persa. Der großartige Palast der persischen Könige, welchen die Griechen Persepolis nannten. Die Abbildung rechts zeigt die Apadena, die Empfangshalle, in der die persischen Könige ihre jährlichen Durbars abhielten, um Tributzahlungen aus der halben Welt entgegenzunehmen.

So mag es Verhandlungen mit Dareios oder mit oppositionellen Kräften im persischen Oberkommando gegeben haben. Andere Gründe für die lange Verzögerung sind wohl ebenso einleuchtend. Die Pässe über den Zagros sind im Winter oft dicht verschneit und werden nicht selten erst im April geöffnet. (Berichte des modernen britischen Geheimdienstes und Reisebeschreibungen aus dem 19. Jahrhundert erwähnen des Öfteren die Unpassierbarkeit des Zagros im Winter.) Andererseits ist die nördliche Route häufig schon früh, im Januar, offen – deshalb müssen wir vielleicht nach einer anderen Erklärung für den verzögerten Aufbruch des Königs suchen.

Ende Mai oder Anfang Juni nimmt das Geschehen eine völlig unerwartete Wendung. Die Geschichte wird von Plutarch, Curtius und Diodorus Siculus im Wesentlichen gleich erzählt. Arrian hingegen erwähnt sie nur am Rande, vielleicht weil er dachte, sie schädige das Ansehen des Königs. Die alten Gelehrten könnten aber auch einigen Zweifel am Wahrheitsgehalt der Geschichte gehegt haben. Die folgende Version ist jedenfalls die verbreitetste und aufsehenerregendste. Zu Ehren seiner Siege hatte der König in Persepolis Spiele veranstaltet und aufwendige Opfer dargebracht. In der schicksalsträchtigen Nacht wurde ein großes Bankett abgehalten, an dem auch Frauen teilnahmen (was bei den traditionellen makedonischen Trinkgelagen nicht üblich war). Unter ihnen war eine berühmte athenische Kurtisane namens Thais. Und dies ist die Darstellung des Diodorus:

> Als die Gefährten schmausten und schon sehr viel getrunken hatten, befiel, als sie betrunken waren, Wahnsinn [*lussa* meint auch ›Besessenheit‹] die weinberauschten Gäste. Da sagte eine der anwesenden Frauen, die Thais hieß und aus Attika stammte, es wäre für Alexander der krönende Abschluss seiner in Asien vollbrachten Leistungen, wenn er sich ihnen in einem Triumphzug [*kommos* ›ritueller Tanz‹] anschlösse, den Palast in Brand setze und den Händen der Frauen erlaube, die berühmten Herrlichkeiten der Perser in wenigen Augenblicken auszulöschen. Diese Worte wurden an junge Männer gerichtet, die der Wein um den Verstand gebracht hatte, und – wie zu erwarten war – rief dann einer, man solle den Zug bilden, Fackeln entzünden und Rache nehmen für die Zerstörung der griechischen Tempel [z. B. durch Xerxes vor 150 Jahren]. Andere stimmten mit ein und sagten, dies sei eine Tat, die nur eines Alexanders würdig sei. Als der König durch diese Worte Feuer gefangen hatte, sprangen sie alle auf, verließen das Trinkgelage und forderten einander auf, einen Triumphzug zu Ehren des Gottes Dionysos [Gott der Besessenheit, Ekstase] zu bilden. Schnell wurden viele Fackeln zusammengebracht. Da bei dem Bankett Musikantinnen anwesend waren, führte der König alle unter Gesang und dem Klang von Flöten und Pfeifen zu dem Umzug hinaus, dessen Spitze die Kurtisane [*hetaira*] Thais übernahm. Sie war nach dem König die Erste, die ihre brennende Fackel in den Palast schleuderte. Als die anderen ihrem Beispiel folgten, brannte der gesamte Palastbezirk sofort nieder, so groß war die Feuersbrunst. Es war höchst erstaunlich, dass die gottlose Tat des Perserkönigs Xerxes, die sich gegen die Akropolis in Athen gerichtet hatte, nach so vielen Jahren mit gleicher Münze vergolten wurde – durch eine Frau, eine Bürgerin des Landes, das dieses Unrecht erlitten hatte – und alles nur, um sich einen Spaß zu machen. (Diodorus Siculus, *Historische Bibliothek* 17,72)

Für uns ist dies ein entscheidender psychologischer Moment in Alexanders Leben. Was hatte er vorgehabt? War es ein unglücklicher Zufall? Oder ein bewusster Akt von Vandalismus? Kann die Geschichte von Thais wahr sein? Man geht heutzutage allgemein davon aus, dass der Palast absichtlich zerstört wurde, doch eine erneute Überprüfung der das Feuer betreffenden archäologischen Befunde spricht mehr dafür, dass die Gemächer des Xerxes ganz gezielt in Brand gesteckt wurden und dass das Feuer nicht von betrunkenen Zechern zufällig gelegt wurde. Was können wir daraus schließen? Vielleicht wollte Alexander die Griechen zu Hause wissen lassen, dass er seinen Auftrag, für alle Griechen Rache zu nehmen, nicht vergessen hatte (und dies vor allem zu einer Zeit, da sein Feind, der spartanische König Agis, im südlichen Griechenland einen bewaffneten Aufstand gegen ihn vorbereitete).

Möglicherweise wollte Alexander aber auch den Persern mitteilen: Eure Zeit ist zu Ende; jetzt hat meine Zeit begonnen. Vielleicht zog er einen Schlussstrich unter das Kapitel der Vergangenheit, das an die Zeit von vor 150 Jahren erinnerte, als die Perser die Akropolis niedergebrannt hatten. Durch die Zerstörung des geistigen und geistlichen Zentrums ihres Reiches verkündete er den Bruch mit ihrer alten Vergangenheit und den Anbruch eines neuen Zeitalters.

Alexander, der Verfluchte

Wie dachten die Perser in diesem Augenblick über ihn? Wie immer bei Alexanders Geschichte sind wir auf eine Darstellung angewiesen, die nur die Sicht der Sieger wiedergibt. Doch das stimmt nicht ganz. Denn merkwürdige Orakel-Texte sind auf die Nachwelt gekommen; sie sprechen von dem langhaarigen, gewalttätigen Mann, der aus dem Westen kam, verheerende Verwüstungen anrichtete und weder vor den Göttern noch vor den Menschen Achtung hatte:

> Eines Tages wird in die reichen Länder Asiens ein Ungläubiger kommen,
> mit einem purpurnen Mantel um den Schultern,
> brutal, hitzig, bar der Gerechtigkeit. Mag ihn auch ein Blitz erhoben haben,
> ist auch er dennoch nur ein Mensch. Ganz Asien wird unter dem Joch des Bösen leiden
> und seine blutgetränkte Erde wird noch mehr Blut zu trinken haben.
> Doch trotzdem wird der Hades seiner warten, obwohl er es nicht weiß:
> Und am Ende werden er und sein Geschlecht vernichtet werden
> von denen, die zu vernichten er den Wunsch hatte.

Dieses traditionelle Bild Alexanders ist in Persien niemals in Vergessenheit geraten und wird von den Wächtern der alten Religion in Persien, den Anhängern Zarathustras, noch immer am Leben erhalten. Sie sind die Überlebenden der alten Perser und die direkten Nachfahren des von Alexander bezwungenen Volkes. Noch immer entzünden sie ihre Lampen, pflegen ihre heiligen Bäume und vollziehen ihre alten Rituale zu Ehren des Gottes Ahura Mazda. Von ihnen gibt es im Iran nur noch ein paar Tausend. Doch sie halten an der Religion des Xerxes und Dareios fest, und sie prägten alles, was später kam. Es sind ihre Symbole, die man an den Mauern von Persepolis, Naksh-i-Rustam und Pasargadae gefunden hat. Sie folgen Zarathustra, dem ersten der

TYSON

großen monotheistischen Propheten. Dieser lebte um 1500 v. Chr. in der Nähe des Aralsees im heutigen Usbekistan. Er predigte einen harten und moralischen Lebensweg in Worten, die in über 3000 Jahren stets mündlich weitergegeben wurden. Die Zoroastrier haben seine Ideale bewahrt, trotz der Schicksalsschläge, von denen sie im Laufe der Geschichte getroffen wurden (am schlimmsten litten sie unter Alexander und der Eroberung durch die arabischen Muslime), und sie stellen für uns einen lebendigen Kontakt mit der Welt des Dareios her.

Um ihnen zu begegnen, machten wir einen Umweg und fuhren von Persepolis aus in östlicher Richtung über den Zagros nach Yazd in der Großen Salzwüste. Diese großartige, aus Lehmziegeln erbaute Stadt, die Marco Polos Bewunderung fand, vermittelt die beste Vorstellung von den persischen Städten, welche die Griechen zu Gesicht bekamen. Massive Verteidigungsanlagen aus Lehmziegeln, mehrstöckige Häuser, überdachte Gassen, Kuppeln tragende Schreine, Wasserspeicher und Zisternen, alles aus Lehmziegeln. Auch an diesem Ort kann man die eigentümliche Architektur studieren, die hier für ein Leben mit der Wüste entwickelt wurde: unterirdische Tunnelanlagen, die das Wasser aus den Bergen zu den Städten bringen, Eiskeller und die hoch aufragenden Windfänge, die dazu bestimmt sind, schon die leichteste Brise aufzunehmen und in das Innere der Häuser zu leiten, um den Haremsfrauen, die in Yazd in der Gluthitze des Sommers schwitzen, Kühlung zu bringen.

Lokale Legenden berichten, dass Alexander Yazd als Gefängnis genutzt habe, als Platz für politische Verbannte. Das ist nicht unmöglich. Yazd ist eine Welt für sich, geschützt von der Wüste und getragen von seinem eigenen künstlichen Ökosystem. Hier leben noch die letzten Nachfahren der antiken Perser; sie halten fest an ihrer alten Sprache, ihren heiligen Büchern und den Ritualen ihrer Vorväter, z. B. den archaischen Todesriten in den so genannten Türmen des Schweigens. Vielleicht gibt es keinen Glauben, der angesichts lang andauernder Verfolgungen eine solch unfassbare Zähigkeit bewiesen hat: Es ist der Sieg der Erinnerung über das Vergessen. Alexander haben sie ebenso wenig vergessen. Wie ein Mitglied der Gemeinde in Yazd mir erzählte:

> Für die Griechen und auch für euch Europäer mag er der Große sein; doch wir nennen ihn einen Teufel. Denn er brannte unsere Tempel nieder und tötete unsere Priester; er zwang unsere Kinder, Griechen zu heiraten, um ihnen ihre Identität zu nehmen; er vernichtete unsere wertvollsten heiligen Bücher, unsere Bibel, das *Avesta*, das auf 12 000 Kalbslederfellen in goldenen Buchstaben niedergeschrieben war. Warum also sollten wir ihn als »den Großen« bezeichnen? Für uns ist er ein Teufel. Deshalb nennen wir ihn Iskander Gujaste, Alexander, den Verfluchten.

Die Anhänger Zarathustras haben nichts vergessen: Sie halten das Feuer am Brennen. Wortwörtlich. Denn erstaunlicherweise ist das heilige Feuer der persischen Könige, das in

---

Die alte Religion des Iran. Zarathustra-Pilger im Schrein von Pir-i-Sabz, in der Nähe von Yazd. Sie lesen das *Avesta*, einen Text, der bereits zu Alexanders Zeiten ein hohes Alter hatte.

Persepolis verehrt wurde, niemals ausgegangen. Im Mittelalter trugen es die Priester von Ort zu Ort, oftmals heimlich, um es vor dem Verlöschen zu schützen. Bisweilen sahen sie sich sogar gezwungen, die Glut zu teilen. Letztlich blieb es endgültig in der Ebene von Yazd und schließlich, zu Beginn dieses Jahrhunderts, kam es in ein kleines Dorf nördlich von Yazd, wo es heute noch immer brennt. Es wird in dem Feuertempel des Dorfes in einem verschlossenen, fensterlosen Raum gehütet. Außer geweihten Priestern darf dort niemand eintreten. Nur ein Zoroastrier, der sich der rituellen Reinigung unterzogen hat, darf es überhaupt anschauen. Jeden Morgen kümmern sich hier weiterhin die Wärter, die das Amt geerbt haben, die Familie Belivani, um das Feuer. Dabei singen sie die alten Hymnen, die schon Dareios und Xerxes bekannt waren.

Ich wartete außerhalb des Raumes. Der Rauch hing in einem Lichtstrahl; ringsumher Bilder des Propheten und Fotos von jungen Zoroastriern, die während des Krieges mit dem Irak als Soldaten ihr Leben gelassen hatten. Durch die Tür hörte man, wie Belivanis Sohn das *Avesta* rezitierte, umhüllt vom beißenden Rauch des heiligen Feuers. Es war einer der Augenblicke unserer Reise, die uns am meisten zum Staunen brachten: das Sich-bewusst-Werden, dass trotz aller geschichtlichen Umwälzungen etwas so Immaterielles wie das Feuer überleben konnte: Ein Feuer, das seit den Tagen Alexanders brennt, das Feuer, vor dem Dareios seine Gebete verrichtete.

Die Jagd auf Dareios

Alexander war wieder in Persepolis und wartete nun schon seit Mitte Januar. Jetzt war es Anfang Juni – Erntezeit im Zagros. Die Pässe waren offen, und in jeder kleinen Ebene an der Straße durch den Zagros waren Depots mit Lebensmitteln für die Armee eingerichtet worden. Alexander musste entscheiden, was er als Nächstes tun wollte. Persepolis war zerstört. Dareios war noch immer auf freiem Fuß und schien noch immer darauf zu hoffen, weiterhin Widerstand leisten zu können. Vielleicht hatte Alexanders Geheimdienst jetzt herausgefunden, dass sich Dareios in Ekbatana aufhielt, 600 km weiter nördlich. Bei ihm waren seine Elite-Kavallerie, seine griechischen Söldner (die ihm die Treue bewahrten) und einige seiner Edelleute, darunter Bessos, der Satrap von Baktrien, ein Verwandter des Königs und Befehlshaber der Reiterei in Arbela. Sie standen nun mit dem Rücken zur Wand. Dareios mag, wie es eine Quelle andeutet, erwogen haben, sich bei Ekbatana auf eine Schlacht einzulassen, doch hat er diesen Gedanken anscheinend rasch wieder aufgegeben. Für das, was als nächstes geschah, haben wir nicht nur die griechische Geschichtsschreibung, sondern auch Informationen aus persischer Perspektive, die in spätere griechische und lateinische Schriften Eingang gefunden haben. Augenscheinlich hat sich nach diesen Ereignissen jemand die Mühe gemacht, persische Augenzeugen darüber zu befragen, was im letzten schrecklichen Lebensmonat des Dareios geschehen ist. In diesen Passagen erscheint Dareios nicht als der verweichlichte Feigling, wie er von den Griechen dargestellt wird, nicht als der Mann, der, wie Arrian sagt, in einer fast schon widersinnigen Weise kriegsuntüchtig gewesen sein soll. Vielmehr lassen uns diese Texte einen vertraulichen Blick in das Zelt des zum Untergang verurteilten Perserkönigs werfen. Wir sehen, wie er und seine Offiziere verzweifelt versuchten, die Katastrophe abzuwenden, desgleichen die treuen griechischen Söldner, die keinen Grund hatten, Alexander zu lieben, und allen Anlass, seinen Triumph zu fürchten; sie blieben bis zum Ende bei Dareios. In den genannten Berichten zeigt sich Dareios als ein tapferer Mann in aussichtsloser Lage, der sich noch immer bemüht, Widerstand zu organisieren, und der dazu verurteilt ist, die Rollen des kosmischen Königs und des militärischen Oberbefehlshabers zu spielen, obwohl um ihn herum alles am Zusammenbrechen war.

Alexander zog nach Norden. Seine Route führte uns über Pasargadae nach Isfahan. Hier verläuft durch eine leere Gegend die moderne Straße oft in der Nähe der alten. *En route*, im öden Hochland, kamen wir an hügeligen Oasen vorbei; dort gab es die Ruinen von Karawansereien, Grabmalen und Forts. In Surmaq sahen wir die befestigten, aus Lehmziegeln errichteten Bauernhöfe, die wohl noch genauso aussehen wie zu Alexanders Zeiten. (Dort zweigt die Straße ab nach Abarqu und zum ältesten heiligen Baum des Iran, der bereits damals, als die Griechen hier durchzogen, ein hohes Alter hatte.) Um die Mittagszeit kamen wir durch das aus Lehmziegeln gebaute Dorf Izadhvast; die Häuser hatten Balkone und standen am Rand einer steilen Schlucht. Gegen Abend zeichneten sich vor uns die unheimlichen Felsnasen von Sahreza ab. Alexander war mit einer relativ kleinen mobilen Einsatztruppe unterwegs – vor allem deshalb, weil keine dieser Oasen vor Isfahan das gesamte Heer hätte versorgen können. Dies erklärt die historische Bedeutung von Isfahan, dessen Name »das Heerlager« bedeutet. Es war die frühere persische Stadt Gabae. Was man heute sieht, ist hauptsächlich die kaiserliche Stadt des 17. Jahrhunderts mit ihren prächtigen Moscheen und Brücken und der grandiosen zentralen Piazza, auf der Pferde umhertraben und Pferdewagen hin- und herfahren, während die Bürger in den Cafés sitzen und unter goldenen und gletscherblauen Kuppeln Faloudeh und Eiskrem zu sich nehmen.

Die Nacht verbrachten wir hinter der großen Moschee in einer engen Straße am Rande der Schlucht. Dort sahen wir in einem Ringkämpfer-Café einen Geschichtenerzähler aus Luristan; er trug ein eng geschnittenes Luri-Kleid und eine weiße Filzmütze. Auf Wunsch war er bereit, eine Geschichte von Iskander vorzutragen, obwohl sie heutzutage von den *Shahnameh*-Rezitatoren nicht mehr vorgeführt werden: »Das Publikum hört gern von den alten Lieblingen, Rustam und Sorabh, aber ich kann es für Sie tun«, sagte er. Er war fast 70 Jahre alt und arbeitete in einem tristen Vorort als Schlachter in einem staatlichen Laden für Angehörige des Militärs. In dem Café sprudelte ein Brunnen, während die Ober den Gästen – Marktarbeitern, die Hookahs rauchten – diensteifrig Tabletts mit kleinen, bauchigen Teegläsern brachten. Über ihren Köpfen zeigte der Fernseher eine Quiz-Show über den Koran, während der Luri auf- und abging, seinen hölzernen Stab schwang und die Geschichte von Alexanders persischer Mutter und seiner sagenumwobenen Reise nach Indien erzählte.

Später wanderte ich durch die Straßen um den alten Basar und fand mich in einem entzückenden College-Hof wieder, in dem sich ein Wasserbecken und ein Rosengarten befanden. Dort verwickelte mich ein sympathischer junger Mann, ein schiitischer Gelehrter in einer langen schwarzen Robe, ins Gespräch:

»Alexander, wissen Sie, kommt im heiligen Koran vor.«

»Wirklich?« – »Ja, er ist Dhul Qarnain, was ›der Zweigehörnte‹ bedeutet.« (Eine Bezeichnung, die, merkwürdig genug, das berühmte Münzbild Alexanders ins Gedächtnis ruft, auf dem er als Sohn des Zeus-Ammon mit Widderhörnern dargestellt ist.) »Es handelt sich um eine seltsame Textstelle, und selbstverständlich haben muslimische Gelehrte jahrhundertelang darüber gestritten; aber viele sagen, dass Alexander gemeint sei. Die Iraner haben zwar niemals die grie-

»Der Herr der Welt hielt Sikanders Hand und weinte.«
Ein traditioneller iranischer Geschichtenerzähler stellt die Geschichte von Dareios' Tod dar, wie sie von dem mittelalterlichen Dichter Firdausi erzählt wird. Auf der gemalten Kulisse wiegt Alexander den sterbenden Dareios in seinen Armen.
Diese Geschichte, die auf den griechischen Alexander-Roman zurückgeht, wurde zur Zeit des Hellenismus in Alexandria geschrieben.

chische Herrschaft akzeptiert, doch war das griechische Gedankengut für den Islam stets wichtig, insbesondere für uns Schiiten. In unseren Universitätskursen lehren wir noch immer die griechischen Philosophen und Ärzte. Für uns bleibt Platon göttlich.«

Er lächelte, als wir uns trennten: »Iskander. Ach ja, als wir Kinder waren, machte uns meine Mutter immer Angst. ›Wenn ihr eure Hausaufgaben nicht macht, wenn ihr nicht rechtzeitig ins Bett geht, wird Iskander euch holen!‹«

Draußen war die Nacht über der großen Moschee hereingebrochen; sie gehört zu der Handvoll der herrlichsten Bauwerke der Welt. In den Straßen warfen Natriumdampf-Lampen ihr Licht bis zu ihrer terrakottafarbenen Kuppel. Ich bummelte weiter und gelangte in einen kleinen Hof: Dort gab es einen Tee-Stand, der jetzt in der Nacht geöffnet war, Massen von Körnern, und es herrschte ein geschäftiges Treiben. Im oberen Stockwerk brannte noch Licht. Dort saß über einer wackeligen hölzernen Arkade der Rechnungsprüfer in seinem kleinen, mit blauen Vorhängen ausgestatteten Büro. Alexander kann hier nur so lange geblieben sein, bis er seine eigenen Vorräte wieder aufgefüllt hatte. Die Zeit spielte nun eine wesentliche Rolle.

Jetzt kam der Höhepunkt dieses Teils der Geschichte: Nach einer Reihe fast übermenschlicher Gewaltmärsche holte Alexander schließlich Dareios ein. Es war Juli und sehr heiß. Alexander hörte, dass Dareios Ekbatana verlassen hatte und nach Osten, in Richtung Afghanistan, gezogen war. Alexander nahm die Verfolgung auf. Die Reise auf seinen Spuren führte uns über den Zipfel der Großen Salzwüste, einen der unwirtlichsten Orte der Welt. Heutzutage fährt man über Qum, die heilige Stadt der Schiiten, und draußen im Osten sieht man wie eine Fata Morgana ein weißes Salzmeer. Alexanders Marsch nach Ray (dem alten Teheran) dauerte elf Tage, und Hitze, Durst und Erschöpfung saugten dem Heer das Mark aus den Knochen.

Die hitzige Verfolgung des Dareios führte Alexander immer weiter ostwärts. Der Großkönig war nun ein gejagter Mann und hatte nicht mehr lange zu leben. Er durchquerte die Kaspischen Tore: einen düsteren, dunklen Hohlweg, auf dessen felsigen Rändern sich eine sassanidische Festung erhebt. Flüssiges Salz strömt die Wände der Klippen hinunter. Nach Darstellung der persischen Quelle wurde eine Weile darüber diskutiert, ob man Alexander dort bekämpfen solle, aber wiederum verwarf man den Gedanken zu einem Zeitpunkt, als eine kühne Offensive vielleicht ein Wunder vollbracht hätte. Oft führte Alexanders Ungestüm dazu, dass er alle Vorsichtsmaßnahmen außer Acht ließ und in eine gefährliche Situation geriet. Der beherzte Angriff einer Spezialeinheit, die versucht haben würde, ihn zu töten, hätte Dareios noch retten können. Doch jetzt fehlten Dareios der Wille, die Mittel oder die Schläue, um eine solche Aktion durchzuführen.

Alexander marschierte die Nächte hindurch bis zum nächsten Mittag, dann legte er einen Halt ein, um zu essen und Wasser zu trinken, und gönnte sich bis zum Anbruch der Dunkelheit eine Erholungspause – die beste Methode, um sich in diesem Klima fortzubewegen. Die Marschrouten und die Übernachtungsgelegenheiten sind dieselben, die auch von den mittelalterlichen Geographen und Reisenden wahrgenommen wurden. Die Oasen haben sich im Laufe der Jahrhunderte nicht verändert und liegen noch immer auf der alten Straße am Ende einer jeden Tagesreise; auf Umgehungsstraßen werden sie von den schweren Lastwagen umfahren, die jetzt auf der neuen Landstraße in Richtung Osten nach Meschhed vorbeidonnern. Alexander muss in der Oase Deh Namak sein Lager errichtet haben. Heutzutage ist sie eine Ansammlung von Lehmziegel-Häusern, verfallenden Karawansereien, heruntergekommenen Zisternen und Eiskellern. Dahinter verläuft die Bahnlinie nach Meschhed, und durch das weiße, grelle Licht ahnt man das entfernte Gestade der Großen Salzwüste. Die nach Osten führende Route, die alte Straße nach Khorasan, ist hier die Seidenstraße; sie folgt dem schmalen, fruchtbaren Band von Oasen zwischen dem Elburz-Gebirge und der Salzwüste. Alexander war nicht der erste (und auch nicht der letzte) Welteroberer, der hier durchzog. Mitten in Deh Namak gibt es ein hoch aufragendes altes Fort aus Lehmziegeln, das vor langer Zeit erbaut wurde, um das Dorf in unruhigen Zeiten zu schützen. Unterhalb seiner Mauern, über einer Tasse Chai, erklärten die Dorfbewohner: »Dieses Fort wurde errichtet, als die Mongolen durchzogen, damit die Leute sich irgendwo in Sicherheit bringen konnten. Die Dinge haben sich für uns verändert, seit Dschingis Khan hier war.« Sie könnten von der jüngsten Geschichte geredet haben. Nach Dschingis Khan kam jedoch in einer Vielzahl dieser Orte die Geschichte Jahrhunderte lang zum Stillstand.

»Was ist mit *Iskander e Rumi, Iskander dhul carnain*?« erkundigte ich mich. »Gibt es irgendwelche Geschichten über ihn?«

Ein alter Dorfbewohner schüttelte den Kopf, in seinem Auge blitzte der Schalk. »Ja. Auch er ist hier durchgekommen. Allerdings habe ich persönlich ihn nicht gesehen. Er war schlecht für den Iran. Er hat so viele Menschen getötet. Im Zusammenhang mit einem gierigen Mann kennen wir alten Leute noch eine Redensart. Wir sagen: Er ist genau wie Iskander, er will die ganze Welt!«

Der Tod des Dareios

Alexander erreichte einen Ort namens Thara (vielleicht das heutige Semnan) und erfuhr dort, dass gerade erst am vorhergehenden Abend Dareios von seinen eigenen Kommandanten unter der Führung des Bessus gestürzt worden war. Unsere persische Quelle (die der römische Historiker Curtius Rufus zusammengefasst hat) berichtet, es habe im persischen Rat eine hitzige Debatte gegeben. Für jedermann war die Aussichtslosigkeit der Lage klar. Dareios erklärte, er sei gewillt, den Kampf fortzusetzen. Nabarzanes, der zweite Mann im Staat nach Dareios, legte dar, dass die Perser von feindlichen Gottheiten und von einem widrigen Schicksal verfolgt seien. »Wir brauchen einen Neuanfang und neue Vorzeichen« (vgl. Curtius Rufus 5,9,4). Er schlug vor, das Recht, die Auspizien einzuholen, und die Regierungsgewalt vorübergehend einem Stellvertreter anzuvertrauen, nämlich Bessos, dem Satrapen von Baktrien, einem Verwandten des Dareios. Nachdem sie die Griechen besiegt hätten, würden sie die oberste Staatsgewalt ihrem rechtmäßigen Besitzer zurückgeben. (Man beachte, dass sie noch immer das numinose Amt des Großkönigs respektierten.) Dieser Vorschlag wurde jedoch von Dareios heftig zurückgewiesen. Erst danach wurde der König, offensichtlich zutiefst niedergeschlagen, gefangen genommen und feierlich in »goldene Fesseln« gelegt. In diesem Augenblick hörte man, so Curtius, ein lautes Jammern und Weinen der königlichen Eunuchen. Vielleicht baten sie mit ihrer Klage die Götter, dem Königtum in seiner schlimmsten Krise beizustehen? Vielleicht ahnten sie, welches Schicksal ihm bevorstand? Um den König vor den Blicken der gemeinen Soldaten zu verbergen, setzten sie ihn in einen geschlossenen Wagen. Dann zogen sie weiter. Alexander wusste, dass die Perser in Reichweite waren. Dies bewog ihn zu einem letzten nächtlichen Eilmarsch. Er musste Dareios einholen, doch der lange, völlig ungeordnete Zug von Flüchtlingen und fliehenden Truppen blockierte die vor ihm liegende Straße.

Bei Sonnenuntergang zeigt sich am östlichen Horizont das mächtige Bergmassiv von Ahuran. Die wichtigste Karawanenstraße führt entlang dieser Berge hinauf zum Ahuran-Pass. Es ist eine schmale Straße, auf der man nur langsam vorwärtskommt und die in vielen Windungen zur Spitze des Passes aufsteigt; dort befinden sich zwei prächtige Karawansereien, eine frühislamische und eine safawidische. (Dort machte man seit alters auf dem Weg nach Afghanistan Halt.) Dies war die Route, welche die Perser auf ihrem Rückzug einschlugen, doch Alexander hätte sie, wäre er ihnen auf diesem Weg gefolgt, niemals einholen können, da die Straße durch die Flüchtenden völlig verstopft war. Er fragte die Einheimischen nach einer Umgehungsmöglichkeit, und sie wiesen ihm einen anderen Weg: Er war 80 km lang, ohne Wasser und führte in Richtung Süden um die Hügel herum durch die Ausläufer der Salzwüste. Er ließ sofort die Pferde satteln und ersetzte einige seiner Berittenen, die mit ihrer Kraft am Ende waren, durch 500 seiner zähesten Infanteristen. Es war keine Zeit zu verlieren.

Die von Alexander jetzt gewählte Route war länger als die direkte, aber wenn man auf die Karte schaut, erweist sie sich als durchaus sinnvoll. Die Eisenbahn-Ingenieure – Männer der Praxis – entschieden sich für dieselbe Trasse. Wenn man in Semnan den langsamen Zug nach Meschhed besteigt, wird man dort in einer leichten Steigung südlich um die Berge von Ahuran herumgeführt. In Gerd Ab verließen wir den Zug und übernachteten in der Wartehalle des Bahnhofs, der von einer Ansammlung verlassener Lehmziegelhäuser und einem Gehölz umgeben ist; der lange Bahnsteig wurde vom Wind gepeitscht. Als wir den Hügel hinabstiegen, trafen wir unterhalb des Dorfes bald auf die Straße, die Alexander genommen hatte, ein breites ausgetrocknetes Flussbett, das sich auf einer Strecke von 30 km durch die merkwürdig bunte Bergkette der Salzwüste schlängelt. Dieses Gelände eignet sich gut zum Reiten – in einer warmen Sommernacht braucht man, wenn man im Trab geht, fünf Stunden. Im schnellen Trab geht es noch rascher. Kurz bevor es dunkel wurde, verließ ich den Weg und erstieg einen hohen ausgewaschenen Bergkamm oberhalb des Wadis, von wo aus man in beide Richtungen einen weiten Blick hatte. Als die Dunkelheit hereinbrach, konnte man sich leicht vorstellen, wie Alexander hier vorbeikam und nur das Klirren von Pferdegeschirren und das gedämpfte Flüstern griechischer Laute zu hören waren. Die letzten 25 km steigt man allmählich zur Haupt-Karawanenstraße auf, die an der Rückseite des Passes verläuft. Sollte Alexander in der Nacht aufgebrochen sein, hätte er leicht den größten Teil der persischen Kolonne überholen und vor Morgengrauen die Rückseite des Passes erreichen können.

Beim ersten Tageslicht holte Alexander irgendwo auf der alten von Teheran nach Meschhed führenden Straße jenseits des Ahuran-Passes die persischen Anführer ein. Sobald sie die Makedonen erblickten, forderten Bessos und seine Mitverschwörer Dareios auf, ein Pferd zu besteigen und mit ihnen zu kommen. Sie wollten in östlicher Richtung nach Baktrien reiten. Selbst in dieser äußersten Notlage bewahrte Dareios seine Würde und lehnte ab. Voller Wut stachen sie ihn nieder und ließen ihn in seinem geschlossenen Wagen sterbend zurück. Gerade als Alexander mit nur 150 Soldaten zu Bessos und den Verschwörern aufschloss, sprengten sie davon. Hätten die Perser einen kühlen Kopf bewahrt, wären sie in der Lage gewesen, Alexander auf der Stelle umzubringen – doch alle Disziplin war dahin, und sie machten nur noch den verzweifelten Versuch, ihre eigene Haut zu retten. Staubbedeckt und mit zerzausten Haaren ritten Alexander und seine Leute auf und ab und suchten in dem Durcheinander der Fahrzeuge voller Hektik nach dem Großkönig.

Als sie ihn endlich fanden, war es schon dunkel. Man muss sich einen Fleck bebauten Landes vorstellen, der sich in einer braunen Wüste leuchtend grün abhebt. Wenige Meter von der

Straße entfernt sprudelte in einem kleinen Tal eine Quelle, vielleicht von Zypressen umstanden. Wie die griechischen Historiker berichten, hielt der Karren mit dem König der Welt am Teich; die Pferde waren von Speeren durchbohrt. Dort fand ein griechischer Soldat Dareios: Seine Häscher hatten ihn niedergestochen, aber er lebte. Der Soldat brachte ihm in einem Helm Wasser und wechselte ein paar Worte mit ihm (Dareios sprach etwas Griechisch). Er ließ Alexander ausrichten, dass er ihm für die respektvolle Behandlung seiner Mutter und Familie danke (eine typisch persische Konvention). Nach griechischer Darstellung soll Dareios vor seinem Tod außerdem Alexander sein Reich vermacht haben. Aber das ist gewiss der krönende Coup der griechischen Propaganda. Dareios war bereits tot, als Alexander zu ihm kam. Er bedeckte den Leichnam mit seinem Mantel und war angeblich durch das erbärmliche Ende des Königs der Welt geschockt.

Wo sich dies alles ereignet hat, hat man nie herausgefunden, doch wenn mich mein Gefühl nicht trügt, kommt dafür nur ein Platz in Frage. Zwischen dem Ahuran-Pass und Quse, wo Alexander später Halt machte, gibt es bloß eine Wasserstelle. Lediglich 800 m weiter bergab, dort, wo die stillgelegte Straße nach Khorasan den Wüstenpfad, den Alexander genommen haben muss, kreuzt, liegt ein hübsches Dorf an einem von einer Quelle gespeisten Teich. Es ist ein ländlicher Ort mit Häusern aus Lehmziegeln, ummauerten Gärten und Zypressen. Er heißt Ab Khore: »der Ort, an dem es Wasser gibt« – ein wichtiger Haltepunkt auf der nach Osten führenden Straße. »Von Iskander weiß ich nichts«, sagte ein Mann, der seine Granatapfel-Plantage bearbeitete, »doch mein Großvater hat erzählt, dass Nadir Shah an dieser Stelle seine Pferde getränkt hat, als er vor 300 Jahren hier durchzog, um Indien zu erobern«. Landschaften ändern sich natürlich, und man kann leicht zu weit gehen, wenn man sich etwas fest einbildet. Trotzdem ist dies vielleicht der Ort, an dem Dareios gestorben ist. Das Glück hatte ihm nie zur Seite gestanden.

In Geschichten aus späterer Zeit wird erzählt, die beiden Könige hätten persönlich miteinander gesprochen. In seinem großen iranischen Nationalepos machte der Dichter Firdausi, der im 10. Jahrhundert lebte, aus diesem Augenblick ein Bild für die Ewigkeit, so wie er die beiden Helden Rustam und Sorabh verklärt hatte. Inzwischen war Alexander ein großer iranischer Nationalheld geworden, ein echter Sohn Persiens und ebenfalls eine Heldengestalt der muslimischen Welt. (Dort ist seine Geschichte besser erhalten als im Westen.) In der Vergangenheit wurde sie von den Geschichtenerzählern, die mit ihrem Einmann-Wandertheater und ihren gemalten Leinwand-Kulissen fernab der Hauptstraßen durch den Iran zogen, und von den Amateurschauspielern des religiösen Volkstheaters weitergegeben. Im Dorf Quse, nicht weit von der Stelle, an der Alexander Dareios gefunden hatte, führte ein Geschichtenerzähler für uns und die Dorfbewohner auf einem freien Platz die Geschichte auf. Als Requisit benutzte er einen geschlossenen Bauernwagen, und während er sprach, hob er einen Zipfel der Plane hoch, wie wenn etwas – ein Leichnam? – unter ihr verborgen wäre:

Die 1533 in Buchara, Zentralasien, gemalte Fassung der Geschichte Alexanders zeigt, wie Alexander den persischen König Dareios tröstet. Die Fiktion, die beiden Könige hätten vor Dareios' Tod noch miteinander gesprochen, ist ein beliebtes Thema der mittelalterlichen Miniaturmaler und geht auf den hellenistischen Alexanderroman zurück.

> Dann hielt der Weltenherrscher Sikanders Hand und sagte unter Tränen: »Möge Gott deine Zuflucht sein: Ich überantworte dir mein Königreich und gebe meine Seele in Gottes Hand.« Dann starb er, und das Volk fing an, um ihn zu weinen. Sikander zerriss seine Kleider und streute Asche auf sein Haupt ... Sie legten Dara auf eine goldene Bahre; sie war mit Brokat aus Rum [heute Konya] drapiert, der goldgrundige Stoff mit Juwelen besetzt ... Sikander schritt vor der Bahre einher. Und als die iranischen Edelleute sahen, wie sehr Sikander um ihren Schah trauerte, begannen alle, seine Hochherzigkeit zu preisen, und bejubelten ihn als Herrscher der Welt.
>
> (Firdausi, *Shahnameh*)

Es gehört natürlich ins Reich der Legende, dass Alexander als rechtmäßiger Schah tatsächlich Dareios' Nachfolge antrat. In Wirklichkeit haben sich die Perser nie der griechischen Herrschaft gefügt, und als im 3. Jahrhundert n. Chr. das nächste große persische Reich entstand, betrachteten sich die sassanidischen Könige nach dem Interregnum der hellenistischen Griechen und der Parther als die wahren Nachfolger des Dareios und seiner Vorfahren. Sie waren der hellenistischen Kultur zutiefst verpflichtet, doch wie der Schah im 20. Jahrhundert haben sie die griechischen Eroberer nie anerkannt. In Naksh-i-Rustam, der königlichen Begräbnisstätte bei Persepolis, betonten sie diese Kontinuität, indem sie an den großartigen Fassaden der Königsgräber von Dareios dem Großen und Xerxes auch noch ihre eigenen Reliefs anbringen ließen.

Dareios' Leichnam wurde zur Beisetzung zurück nach Persepolis gebracht. Alle seine Angehörigen waren in der Hand Alexanders. Wahrscheinlich wurden alle seine Kinder entweder aus dem Weg geschafft oder mit griechischen Partnern verheiratet, sodass sich um die königlichen Blutsverwandten keine Widerstandsbewegung bilden konnte. Bessos und die Königsmörder waren in die östlichen Provinzen geflohen, wo sich Bessus wenig später zum König ausrufen ließ. Sie würden nun gejagt werden. Man konnte niemanden dulden, der Anspruch auf den Thron erhob. Dies war im 4. Jahrhundert die brutale machtpolitische Realität. Inzwischen hatte Alexander durch sein schnelles Vorrücken den größten Teil seiner Armee hinter sich gelassen. In der nächstgelegenen Stadt an der Straße nach Khorosan, etwa 30 km von der Stelle, wo Dareios gestorben war, wartete er nun darauf, dass sie wieder vollständig zu ihm aufschließen würde.

In Hekatompylos, der Stadt der 100 Tore, formierte sich das Heer Alexanders neu. Eigentlich war der Feldzug, der in Amphipolis begonnen hatte, vorüber. Dies war für Alexander wieder einmal ein wichtiger psychologischer Augenblick. Die persische Monarchie war gestürzt. Der Großkönig war tot. Also was jetzt? Lang lebe der Großkönig? Was würde Alexander nun tun? Selbst Großkönig werden.

»Keine Rückkehr«

Die Ruinen von Qummis liegen ganz nahe an der Straße nach Meschhed, zwischen Semnan und Damqan. Die Abzweigung befindet sich bei dem Teehäuschen an der Zwischenstation Quse – einer Art iranisches Paris, Texas. Fernlastzüge und Busse donnern mit voller Kraft vorbei. Im Dorf gibt es ein paar Häuser aus Lehmziegeln; sie haben ummauerte Höfe und hölzerne

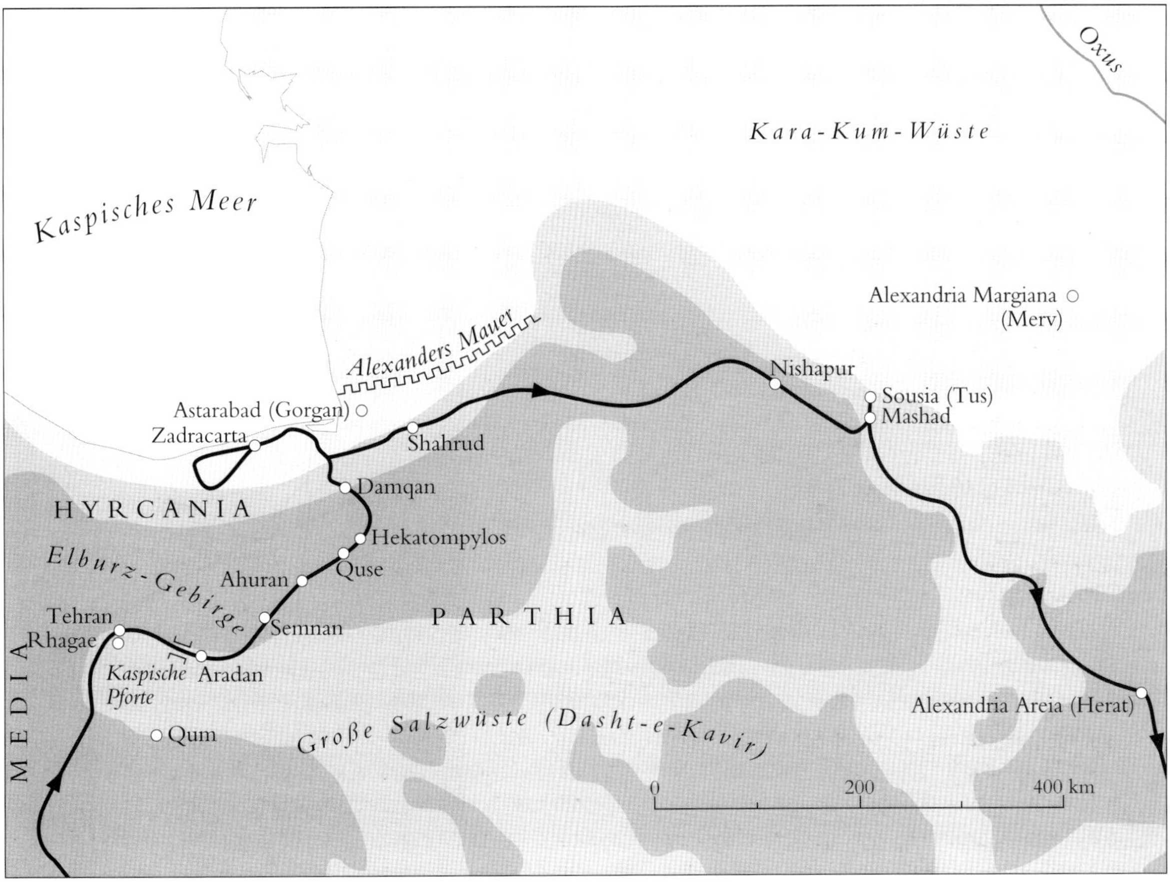

Veranden. Ein hübsches Gemeinschaftshaus mit einem ziegelgefliesten Hof und eine kleine, aber gut erhaltene Karawanserei. Dahinter sieht man Weizenfelder, eine lange Reihe von Pappeln und weiter in der Ferne Haufen aus geschmolzenen Lehmziegeln. Kürzlich erfolgte Ausgrabungen haben ergeben, dass dieses riesige, fast gesichtslose Ruinenfeld die verlorene Stadt Hekatompylos ist, die Hauptstadt des antiken Parthiens. Hier machte Alexander in jenem längst vergangenen Sommer 330 v.Chr. Halt. Es ist ein ungeschützter, verwitterter Ort, der im Sommer unter einem weiten blauen Himmel von der Sonne verbrannt wird, gesäumt von der fernen Bergkette des Elburz. Alles, was auf dem Gelände noch zu sehen ist, sind gewaltige Lehmziegel-Stümpfe der wichtigsten Gebäude und ein braunes Meer Staub gewordener Tonscherben.

Hier, etwas östlich von der Stelle, wo man Dareios gefunden hatte, machte Alexander Halt. Die Soldaten waren überglücklich. Mit dem Tod des Dareios waren die Perser erledigt. Das Ziel der Invasion, die sie vor drei Jahren an das Gestade Troias gebracht hatte, war jetzt erreicht, jedenfalls glaubten sie das. Nun würden sie heimkehren können. Als Alexander von diesem Gerede hörte, wandte er sich in einer Versammlung an die Offiziere und wichtigsten Truppeneinheiten. Seine Rede, wie die meisten Reden, von denen unsere Quellen berichten, ist eine nachträgliche Erfindung, doch sie enthält möglicherweise einige Wahrheiten. Wir können uns Alexanders Ansprache an seine Männer ausmalen – umwerbend, schmeichelnd; ein kleiner, stämmiger Mann mit seiner harten Stimme. Die Sprache der Soldaten wird von einem Stilisten wie Arrian niemals wirklichkeitsgetreu wiedergegeben, doch wir können uns denken, dass die Rede derb, volkstümlich und rau war: »Wenn wir jetzt Schluss machen, werden wir alles verlieren. Wir werden nicht umkehren. Wir werden weiter alle Länder erobern, die dem persischen König gehört haben. Bessos und die Mörder laufen immer noch frei herum. Falls wir kehrtmachen, werden sie ein anderes Heer aufstellen, und in Kürze wird alles wie ein Kartenhaus hinter uns zusammenfallen.« Dann die gezielte Lüge: »Es handelt sich nur noch um ein paar wenige Tage.« (In Indien am Fluss Beas sollte er dasselbe noch einmal sagen.) Was er sonst noch äußerte, wissen wir nicht. Teilte er ihnen mit, dass sie nach Indien gehen würden? (Und, wer weiß, vielleicht noch weiter? Kannte er selbst bereits jetzt die Grenze seines Ehrgeizes? Träumte er womöglich schon von dem in fernster Ferne gelegenen Weltmeer und dem Ende der Welt?)

An den Ufern des Großen Weltmeers

Die Expedition sollte dann weiter gen Osten gehen. Alexander verkündete jetzt, dass es den Soldaten erlaubt sei, Frauen, die in Gefangenschaft geraten waren, zu ehelichen und sie mit auf den Feldzug zu nehmen. Vor diesem Zeitpunkt hatten frisch Verheiratete Urlaub bekommen, um einige Zeit zu Hause zu verbringen, aber Frauen hatten das Heer bislang nicht begleitet (außer vielleicht die Ehefrauen höherer Offiziere). Diese Maßnahme besagte nichts anderes, als dass man in absehbarer Zukunft die Heimat nicht wiedersehen würde. Langsam und unerbittlich wurden die Verbindungen mit Makedonien gekappt.

Doch zunächst musste Alexander den nördlichen Rand des Iran sichern. Deshalb führte ihn sein Marsch nun in das als »Hyrkanien« bekannte Gebiet, das an den Ufern des Kaspischen Meeres gelegene »Land der Wölfe«. Die Griechen hatten die Vorstellung, das Kaspische Meer sei ein Teil des Großen Weltmeeres, das die ganze Erde umgab.

Die Armee wurde in drei Gruppen aufgeteilt und überquerte über die drei Hauptpässe das Elburz-Gebirge in Richtung Norden (der schwierigste dieser Pässe wurde in den 40er-Jahren des 20. Jahrhunderts von britischen Eisenbahn-Ingenieuren mit einer erstaunlichen Vielzahl von Berg- und Talbahnen überwunden. Vor 20 Jahren hätte man sehen können, wie riesige, in Manchester gebaute Gelenk-Lokomotiven durch diese Hügel rumpelten). Hier betritt man eine andere Welt mit einem fast nordeuropäischen Klima. Das Land ist grün und feucht, es gibt dicht bewaldete Berge, auf denen noch Wölfe und Keiler hausen. Das Ufer des Kaspischen Meeres erreicht man bei Bandar Turkoman; man geht an einem Küstenstrich entlang mit vereinzelt stehenden Schindelhäusern, hoch gewachsenen Palmen und großen hölzernen Fischerbooten, die auf den Strand gezogen sind. Wir kosteten das Wasser, so wie die Griechen es getan hatten. Es war, wie sie berichteten, nur leicht salzig. Das hätte ihnen eigentlich zu denken geben müssen, doch es änderte nichts an ihrer Überzeugung, das Kaspische Meer sei ein Teil des Großen Weltmeeres. Von hier aus, so glaubten sie, könnten sie in westlicher Richtung nach Britannien und in östlicher

Richtung nach Indien segeln. Zum ersten Mal waren die Griechen mit ihren geographischen Kenntnissen am Ende.

Wenn man weiter gen Osten fährt, kommt man in die grüne Ebene von Gorgan, die seit prähistorischen Zeiten besiedelt ist. Dies ist das Land der Turkmenen. Sie sind (vergleichsweise) spät in Persien eingewandert, doch bis in die 30er-Jahre des 20. Jahrhunderts führten sie als Wanderhirten noch immer dasselbe Leben wie ihre parthischen Vorfahren. Damals wurden sie von Reza Schah, dem Vater des letzten Schahs, ihres ausgedehnten Weidelandes beraubt, und heutzutage leben sie als enteignete Minderheit, doch sind sie noch immer sehr gute Reiter.

Wir kampierten in der Nähe von Kalaleh (dort hatte unser Wirt in jenem Sommer drei Pferde durch Wölfe verloren). Eines Nachts ritten wir durch die Ebene zur Mauer Alexanders – die 200 km lange Grenze, die sich vom Kaspischen Meer bis zu den Gebirgsausläufern von Afghanistan windet. Wir standen auf der Mauer und schauten über die großen, welligen Ebenen von Turkmenistan in Richtung Norden. Der Wall, der auch als die »Mauer Shapurs« oder die »Rote Schlange« bekannt ist, markiert so klar, wie es ein Bauwerk eben kann, die Grenze zwischen der Welt der Sesshaftigkeit und der Welt der Nomaden. Sie ist eine der wichtigsten Scheidelinien in der Geschichte der Menschheit.

Der Dichter Firdausi bewahrt die Legende, dass Alexander die große Mauer errichtet habe. Die heutige Archäologie datiert den Bau auf einige Jahrhunderte später (doch könnte es nicht einen kleineren achämenitischen oder hellenistischen Vorgängerbau gegeben haben?). Dies zeigt indes ein weiteres Mal die im Iran anhaltende Wirkung von Alexanders Legende. Neuerdings vermutet man, dass die Mauer von dem Vorgänger der großen Chinesischen Mauer inspiriert worden sein könnte, die während der Han-Dynastie im 3. Jahrhundert v. Chr. aus Lehmziegeln errichtet und – bald nach Alexanders Tod, als der Ferne Osten und der Westen zum ersten Mal miteinander in Kontakt traten – weiter in Richtung Zentralasien gebaut worden war.

Wir machten mit unseren Pferden oben auf der Mauer Halt und standen neben einem riesigen quadratischen Fort, von tiefen Verteidigungsgräben umzogen. Dort beobachteten wir, wie die Sonne über der zentralasiatischen Steppe unterging. Am Horizont, auf der Straße nach Gorgan, fuhren Fernlastwagen in Richtung Turkmenistan. Mit dem Ende der Sowjetunion sind diese Verbindungen, die die Geschichte Zentralasiens vorangebracht haben, wieder geöffnet. Vom Bosporus bis zur Wüste Gobi leben Turkvölker, während das iranische Kulturgebiet vom Persischen Golf bis nach Afghanistan und zu den tadschikischen Ländern reicht, die an das chinesische Xinjiang angrenzen. Überall in diesen unendlichen Weiten wird die Geschichte Alexanders noch immer erzählt. In diesem Augenblick war es für uns schwer, dem Impuls zu widerstehen, die Ebene zu durchqueren und uns auf direktem Wege zu den legendären Seidenstraßen-Oasen Merv und Buchara zu begeben. Doch wir hatten – ebenso wie Alexander – andere Prioritäten.

Die Geschichte von der Amazonenkönigin

Hier in Hyrkanien, in der Hauptstadt Zadracarta, hielt sich Alexander zwei Wochen lang auf. Der Ort ist noch nicht identifiziert, doch war er zweifellos einer der großen Hügel oder Tepes, die sich zu Dutzenden schweigend über der saftig grünen Ebene von Gorgan erheben. Einmal wurde

Bukephalos von lokalen Stammesangehörigen gestohlen, und Alexander drohte mit brutalen Vergeltungsmaßnahmen, wenn man ihm das Pferd nicht wohlbehalten zurückgäbe, was dann auch ordnungsgemäß geschah. Die anderen von hier überlieferten Geschichten sind weniger glaubwürdig. Eine davon ist die berühmte Erzählung von der Amazonenkönigin, die zu Alexander kam, weil sie ein Kind von ihm haben wollte. Nach Curtius Rufus blieb sie 13 Tage, doch »ihr sexuelles Verlangen war größer als das seine« (Curtius Rufus 6,5,32). (Es gibt auch eine turkmenische Sage, die in den dortigen Breiten noch immer erzählt wird und die von einem legendären Amazonen-Volk berichtet, das ahnungslose Männer entführt, sie als Zuchthengste benutzt und anschließend tötet.) Mit Bedauern müssen wir feststellen, dass die Amazonenkönigin, so reizvoll sie auch ist, ins Reich der Fantasie gehört.

Am Rande der Steppe blieben wir vier Tage draußen an der Mauer Alexanders. Wir schliefen um eine gemauerte Feuerstelle in einer Filz-Jurte, die im Dach eine kreisförmige Öffnung hatte, um das Licht hinein- und den Rauch hinauszulassen. Eines Nachts, am Feuer, hörten wir von dem Geschichtenerzähler des Dorfes die turkmenische Sage von dem dämonischen Alexander, dem zweigehörnten Ungeheuer, das schließlich seinen eigenen Ambitionen zum Opfer fiel: Nachdem er die ganze Erde erobert hatte, versuchte Alexander mit einer von Greifen – geflügelten Monstern – gezogenen Flugmaschine in den Himmel aufzusteigen, doch wurde er von Gott wegen seiner Vermessenheit gleich wieder hinabgestürzt. Diese Geschichte wird überall in Asien erzählt und ist an europäischen Kathedralen von Otranto bis Wells plastisch dargestellt. Die folgende Geschichte, die man auf dem ganzen Weg zwischen der Türkei nach Kasachstan hören kann, mag ich am liebsten:

> Iskander war ein Teufel, und er hatte Hörner. Doch sein Haar war lang und wellig, und seine Hörner waren niemals zu sehen. Nur seine Barbiere wussten Bescheid. Allerdings fürchtete er, sie könnten das Geheimnis nicht für sich behalten. Deshalb tötete er sie, wenn sie die Hörner entdeckt hatten. Sein letzter Barbier tat so, als bemerke er nichts, und wahrte das Geheimnis. Schließlich konnte er es nicht länger ertragen und lief, da er es ja niemandem erzählen konnte – zu einem Brunnen und rief in den Brunnen hinunter: »Iskander hat Hörner!« Aber auf dem Grunde des Brunnens war flüsterndes Schilfrohr [daraus macht man Flöten], und dieses wiederholte die Geschichte, bis sie um die ganze Welt ging.

Die Seele des Iran

Der Schwerpunkt der Geschichte verlagert sich weiter nach Osten. In seiner Sicht der Welt hatte Alexander Griechenland schon hinter sich gelassen (er sollte es nie wieder sehen). Wenn Babylon jetzt das Zentrum seiner Welt bildete, so war der Iran zu seiner Kraftquelle geworden; die Achse des Reiches, das er überwunden hatte. In gewissem Sinne würde der Iran nun über ihn triumphieren. Die Intuition der iranischen Geschichtenerzähler war richtig. Er war Schah geworden.

Alexanders Route führte zurück über das Elburz-Gebirge nach Shahrud und dann in östlicher Richtung entlang der Straße nach Khorasan, vorbei an alten Karawanenstädten, Omar Khaymans Nishapur und Firdausis Tus. Seinen Spuren folgend, zogen wir bis nach Meschhed.

Nach der Zerstörung oder Schließung der großen Schreine in den iranischen Städten ist Meschhed zum größten Heiligtum der schiitischen Welt geworden. Wir fanden Unterkünfte mit Blick auf den geheiligten Bezirk – ein großer funkelnder Lichtkreis, goldene Kuppeln und türkisfarbene Torbögen. Mein Hotelzimmer war komplett ausgestattet: mit Gebetsteppich, Turban und dem Tontäfelchen, das die Schiiten beim Beten berühren. Draußen zog eine Menge die heilige Straße entlang, man hörte die Ashura-Laute – Klagen und Singen –, Pilger aus allen Teilen des Iran und aus weiter entfernten Ländern: Afghanistan, Indien, Pakistan, Zentralasien.

In jener Nacht dachte ich, als ich auf die Straßen von Meschhed hinunterblickte, über das hellenistische Erbe im Iran nach. Wie hatte sich, auf Dauer gesehen, der griechische Einmarsch in Persien ausgewirkt? Unter dem fundamentalistischen Regime der Ayatollahs hätte man denken können, dass das griechische Erbe längst verschwunden sei. Doch wenn man durch den heutigen Iran reist, sieht man in den schiitischen Volksstücken noch immer Alexander; er trägt einen Tropenhelm und Reithosen, und mit Sonnenbrille stolziert er am Ashura weiterhin auf den Festwagen einher, schlürft Whisky mit anderen irdischen Tyrannen wie dem letzten Schah, den bösen Kalifen und dem großen Satan, Uncle Sam persönlich. Seine Geschichte wird noch immer in den muslimischen Grundschulen gelehrt; Anhänger Zarathustras denken noch immer an ihn als den Verfluchten. Gelehrte Ayatollahs schreiben noch immer Leitartikel über ihn in den Zeitungen. Bei Firdausi erscheint er als großer iranischer König, als der wahre Nachfolger der großen Schahs und Helden der Vergangenheit. Zur Schlafenszeit erschrecken Mütter noch immer ihre Kinder mit der Drohung, dass Alexander sie holen werde, falls sie nicht artig seien.

Auch in einem tieferen Sinne lebt das Erbe weiter. In der Tat übten die Griechen während 2000 Jahren einen nachhaltigen Einfluss auf die Perser aus. Ihre große mittelalterliche Kultur speiste sich im Wesentlichen aus drei Quellen: dem alten persischen und zoroastrischen Erbe, dem arabischen Islam und dem Hellenismus. Tatsächlich haben nur wenige Völker das griechische Erbe durch das Mittelalter hindurch mit größerer Besessenheit gepflegt. Dies kann man feststellen, wenn man den Unhterricht einer traditionellen schiitischen Universität besucht: Die Gelehrten tragen die langen schwarzen Talare, die sie später an die Dozenten von Oxford und Harvard weitergaben. Und in dem Kampf, der jetzt für die Seele des Iran – und nicht nur des iranischen Islam – geführt wird, könnte der Geist des Hellenismus noch eine Rolle zu spielen haben.

Jenseits der zerklüfteten Berge außerhalb der Stadt Meschhed senkte sich die Dunkelheit über die weite Steppe, die sich von der Mauer Alexanders bis nach Zentralasien erstreckt. Wohin sollte sich Alexander jetzt wenden? Gleich bei Meschhed gibt es eine Straßenkreuzung namens Toroq (Toroq bedeutet »Straßenkreuzung«). Hier führen die Straßen nach Westen zum Mittelmeer, nach Süden zum Arabischen Meer und Indischen Ozean, nach Norden über Meschhed nach Zentralasien, in südöstlicher Richtung nach Herat, Kandahar und Kabul in Afghanistan. Es ist ein echter historischer Knotenpunkt. Alle nahmen sie diesen Weg: Dschingis Khan, Tamerlan, Marco Polo und Alexander.

Alexanders Geheimdienstoffiziere hatten bereits die persischen Militärexperten befragt und seine Marschroute in allen Einzelheiten geplant. Seine Landvermesser konnten ihm schon für die nächsten 3000 km die genauen Entfernungen zwischen den einzelnen Teilstrecken auf den persischen Königsstraßen angeben. Er sollte gen Osten bis nach Afghanistan ziehen und dann weiter nach Indien – und bis an das Ende der Welt.

VIERTER TEIL

Die Straße nach Samarkand

Afghanistan, Usbekistan und Tadschikistan
329–327 v. Chr.

Nach Afghanistan; durch die Wüste des Todes; die Belagerung Kabuls; die Reise zum Hindukusch; die Überwindung des Khawak-Passes; nach Baktrien; die »Mutter der Städte«; die Straße nach Oxiana; das Massaker an den Branchiden; das goldene Samarkand; in Alexandria Eschate; Feuer und Schwert in Zentralasien; Alexander ermordet den Schwarzen Kleitos; Alexander heiratet Roxanne, »die schönste Frau Asiens«; der Tod des Kallisthenes; Alexander, »brutal und in Schwermut dem Wahnsinn verfallen«

Ein strahlender Herbstmorgen in Herat. Vom Teehaus auf Takht-i-Safar, dem »Thron des Reisenden«, in der Nähe eines Gartens mit hohen Bäumen, hat man einen wundervollen Blick auf die Stadt. Im Norden der alten Mauern erhebt sich über grünen Gärten die berühmte Silhouette hoher Minarette; in der Ferne stehen die gezackten Überreste der großen, aus Lehmziegeln errichteten Zitadelle; dort baute Alexander seine neue Stadt, Alexandria in Areia. Auf diese Stadt gibt es heutzutage nur noch wenige Hinweise, obwohl das riesige Rechteck des mittelalterlichen Herat die ursprüngliche Stelle bezeichnen könnte. Der Ort war stets ein wichtiger Knotenpunkt auf der Straße nach Indien; diese führt in Richtung Süden über die herrliche, 1000 Jahre alte Brücke, Pul-i-Madan, und geht dann weiter durch – von gekappten Weidenbäumen gesäumte – Weizenfelder, in denen sich hier und da zerfallende Taubenschläge und die merkwürdigen Stufen-Windmühlen Herats erheben.

Alexanders nächste Aufgabe bestand darin, die östlichen Provinzen des Perserreiches zu erobern und alle die Orte, welche die persische Hegemonie anerkannt hatten, in seine Gewalt zu bringen. Er war jetzt der König von Persien, und alle, die Dareios den Treueid geschworen hatten, sollten diesen nun auf ihn leisten. Sein erstes Ziel war jetzt wahrscheinlich Indien, doch er konnte die zentralasiatischen Provinzen (das frühere sowjetische Zentralasien) nicht einfach außer Acht lassen, besonders deshalb nicht, weil Bessos dorthin geflohen war. Als Erstes musste Alexander Jagd auf Dareios' Mörder machen. Bessos hatte nun die hohe Tiara und königliche Gewänder angelegt und den Namen Artaxerxes IV. angenommen. Die Tatsache, dass er sich als Dareios' Nachfolger bezeichnete und sich zur Säule des Widerstands im Kampf gegen die Eroberer Persiens erklärte, war eine Herausforderung, die direkt an Alexander gerichtet war. Alexander hätte ihm die Ermordung des Dareios vergeben können, aber nicht dies – zumal Bessos, als Statthalter von Baktrien, Verfügungsgewalt über die starke nordafghanische Kavallerie hatte. Sowohl aus militärischen als auch aus politischen Gründen musste Alexander ihm nachsetzen.

Dies erklärt auch seine lange Reise durch das südliche Afghanistan. Ursprünglich hatte Alexander vielleicht beabsichtigt, von Herat aus in östlicher Richtung direkt nach Kabul zu ziehen. Stattdessen ging er nach Süden und marschierte, eine riesige Schleife machend, nach Fara, dann den Fluss Helmand hinauf nach Kandahar und Ghazni: Es war eine äußerst lange Reise von etwa 1600 km, doch damals war die Landschaft sehr viel fruchtbarer als heutzutage. Heute kommt man, wenn man sich von Fara aus nach Süden wendet, in eine schreckliche Wildnis, die als die Wüste des Todes bekannt ist. Es handelt sich um ein unwegsames Sandmeer, das sich über den vergessenen Zipfel der Welt erstreckt, dort, wo Pakistan, der Iran und Afghanistan aufeinander treffen. Moderne Grenzen haben in der alten Landschaft keine Bedeutung und werden auch von den Drogenschmuggler-Karawanen ignoriert, die im Schutz von Maschinengewehren, in großen bewaffneten Kolonnen marschieren, um zwischen Pakistan und dem Iran ihrem Handel nachzugehen.

Vorausgehende Seiten, links: Die türkisfarbenen Kuppeln von Samarkand – Alexanders Standquartier während seines zweijährigen Feldzugs in Zentralasien.
Rechts: Dieser lebensgroße Kopf Alexanders wurde kurz nach seinem Tode für ein Denkmal angefertigt, das ihn mit seinem Liebling Hephaistion und der Schicksalsgöttin Tyche zeigte.

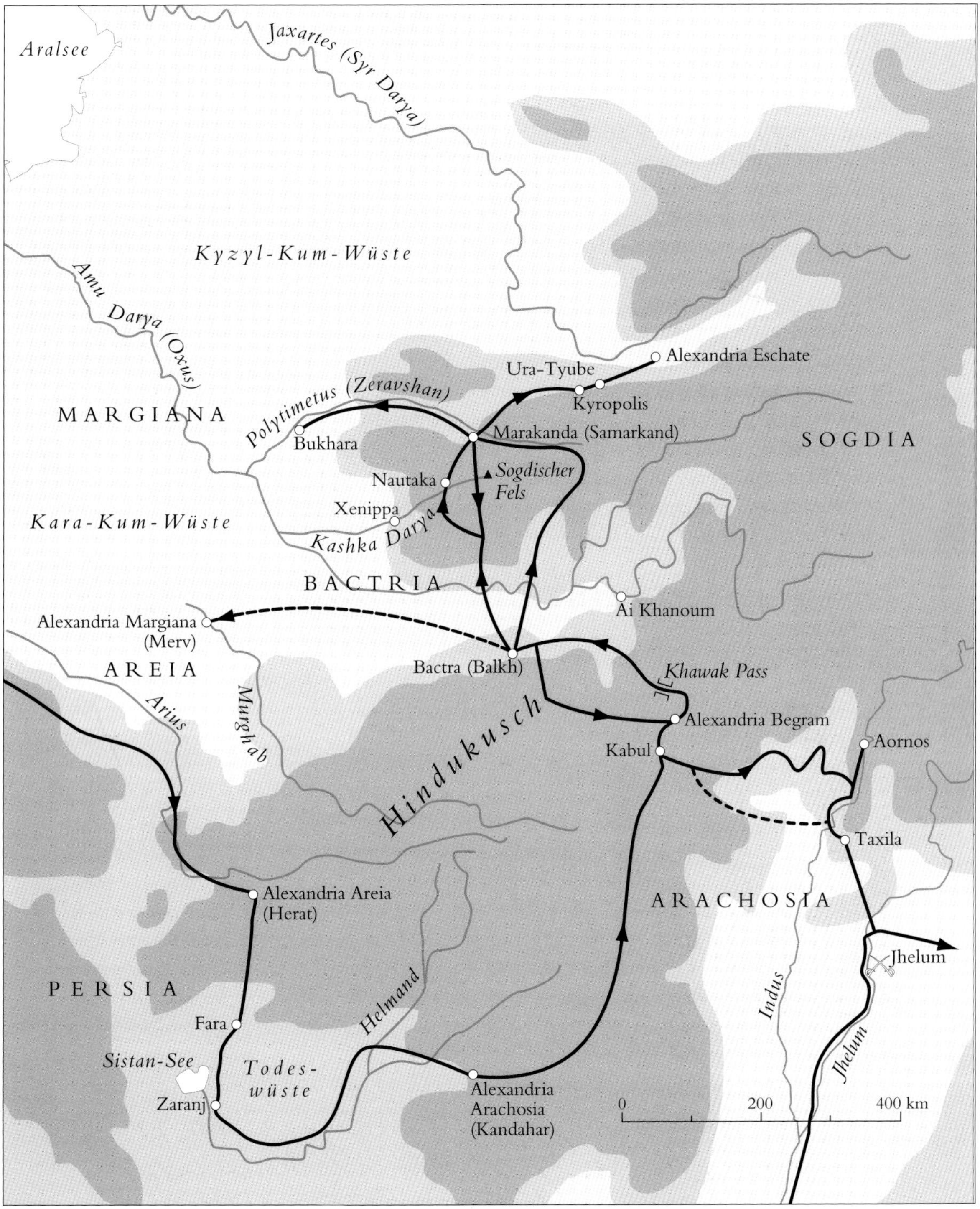
Aralsee
Jaxartes (Syr Darya)
Kyzyl-Kum-Wüste
Amu Darya (Oxus)
MARGIANA
Polytimetus (Zeravshan)
Bukhara
Ura-Tyube
Alexandria Eschate
Kyropolis
Marakanda (Samarkand)
SOGDIA
Nautaka
Sogdischer Fels
Xenippa
Kara-Kum-Wüste
Kashka Darya
BACTRIA
Ai Khanoum
Alexandria Margiana (Merv)
AREIA
Bactra (Balkh)
Khawak Pass
Arius
Murghab
Hindukusch
Alexandria Begram
Kabul
Aornos
Taxila
Alexandria Areia (Herat)
ARACHOSIA
Jhelum
PERSIA
Helmand
Indus
Fara
Sistan-See
Todes-wüste
Alexandria Arachosia (Kandahar)
Zaranj
0
200
400 km
Jhelum

Durch die Wüste des Todes

Auf der ganzen Strecke den Fluss Hermand entlang kommt man an den Überresten alter Städte vorbei: gezackte Lehmziegel-Riffe, die von riesigen Wanderdünen bedeckt sind. Die größte Stadt ist Fara; sie ist von hohen mittelalterlichen Mauern umgeben und steht seit den 90er-Jahren unter der Gewalt der fundamentalistischen Taliban-Muslime. Pistolenhelden mit Turban patrouillieren durch die Straßen; die Frauen sind von Kopf bis Fuß verschleiert. Hier ist der Schauplatz der sensationellsten Begebenheit, die sich während Alexanders Herrschaft ereignete – ein angebliches Komplott, das eine entsetzliche Säuberungsaktion, Schauprozesse, Folterungen und Hinrichtungen einiger der engsten Gefährten des Königs zur Folge hatte.

Man hatte einen abtrünnigen königlichen Kammerherrn bei Philotas angezeigt. Dieser, Kommandant der Hetairoi und Sohn von Alexanders General Parmenion, war in Hamadan (Ekbatana) zurückgelassen worden. Aus irgendwelchen Gründen behielt Philotas diese Nachricht für sich, anstatt sie an Alexander weiterzugeben. Vielleicht erachtete er sie tatsächlich, wie er später behauptete, für zu trivial. Möglicherweise sympathisierte er aber auch heimlich mit dem Verschwörer. Als die Sache bekannt wurde, wurde Philotas verhaftet, in einer sehr aufgeheizten Atmosphäre verhört und von Hephaistion und anderen zum engsten Kreis gehörenden Gefährten auf schreckliche Weise gefoltert. Schließlich presste man ein Geständnis aus ihm heraus. Danach wurde Philotas getötet.

Obwohl die alten Quellen darin übereinstimmen, dass es eine Art Verschwörung gegeben habe, sind sie, was Philotas' Beteiligung angeht, geteilter Ansicht. Es ist durchaus denkbar, dass er sehr gerne geschwiegen und abgewartet hat, um zu sehen, ob das Komplott Erfolg hätte. Alexander ergriff nun jedoch die Gelegenheit, Parmenion, der so lange sein loyaler zweiter Mann gewesen war, loszuwerden. Nachdem Philotas hingerichtet worden war, schickte Alexander Rennkamele mit arabisch gekleideten Spitzeln über die Große Salzwüste. Ohne von dem Tod seines Sohnes zu wissen, wurde Parmenion in einem ummauerten Garten in Hamadan erstochen. Jetzt war niemand mehr in Sicherheit.

Alexander begab sich rasch nach Kandahar, wo er eine weitere Stadt gründete, Alexandria in Arachosien (der Teil von Belutschistan, der hinter den Quetta-Bergen liegt). Auch dies ist in der afghanischen Geschichte immer ein strategisch wichtiger Ort gewesen, und Kandahar war von damals bis heute stets besetzt. In der alten Zitadelle hat man einen Tempel des vergöttlichten Alexander entdeckt; er trägt eine griechische und eine aramäische Inschrift, die von dem indischen Kaiser Ashoka, der wenige Jahrzehnte nach Alexanders Tod lebte, angebracht wurde. (Dies ist eine Gegend, in der sich die indischen und westasiatischen Kulturzonen stets überschnitten haben.) Im Basar der Altstadt behaupten die Hakims (traditionelle Ärzte), sie stammten von den Medizinern ab, die Alexander begleitet hätten, und seien Abkömmlinge der Ärzte Philipp und Kritobulos. Sie praktizieren noch immer die (griechische) Yunnani-Kräutermedizin, die man überall in Pakistan und Nordindien antreffen kann. Dann, als es Winter wurde, zog Alexander die lange Straße hinauf nach Kabul – dem Knotenpunkt Afghanistans. Und für uns, die wir seinen Spuren folgten, bedeutete dies, dass wir zum ersten Mal auf unserer Reise in ein Kriegsgebiet kamen.

Zufällige Begegnungen in Kabul

Von den Hügeln der Umgebung aus sahen wir in der Abenddämmerung Suchfeuer und gelegentliche Autoscheinwerfer, aber als die Dunkelheit hereinbrach, gab es in der Stadt kein elektrisches Licht. Auf der anderen Seite des Tals wurde das große Labyrinth der Mietshäuser in der Altstadt überall von Öllampen erleuchtet. Kabul war zwei Jahre lang ohne Elektrizität und fließendes Wasser. Die Stadt hatte unter den Kriegswirren sehr gelitten, zuerst unter der russischen Invasion und danach noch mehr im sich anschließenden Bürgerkrieg (zuletzt unter amerikanischen Bomben; Anm. der Übers.). Kabuls heutiges Schicksal ist ein Spiegel seiner Geschichte. Schon seit der Antike war der Ort strategisch bedeutsam: Hier kreuzen sich die Hauptstraßen, die in den Iran, nach Zentralasien und Indien gehen. Das ist einfach zu erklären: Die Mitte Afghanistans wird von einem hohen Ring schroffer Bergketten gebildet, die über 6000 m hoch sind und eine mächtige Schranke zwischen der iranischen Hochebene und dem indischen Flachland darstellen. Seit prähistorischen Zeiten führte die wichtigste alte Landstraße nach Indien durch das Tal von Kabul.

Alexander errichtete sein Basislager in der Nähe von Begram, nördlich von Kabul am Fuße des Hindukusch. Es ist ein strategisch wichtiger Ort, der während des afghanisch-russischen Krieges von den Russen als Hauptquartier genutzt wurde. Die Überreste der hellenistischen und späteren Stadt wurden 1939 gefunden, und in ihren Vorratslagern gab es einen erstaunlichen Schatz – einen der bedeutendsten archäologischen Funde des Jahrhunderts. Man entdeckte alexandrinisches Glas, chinesische Lackarbeiten, hinduistische Elfenbeinskulpturen – all dies legt Zeugnis ab von den Kontakten, die in der Welt Alexanders geknüpft worden waren. Jetzt ist von all dem nichts mehr erhalten; es wurde zur Beute der Gruppen und Grüppchen, die in den letzten paar Jahren Afghanistan in Stücke gerissen haben. Heute gibt es in dem weitgehend ausgeplünderten Museum abgeschlagene Buddha-Köpfe mit griechischen Togen, Inschriften in Griechisch und Sanskrit; alle diese Stücke zeigen, dass eine Vermischung zwischen der iranischen und indischen Kultur stattgefunden hat. Hier und im nordwestlichen Grenzgebiet wurde jahrhundertelang Griechisch gesprochen. Im flackernden Licht unserer Öllampen untersuchten wir die zerschlagenen Überreste der afghanischen Geschichte. Ich hielt ein Relief-Fragment in meinen Händen, ein kostbares Zeugnis des griechischen Erbes, das trotz der Verheerungen durch den Krieg erhalten geblieben war. Der Museumswärter schaute auf die Trümmer: »Die ganze Geschichte unseres Landes ist hier zu finden … An dem Morgen, an dem wir hierher kamen und all das sahen, fühlten wir uns, als hätten wir Vater und Mutter verloren.«

Später war ich bei einem afghanischen Gelehrten in seinem holzgetäfelten Haus zum Tee. Er hatte seine kostbare Sammlung alter Manuskripte durch Sandsäcke geschützt. Es gab illuminierte Ausgaben des Koran, Aristoteles auf Arabisch, Firdausi und Nizamis Geschichte Alexanders – Zeugnisse für die humanistische Gelehrsamkeit, die die Bildungseliten des muslimischen Asiens von Kairo bis Delhi über einen Zeitraum von 1000 oder mehr Jahren zusammenhielt.

»Wir fürchten jeden Angriff«, sagte er. »Nicht unseretwegen, sondern wegen der Bücher.« Er spreizte seine Hände. »Afghanen werden um eine Handvoll Staub kämpfen. Eine berühmte afghanische Geschichte erzählt, dass Alexander seiner Mutter – sie hatte ihn in einem Brief gefragt, weshalb er so lange bis nach Baktrien gebraucht habe – als Erklärung vier Afghanen und ein Häufchen Staub geschickt habe.«

Die Reise zum Hindukusch

Als es Frühling wurde, war Alexander bereit, seinen Marsch fortzusetzen. Er musste den Hindukusch durchqueren, den hoch aufragenden Gebirgswall nördlich von Kabul – den »Hindu-Mörder«, wie er bei den muslimischen Eroberern hieß, die im Mittelalter diesen Weg nahmen. Das war die große Route, die von allen Invasoren des Subkontinents eingeschlagen wurde. Es gibt dort etwa 16 Pässe, einige von ihnen bis zu 5000 oder 6000 m hoch, doch nur drei haben in der Geschichte wirklich eine Rolle gespielt. Der wichtigste ist heutzutage der Salang-Pass, eine moderne Straße und ein Tunnel, der von den russischen Konvois auf ihrem Weg von Termez in die Berge genutzt wurde. Die zweite Route führt in westlicher Richtung nach Bamian, eine der außergewöhnlichsten Stätten Asiens – in das Tal der Großen Buddhas. Dieser betörend schöne Ort mit seinen riesigen, in die Felsen gemeißelten Statuen (die jetzt zerstört sind [Anm. der Übers.]) wurde von Marco Polo besucht, desgleichen von den chinesischen Eroberern, die den Landweg nahmen, um die heiligen buddhistischen Texte aus Indien zurückzubringen. Doch diese Route war wahrscheinlich ebenso wie der Salang für Alexander versperrt, da Bessos das ganze Land zwischen dem Standort der Makedonen und der baktrischen Hauptstadt Balkh verwüstet hatte. Der Geheimdienst wird Alexander wohl gemeldet haben, dass es auf diesen Routen keinerlei Möglichkeit gebe, das Heer zu versorgen. Daraufhin blieb ihm ganz offensichtlich nur eine Alternative – der Khawak-Pass. Das ist die östliche Route, die ganz allmählich auf die Passhöhe führt. Auf ihr waren Tamerlan, Dschingis Khan und andere Eroberer Indiens gekommen. Dies war auch der Weg, für den wir uns entschieden.

Wir bereiteten uns auf unsere Expedition vor, indem wir unseren alten BBC-Landrover gründlich überholten und uns einen Jeep zum Transport der Reserve-Achsen und -Reifen besorgten (im damaligen Kabul keine geringe Leistung). Als sich dann die Gewitterwolken des Krieges über Kabul zusammenbrauten und die Angriffe der Taliban immer heftiger wurden, folgten wir erneut Alexanders Spuren und machten uns, nach Norden fahrend, auf den Weg nach Charikar und dem Panjshir-Tal.

In Begram, bei Charikar, gründete er Alexandria am Fuße des Kaukasus und siedelte dort ein paar tausend Veteranen und Kriegsbeschädigte an und drängte auch einige Einheimische, sich dort niederzulassen. Diese ausgedehnte, liebliche Ebene liegt 2000 m hoch, doch geschützt im Windschatten der hohen Gebirgsvorsprünge. Auf dem fruchtbaren, gut bewässerten Boden wachsen Wein und Oliven, was die Männer, die auf Alexanders Befehl zurückbleiben mussten, vielleicht mit ihrem Schicksal versöhnte. Dann zog Alexander weiter das Panjshir-Tal hinauf in die Berge. Die Griechen nannten diesen Gebirgszug, von dem sie glaubten, er liege am Ende der Welt, ›Kaukasus‹. Hier trat das Heer in mythische Räume und Zeiten: Sie marschierten unterhalb der Berge entlang, wo, der Sage nach, der Titan Prometheus äonenlang von Zeus gemartert worden war, weil er den Menschen das Geheimnis des Feuers verraten und sie die Künste und Wissenschaften gelehrt hatte. Hier vermischten sich im leicht zu beeindruckenden Sinn des jungen Alexander Wirklichkeit und Mythos, so wie ihn andernorts die Geschichten von Herakles und Dionysos beeindruckt hatten.

Auf einer sehr schlechten Straße brauchten wir zwei Tage, um die 80 km bis ans Ende des Panjshir-Tals zu bewältigen; wir fuhren langsam am Fuße der hohen, braunen Bergkämme entlang, die während der ersten beiden Morgenstunden die Talsohle vor der Sonne schützen. Auf dem ganzen Weg kamen wir an zerstörtem russischem Kriegsgerät vorbei (dies war eine der Hauptrouten, welche die Widerstandskämpfer der Mujaheddin benutzten, um den Druck auf die Invasoren aufrechtzuerhalten). Für moderne Armeen ist dies ein schwieriges Gelände, und überall lagen Wracks von gepanzerten Mannschaftswagen. Die Russen waren hier auf erbitterten Widerstand gestoßen, und trotz ihrer technologischen Überlegenheit waren die bedauernswerten russischen Wehrpflichtigen aus Omsk und Tomsk den Widerständlern letztlich nicht gewachsen. Die Makedonen hingegen waren wie die Afghanen ein Bergvolk, unerbittlich. Das Tal war wunderschön: kaltes, blaues Flusswasser, grüne Gärten und Felder, hübsche braune Lehmziegelhäuser, auf deren Dächern – als leuchtende Farbflecken – Mais und Aprikosen zum Trocknen ausgelegt waren. Und über allem die kahlen Rippen der mächtigen Berge.

Alexanders Armee kann nur langsam vorwärts gekommen sein, eine riesige, kilometerlange Kolonne; die Logistik dürfte dem Oberkommando und den Quartiermeistern, die sie versorgen und ernähren mussten, einiges Kopfzerbrechen bereitet haben. Selbst mit dem Landrover kamen wir nur langsam voran, da wir immer wieder den Fluss durchqueren mussten. Das Fahrzeug hatte eine Panne, wir hatten kein Benzin mehr, und einmal blockierte ein Erdrutsch eine Nacht lang die Straße. Am Ende des Tals stieg dann der steinige Pfad steil in die Berge an, und wir kamen an Reisenden vorbei, die zu Fuß und zu Pferde einzeln hintereinander hergingen. Plötzlich konnte man sich leicht vorstellen, wie sich die Schlange des makedonischen Heers auf dem ganzen Weg den Panjshir hinabgezogen hatte.

Am dritten Tag erreichten wir schließlich das Dorf Ao Khawak. Es liegt am Zusammenfluss zweier schnell dahinströmender Bergflüsse. Der vor uns liegende Pfad führte hinauf in die Berge von Nuristan, und ein holpriger Feldweg zweigte in nördlicher Richtung ab zum Khawak-Pass. Von dort aus sind es etwa 80 km bis hinunter in das Tal Pul i Kumri. Auf einer Holzbrücke überquerten wir den Fluss Khawak und kamen in einen Ort, der wie das Nest von Räubern und Banditen aussah – ein bunt zusammengewürfelter Haufen von aus geschichteten Steinen errichteten Schuppen, Ställen und Lagerhäusern, deren Holzdächer mit Gesteinsbrocken beschwert waren. Es gab einige feuchtkalte Herbergen und rauchgeschwärzte Baracken, in denen für die Händler und Reisenden rund um die Uhr Mahlzeiten zubereitet wurden. Auf der Straße war ein buntes Treiben zu beobachten; denn obwohl ein großer Teil der Waren und Personen auf Lastwagen hierher transportiert wird, ist dies der Ausgangspunkt für eine ältere Art des Reisens: Zu Fuß oder mit dem Pferd begibt man sich auf eine der alten Straßen nach Indien und Asien. Den Weg von hier nach Nordafghanistan würden wir zu Fuß zurücklegen müssen.

Inmitten von alledem, von tosenden Wassermassen umgeben und unterhalb der pyramidenförmigen Spitze des Deh Parian, fanden wir einen offenen Platz für Hunderte von Pferden, spindeldürre Tiere mit Futtersäcken aus Leinen, geflochtenen Satteltaschen, Seilen und Pferdegeschirr. Ihre Treiber sind meist jung (alte Männer würden solch ein beschwerliches Leben nicht aushalten). Die drahtigen jungen Jockeys, dünn und von der Sonne verbrannt, verlangen 60 000 Afghanis (ungefähr 20 Euro), um eine Person samt Gepäck über die Berge zu bringen. Für sie verantwortlich ist der furchterregende Kommandant Khalil, ein Hüne mit struppigem Haar, langem schwarzem Bart und bohrendem Blick. Er suchte die Pferde und Treiber für uns aus und besorgte uns bewaffnete Wachmänner. Sie sollten uns am nächsten Tag begleiten und vor den

Banditen schützen, die uns, wie er sagte, unterwegs überfallen könnten. Wir waren zu fünft: Peter, Tim, David, ich und Hanif Sharzat, ein afghanischer Freund und Journalist, der sich spontan bereit erklärt hatte, für uns zu übersetzen. Hanif spricht Pashto, Farsi, Usbekisch, Urdu und Russisch, was seiner Ansicht nach genügen würde, um uns durch geschicktes Verhandeln davor zu bewahren, unterwegs in die Klauen der verschiedenen Kriegsherren zu geraten, und uns an ihnen vorbei bis zur afghanisch-usbekischen Grenze durchzubringen.

Als Reisegepäck hatten wir nur das bei uns, was wir und drei Pferde tragen konnten. Vor unserem Aufbruch war ich wiederum sehr aufgeregt. Ein weiteres Mal würden wir uns so unmittelbar wie nur möglich dem aussetzen, was die Griechen durchgemacht hatten, und wir hatten das sichere Gefühl, genau auf ihren Spuren zu wandeln. Wir hatten uns auf das Nötigste beschränkt: warme Jacke, Rucksack, Schlafsack, etwas Nahrung für den Notfall (Äpfel, Nüsse und ein paar steinharte Klumpen getrockneter Maulbeeren) und, wie stets, Arrian und Curtius. Wir luden die Kamera, die Vorratskiste und die übrige Filmausrüstung in Körbe aus Seil und Tuch, und am frühen Nachmittag führten unsere Pferdetreiber die Tiere über die Brücke und am Sturzbach entlang talaufwärts. Bald waren wir in den Schluchten, dann kletterten wir zum ersten Mal auf einem schmalen Feldweg oberhalb des Flusses steil bergauf. Um drei Uhr nachmittags war es bereits unerwartet kalt, und die Talsohlen lagen schon tief im Schatten, als wir Nuristan, das Land des Lichts, hinter uns ließen und uns gen Norden wandten: zu den schneebedeckten Gipfeln des Hindukusch und dem dahinter liegenden sagenumwobenen Oxus.

Die Überwindung des Khawak-Passes

An jenem ersten Nachmittag begegneten uns zu meiner Überraschung überall auf dem Weg Leute – sie ritten auf Kamelen, Pferden und Maultieren, manche gingen auch zu Fuß. Es gab Händler, Schmuggler, Flüchtlinge und Reisende. Wir trafen sogar auf ein paar Hochzeitsreisende – einen Mann mit seinen beiden Frauen zu Pferde, von Kopf bis Fuß in wehende Gewänder gehüllt; ihre Pferde bewegten sich vorsichtig über wackelige Brückenplanken und stiegen manchmal durch das brusthohe Wasser des reißenden Sturzbaches. Bisweilen gingen wir auf schmalen Trampelpfaden an Bergabhängen entlang, die hoch über die Schlucht des Flusses ragten, überquerten große Geröllfelder, auf denen jedes Stolpern zu einem tödlichen Sturz in die Tiefe hätte führen können; aber die Pferde waren mit dem Weg gut vertraut. Der Khawak – eine alte, jahrtausendelang benutzte Route – war also auch noch heutzutage, so dachte ich, eine wichtige Verkehrsader. Als ich das Gelände betrachtete, schien es zunächst unglaublich, doch die antiken Heere waren so zäh und beweglich, dass dies für sie eine Route war, die sie bewältigen konnten.

An jenem Abend machten wir an einem Ort, der aus Ställen und Herbergen aus Lehmziegeln zusammengewürfelt war, Halt und verbrachten dort mit unseren Reisegefährten die Nacht.

Vorhergehende Seiten: Der Khawak-Pass über den Hindukusch in Afghanistan (3850 m). Wie Alexander hatte unser Team keine andere Wahl, als ihn zu Fuß zu überqueren und die Ausrüstung zu Pferde zu transportieren.

Im Schein der Öllampen teilten wir Brot und Hafersuppe mit dem einheimischen Dorfältesten. Wie er uns erzählte, waren wir seit dem Krieg mit den Russen die ersten Durchreisenden, die aus dem Westen kamen. Während des Krieges seien die Lebensumstände hier entsetzlich gewesen. Die Menschen, die am Pass wohnten, hätten tagsüber in Höhlen gelebt und sie nur nachts verlassen, um zu kochen und ihr Brot zu backen. So muss es auch im Jahre 329 v.Chr. gewesen sein: Es kostete einen das Leben, wenn man seine wertvollen Wintervorräte den Invasoren verweigerte, doch selbst wenn man sie ihnen überließ, wurde man vielleicht trotzdem getötet.

Als ich mich später auf dem Boden unserer Herberge ausstreckte, blätterte ich im Schein einer Tilly-Lampe im Arrian und dachte wieder einmal über Alexanders Charakter und den seiner Soldaten nach. Die Makedonen waren zwar an den Krieg gewöhnt, dennoch stellte dieser Marsch auch für sie eine Strapaze dar. Das Heer brauchte für die Überquerung des Khawak-Passes insgesamt 16 Tage; es war Januar und des Nachts bitterkalt. Um sich mit Proviant zu versorgen, konnten sie wohl die Wintervorräte der Einheimischen plündern, doch um eine Armee von einer solchen Größenordnung zwei Wochen lang zu ernähren, bedurfte es mehrerer tausend Tonnen Lebensmittel – und wenn sie diese nicht mit sich führten, würden sie verhungern. Als ich dort im Arrian las, fiel mir auch auf, dass sich Afghanistan heute praktisch in derselben Lage befindet wie damals. Der lange brutale Krieg mit den Russen hat das Land fast auf dasselbe Existenzminimum zurückgeworfen. Zwar haben sie inzwischen Gewehre, aber abgesehen davon ist alles gleich geblieben. Dieselben Berge, dasselbe raue Klima, dieselben abgehärteten Menschen.

Tags darauf verabschiedeten wir uns von dem Kommandanten. Die Lage war angespannt, wir hatten mit Schwierigkeiten auf dem Weg vor uns zu rechnen, doch Khalil hatte Wort gehalten. Der einheimische Dorfälteste stellte uns zwei bewaffnete Begleiter zur Verfügung, welche die Banditen abwehren sollten, die angeblich vor uns im Hinterhalt lagen. Der Weg stieg nun steiler an, es war kälter, der Wind blies schärfer. Den griechischen Berichten können wir entnehmen, dass es auch für sie beschwerlicher wurde, da das Gelände immer öder wurde. Jetzt erlebten sie eine Art logistischen Alptraum. Während wir weitergingen, versuchte ich eine Überschlagsrechnung: Wie lange würde eine Armee brauchen, um an einem bestimmten Punkt vorbeizumarschieren? Der griechische Heereszug könnte eine Länge von 25 km oder mehr gehabt haben. Deshalb hatte sich die Überquerung des Passes auch über mehr als eine Woche hingezogen. Dann hatte das Versorgungskorps festgestellt, dass die Truppen, die in einem langen Zug aus dem Panjshir-Tal auf den Pass geschleust wurden, nicht länger ernährt werden konnten. Die Versorgung des Heeres war zusammengebrochen.

Die Quartiermeister baten um Erlaubnis, die Tragtiere schlachten zu dürfen. Doch auf den kahlen Hügeln gab es kein Holz, um Feuer zu machen und das Fleisch zu kochen, und so waren sie gezwungen, das Fleisch roh zu verzehren. Das taten sie auch; und wie Arrian berichtet, tranken sie, während sie das Fleisch aßen, offenbar den Saft einer dort auf den Bergen wachsenden Pflanze; er sollte sie davor bewahren, krank zu werden. Historiker haben sich über diese Geschichte oft gewundert. Ein Märchen? Oder Propaganda? Möglicherweise. Die Ärzte des Heeres werden sich jedoch in der Verwendung von Heilkräutern ausgekannt haben, welche noch immer die Grundlage der Yunnani-Medizin bilden, wie sie in Afghanistan von den Hakims praktiziert wird. Diese Heiler – ich habe es bereits erwähnt – behaupten, von den Ärzten abzustammen, die zusammen mit Alexander einst ins Land kamen. Letzten Endes brauchten wir aber nur die

Betreuer unserer Pferde zu fragen, um die Antwort zu erfahren. Dort auf dem Khawak wuchs eine Pflanze, die genau ins Bild passte. Arrian nannte sie Sylphion; wir kennen sie als Asafoetida – sie liefert ein Harz, das man aus den Wurzeln von Pflanzen der Gattung *Ferula* gewinnt. Die Pflanze wächst im Frühling und ist als Arzneigrundlage verbreitet. Im Mittelalter wurde sie in großen Mengen produziert und auf den Basaren von Merv und Buchara verkauft. Während der russischen Besatzung ist sie, wie wir hörten, von den Guerilla-Kämpfern verwendet worden, um Wunden zu heilen und Magenbeschwerden zu lindern. Die Griechen hatten keine Märchen erzählt.

Mittags machten wir in der dünnen Bergluft Halt. In einem Teehaus, das in die Erde gebaut und mit einem Steindach gedeckt war, nahmen die Reiter eine Mahlzeit ein, und die Pferde weideten auf dem spärlichen Gras. Aus einem Steinhaufen über dem Dach stieg eine kleine Rauchwolke auf und ließ uns an die griechische Geschichte denken, nach der die afghanischen Häuser so tief in die Felsen gebettet seien, dass nur der Rauch aus den Schornsteinen verrate, wo sie sich befänden. Wir aßen heißes Kommissbrot und tranken grünen Tee mit Kardamom. Jemand brachte ein paar Trauben, die er in dem eiskalten blauen Bach unterhalb des Pfades gewaschen hatte. Im Inneren des Teehauses gab es unter einem rauchgeschwärzten Ziegelgewölbe einen alten Samowar, einen Reiskocher und verschiedene Teekannen. An der Wand saßen viele Männer mit Turban, Patronengurten und Gewehren. In der Luft hing der süßliche harzige Geruch von Brennholz. Als er hörte, warum wir gekommen waren, erzählte ein alter Mann eine Geschichte: Während Alexanders Übergang über den Pass seien viele Griechen umgekommen, und auf dem Weg hinauf zur Passhöhe habe ein Kreis aus Steinen, in dem zerfetzte Fähnchen steckten, die Gräber seiner Soldaten bezeichnet.

Wir stiegen auf dem langgestreckten Berghang weiter nach oben, während sich der Wind erhob und zwischen den Hügeln hinunterfegte. Von Ao Khawak stiegen wir 16 km bergauf, bis wir den knapp 4000 m hohen Gipfel erreichten. In dünner Luft und in eisigem Wind sahen wir uns von Bergspitzen umgeben, auf denen Schneereste lagen und über die cremefarbene Wolken zogen. Die letzten Meter hatten wir es eilig; wir wollten den Blick genießen, der sich den Griechen vor so langer Zeit geboten hatte. Wieder ergriff uns ein Schauder bei dem Gedanken, dass wir genau dort standen, wo auch Alexander gestanden hatte. In diesem Augenblick wusste er: Er hatte es geschafft, seine Rechnung war aufgegangen. Er war kampflos über den Pass gekommen. Unter uns lag die Straße noch immer in der Sonne und schlängelte sich talabwärts in Richtung Nordafghanistan und dem Oxus. Dahinter erstrecken sich die weiten Ebenen Zentralasiens.

Nichts habe ihn aufhalten können, sagte Arrian, weder Hunger noch klirrende Kälte, nichts – er sei einfach nur immer weitergegangen. Und am Ende seien seine Feinde nur noch von Angst und Erstaunen wie gelähmt gewesen.

Als wir, vor Kälte zitternd, auf der Höhe des Khawak-Passes standen, konnten wir das gut verstehen. Wieder einmal hatte Alexander gezeigt, dass er jede Gelegenheit, die sich ihm bot, ergreifen würde. Bei unserem Aufbruch trafen wir auf eine Gruppe von Tadschiken und Usbeken, die aus Zentralasien den Pass heraufkamen. Der Weg war offen, die Straßenräuber vertrieben. Jemand sagte: »Macht euch auf, dann seid ihr vor Anbruch der Dunkelheit in Anderab.«

Auf der von den Felsen des Hindukusch umgebenen Höhe des Khawak-Passes.

Nach Baktrien

Für Alexander war der Weg nach Baktrien offen. Er konnte sich jetzt ausruhen und in den fruchtbaren Tälern rund um Kunduz erholen, während der Rest seiner erschöpften und hungernden Armee allmählich nachrückte. Diese Länder sind außerordentlich fruchtbar. Als er 1333 den Khawak überquerte, hielt sich der bekannte Reisende Ibn Battuta hier 40 Tage lang auf und sprach von »schönem Weideland und Grünfutter«. Wir machten in Pul i Kumri bei dem gastfreundlichen örtlichen Kriegsherrn, einem ismaelitischen Schiiten, Rast. Es war ein großer Zufall, dass wir uns an diesem Ort und zu diesem Zeitpunkt trafen. Jaffar ging in Harrow zur Schule und lieferte früher einmal in Detroit Pizzen aus. Während Afghanistan wieder in seine alten regionalen Teilgebiete zerfiel, haben er und sein Clan ihre Täler vor dem um sie tobenden Krieg und den durchziehenden Heeren beschützt. Solchen Kriegsherrn wird, wie es scheint, von ihrem Volk viel Sympathie entgegengebracht, doch sie sind in einer seltsamen Welt zu Hause. Manche von denen, die ich getroffen habe, beteiligen sich abwechselnd am immer wieder aufflackernden Krieg und an ungeheuren Saufgelagen; dabei trinken sie russischen Wodka und Johnny Walker und lassen sich von tadschikischen Mädchen und den aktuellsten CDs aus dem Westen unterhalten. Nach meiner Vermutung waren die Makedonen nicht anders. In seiner Villa zeigte mir Jaffar Antiquitäten, eine große griechische Inschrift von einer nahe gelegenen Grabungsstätte, mittelalterliche Bronzen aus Balkh, griechische Münzen aus untergegangenen Städten am Oxus. Seine Welt ist wohl der Welt des Jahres 330 v. Chr. nicht unähnlich, eine Zeit wechselnder Bündnistreue. Die starken Männer der Gegend versuchen – wie die Satrapen des Altertums –, ihre Machtstellung zu halten. Im Unterschied zu heute war aber in Alexanders Zeit die äußere Macht – Alexanders Macht – so überwältigend, dass ihm niemand widerstehen konnte.

Nachdem wir ein paar Tage Jaffars Gastfreundschaft genossen hatten, beschlossen wir, unsere Reise fortzusetzen. Als wir wieder gen Norden aufbrachen, ergriff mich plötzlich eine tiefe Besorgnis. Jaffars Panzer donnerten, öligen schwarzen Dieselqualm ausstoßend, durch die Straßen. Und der Wind wirbelte kräftige Staubwolken auf, als sie sich daran machten, ihre Soldaten zu den Bergpässen zu transportieren, die wir gerade überquert hatten. Im BBC World Service hörten wir, dass die Taliban auf Kabul zurückten. Der Gedanke an den Krieg ließ uns nicht mehr los. Die afghanische Geschichte bestand und besteht noch immer weitgehend aus fremder Invasion und Bürgerkrieg. Nachdem die Russen geschlagen worden waren, schien es niemanden mehr zu bekümmern, ob das Land in Stücke gerissen würde. So schließt sich der Kreis der Geschichte. Armes Afghanistan.

Wir mieteten einen verbeulten russischen Lieferwagen, um in Richtung Norden zum Oxus zu fahren. Er hatte keine Rückscheibe, wodurch es tagsüber, wenn die Sonne brannte, angenehm luftig, nachts jedoch frostig war. Als wir weiter Alexanders Spuren folgten, ängstigte uns außerdem wie gewöhnlich die Vorstellung, dass wir eine Panne haben könnten.

Sobald sich Alexanders Heer von der Überquerung des Khawak erholt hatte, marschierte er rasch auf den Fluss Oxus zu, der das heutige Afghanistan von dem früheren sowjetischen Zentralasien trennt. Wenn man Alexander auf seinem Weg durch das nördliche Afghanistan folgt, kommt man durch eine Reihe fruchtbarer Täler, die zwischen kargen Hügelketten liegen. Dann gelangt man in riesige Schluchten, die hinunter zur Oxus-Ebene führen.

Bei Einbruch der Dunkelheit erreichten wir Tashkurgan, das griechische Aornos, und sahen eine vom Krieg verwüstete Stadt. Die uralte Zitadelle mit ihrer großen Lehmziegelburg, die sich über üppigen Obstgärten erhob, war während der Kämpfe völlig zerstört worden; der hübsche hölzerne Souk und der Basar, dessen Decke mit blauen chinesischen Porzellanschalen herrlich eingelegt war, waren dem Erdboden gleichgemacht, die Lehmziegelgebäude der Altstadt verwüstet. Dies war nicht die Zeit für Erkundungen. Die Stadt wird von den Hisbe-Islamiten gehalten, die dafür bekannt sind, Leute aus dem Westen zu kidnappen und ihnen ihre Ausrüstung zu nehmen – insbesondere Kameras. Plötzlich murmelte unserer Fahrer, wir sollten den Ort schnellstens verlassen. Wir versuchten es, doch – es war nicht zu fassen – in den Außenbezirken hatten wir genau neben einem bewaffneten Posten eine Panne. Die Vorsehung griff ein. Denn in diesem Augenblick sang der Muezzin mit lauter Stimme den Aufruf für die Freitagsgebete, und die Männer, die uns möglicherweise gefangen nehmen wollten, verschwanden, gerade als ein Sandsturm die Straße hinunterwirbelte und uns vor neugierigen Augen in Schutz nahm. Unter der Kühlerhaube eine fünfminütige Reparatur bei Fackellicht, und schon waren wir wieder auf der Landstraße. Nachdem wir einige weitere Stunden im Dunklen frierend durchgeschüttelt worden waren, trafen wir in Mazar ein. Wir hatten es geschafft: quer durch Afghanistan, von Kabul bis zur Nordgrenze. Angesichts der Tatsache, dass wir nur fünf Personen waren und dazu noch unbewaffnet, war dies offensichtlich eine Leistung. Im Gästehaus der UN reichte uns ein freundlicher Diplomat einen halben Kasten türkisches Bier, und wir feierten still und leise.

Die Mutter der Städte

»Du BBC? Komm hier entlang«, sagte der Mann mit Kampfanzug, spitzem Hut und schickem Schnurrbart. Um elf Uhr abends, nach mehreren Stunden Wartezeit, sehnten wir uns nur noch nach einem Bett, irgendeinem Bett. Doch General Dustom hatte uns aufgefordert zu warten. Dann plötzlich verlangte er unsere Abreise. Wir waren wieder in der seltsamen Welt mickriger Lehnschaften und Satrapien, in die Afghanistan wie in den vergangenen Zeiten zerfallen ist. Dustom ist der usbekische Kriegsherr, der die nördliche Ebene Afghanistans kontrolliert – der gegenwärtige Satrap von Baktrien, dessen schlecht gemalte Porträts von den Laternenpfählen und offiziellen Gebäuden überall in der Stadt hinunterschauen (Alexander hatte einen Hofmaler, der um Klassen besser war). Man wies uns an, unsere Ausrüstung im Jeep des Generals zu verstauen; wir wurden dann auf dunklen Wüstenstraßen durch die Nacht gefahren und fanden uns in einer riesigen Militärbasis wieder, ohne die Möglichkeit wegzukommen. Ich war beunruhigt. Wir standen praktisch unter Hausarrest. Dennoch war der General sehr gastfreundlich. Wir hatten um Erlaubnis gebeten, die alte Stadt Balkh besuchen zu dürfen, aber man teilte uns mit, dass es auf der Straße dorthin von Banditen wimmele. Der Adjutant des Generals kündigte an, sie würden uns am nächsten Tag mit einem Hubschrauber dort absetzen. Unser Ziel war die große Seidenstraßen-Metropole, die von Dschingis Khan verwüstet und von Tamerlan wieder aufgebaut worden war; die Araber, die sie im 8. Jahrhundert erobert hatten, nannten sie nur »Mutter der Städte«.

Heutzutage sieht man hier ein ausgedehntes Ruinenfeld – eine riesige Zitadelle mit mächtigen, turmbewehrten Außenmauern aus sonnengetrocknetem Lehm; zerfallene buddhistische Stu-

Oben: Neben einem der Türme in den Lehmziegelmauern der antiken Stadt Balkh in Nordafghanistan. Balkh war ein bedeutender Knotenpunkt an der Seidenstraße und einst als die »Mutter der Städte« bekannt.

Links: Die alte Stadt Tashkurgan, in der Alexander nach der Durchquerung des Hindukusch Halt machte und die im afghanischen Bürgerkrieg verwüstet wurde.

pas, zoroastrische Feuertempel und christliche Kirchen der Nestorianer – alle Religionen ließen sich hier häuslich nieder. Ein muslimischer Dichter des Mittelalters beschreibt die von ihren Gärten umgebene Stadt mit einem hübschen Bild: »So wunderbar wie ein Mani-Gemälde«. Die Stadt liegt unter dem nördlichen Rand des Hindukusch, wo die Sonne über fruchtbaren Feldern aufgeht, die von den zahlreichen, sich fächerförmig ausbreitenden Nebenarmen des Flusses Balkh bewässert werden. Im vergangenen Jahrhundert wurde die Stadt durch Mazar ersetzt, und von seinem städtischen Leben ist jetzt nicht mehr viel erhalten, außer einigen gewundenen Lehmziegelgassen in den Hainen und Gärten im Zentrum. Das alte Balkh ist praktisch verschwunden, trotzdem leben hier noch ein paar Leute. An den alten Stadttoren gibt es kleine Schreine zu Ehren früherer Heiliger; sie werden noch immer ordentlich gepflegt, es gibt Votivfahnen, und die Fußböden sind gefegt. Genau in der Mitte der Altstadt, umgeben von Palmen, befinden sich die großen Schreine aus der Epoche der Timuriden. Besonders beliebt bei den Leuten der Gegend ist noch immer das Grab der Rabia Balkhi. Selbst heute noch ist sie die Schirmherrin der Stadt, genauso wie es die alte Patronin von Balkh, die Göttin Anahita vom Oxus, in der Zeit Alexanders war. Anahitas großartige vergoldete Statue war von Artaxerxes II., einem Vorgänger des Dareios, gestiftet worden. Tausende hatten sich zu den ausschweifenden Riten begeben, in den Bezirk der »hoch Gegürteten; sie trägt einen Umhang aus Gold und auf ihrem Haupt eine goldene Krone mit Lichtstrahlen und hundert Sternen; bekleidet ist sie mit einer Robe aus dreißig glänzenden Otter-Pelzen«.

Hier in Balkh ereigneten sich, wie wir sehen werden, einige Dinge, die für Alexanders Leben schicksalhaft werden sollten. An diesem Ort, so ist überliefert, heiratete Alexander Roxanne (eine Geschichte, die im 13. Jahrhundert von den Einheimischen Marco Polo erzählt wurde). Doch Alexanders erster Aufenthalt in Balkh war kurz. Er zahlte die Thessalier aus, die nach Parmenions Tod noch immer aufsässig waren. Und 900 Makedonen, die angeblich die Altersgrenze erreicht hatten, bekamen für ihren verlängerten Dienst großzügige Zulagen. Danach ließ er sich von den Makedonen zusichern, dass sie bis zum Ende des Krieges ihren Dienst leisten würden, wann immer das sein würde. Sodann beschloss Alexander, da sich Bessos, der Mörder und selbsternannte Nachfolger des Dareios, bereits nördlich des Flusses aufhielt, sofort bis zum Oxus weiterzumarschieren.

Die Straße nach Oxiana

Von Balkh aus waren es nur 80 km bis zum Fluss, eine Viertagesreise für den Hauptzug des Heeres. Aber trotzdem entgingen Alexanders Soldaten nur knapp einer mittleren Katastrophe, als sie jenseits der Oase in die Sanddünen gerieten und sehr stark unter Hitze und Durst zu leiden hatten. Es war Frühsommer und sehr, sehr heiß – und wie es den Griechen erging, so ergeht es auch noch heutigen Reisenden.

> Man spürte den heißen Sand durch die Stiefel hindurch, und ein Windhauch von den brennend heißen Wanderdünen schlug einem wie die Flammen eines Feuers ins Gesicht. Die Gewehrläufe wurden so heiß, dass man sie nicht mehr berühren konnte, und selbst das Wasser des Amu-Darya erwärmte sich im Juli auf 28° ... Die feinen

Staubpartikel sind überall, und in Verbindung mit der Hitze und der Dürre entsteht ein schrecklicher Durst, den man kaum löschen kann. (Ole Olufsen, *Der Emir von Bokhana*, 1911)

Die alte Straße geht von der Oase Balkh direkt nach Norden. Der Weg ist nicht lang, doch die Straße ist noch immer sehr gefährlich, und im Treibsand verliert man sie leicht aus den Augen. Der Vertreter der UN in Mazar empfahl uns, Ketten mitzunehmen, außerdem Schaufeln, Bretter, Wasserbehälter und zwei verlässliche Fahrzeuge mit Vierradantrieb. Dies erwies sich als problematisch. Wir konnten einfach keine brauchbaren Jeeps auftreiben. Also mussten wir mit unserem alten russischen Kleintransporter vorlieb nehmen und entlang von Alexanders Pfad auf der neuen Asphaltstraße bis zur Brücke der Freundschaft über den Oxus im neuen Termez fahren. Dennoch konnten wir die Bedingungen, unter denen Alexander marschiert war, erahnen. Durch die Wüste fegten noch immer Winde, die innerhalb von Stunden Sanddünen aufhäuften. An einer Stelle wurde die Straße von einem alten Mann mit einem Spaten freigeschaufelt; vorbeifahrende Lastwagenfahrer ließen kleine Geldscheine als Trinkgeld auf ihn niederregnen.

Auf der alten Straße hatten sich die Makedonen verschätzt. In ihrem entsetzlichen Durst hatten sie die Weinvorräte angebrochen, was die Sache nur noch schlimmer machte. Als sie den Fluss erreichten, herrschte ein heilloses Durcheinander, und die an der Spitze marschierenden Kolonnen traten aus dem Glied und stürzten sich ins Wasser, um hastig ihren Durst zu stillen. Bei Einbruch der Dunkelheit ließ Alexander große Feuer aus Kameldorn entzünden, um der Nachhut den Weg zu weisen. Im militärischen Sprachgebrauch war dies kein guter Heerestag gewesen.

Um Alexanders Vormarsch zu verzögern, hatte Bessos alle Flussboote, deren er habhaft werden konnte, beschlagnahmen und verbrennen lassen. Daraufhin mussten die Griechen auf improvisierten Flößen übersetzen, die man aus Zelten und Häuten zusammengenäht und mit Spreu und getrocknetem Gras ausgestopft hatte. Dies nahm fünf Tage in Anspruch, doch Alexander wartete nicht so lange, sondern zog mit seinen Hetairoi weiter.

Die Makedonen hatten die Sogdiana, das legendäre Land zwischen dem Oxus (Amu Darya) und dem Jaxartes (Syr Darya) erreicht. Dort wurde im 19. Jahrhundert das »Große Spiel« zwischen dem britischen und dem russischen Reich um den Einfluss in Eurasien ausgetragen. Unter der russischen Herrschaft im 20. Jahrhundert geriet dieses Gebiet dann in Vergessenheit und tritt erst jetzt wieder in Erscheinung. Früher lag es an der alten Seidenstraße und ist immer ein Treffpunkt der Kulturen gewesen: In der Gegend von Fergana in Uskebistan waren z.B. im 2. Jahrhundert v. Chr. die Chinesen zum ersten Mal mit Menschen aus dem Westen zusammengetroffen. Es war ein weites Land, fruchtbar und dicht besiedelt, und Buchara und Samarkand zählten zu den bedeutenden Städten Asiens. Zur Zeit Alexanders war das ganze Gebiet bis zum Fluss Jaxartes ein Grenzland des persischen Reiches gewesen, die Provinz Sogdiana, durch ein Netzwerk von Festungen und Garnisonen unter Kontrolle gehalten. Jenseits davon lagen die kasachischen Steppen, und nach Meinung der Griechen lebten bis zu den Ufern des Großen Weltmeeres nur Nomaden. Daher hatten sie da draußen geglaubt, sie befänden sich nahe am Rande der Welt.

Heutzutage fließen Oxus und Jaxartes durch eine weite Wüste in den vor sich hinsterbenden Aralsee. Nördlich des Oxus liegt Kyzyl Kum, die Rote Wüste, südlich, zwischen der Bergkette des Elburz und dem Oxus, Kara Kum, die Schwarze Wüste. (In der Antike jedoch floss der Oxus anscheinend ins Kaspische Meer; möglicherweise haben die Griechen den Aralsee nicht gekannt.) Das Klima hier ist extrem: kalte Winter mit viel Frost, äußerst trockene Hitze im Sommer. Die Winter sind kurz, aber davor und danach gibt es unangenehme Regenzeiten, in denen sich ein großer Teil des Landes in eine Schlammwüste verwandelt; dadurch werden militärische Manöver auf dem weichen leichten Boden der Oasen sehr schwierig. Die beste Zeit ist Mitte April bis Mitte Mai, nach der Regenzeit des Frühjahrs, wenn in den Steppen und Wüsten und selbst in den trockenen Tiefen von Kara Kum die Pflanzen, Büsche und Tamariskenbäume in Blüte stehen.

In den Oasen hat es immer – mit Hilfe von Bewässerungsanlagen – Ackerbau gegeben, doch der wichtigste Wirtschaftszweig vor der heutigen Zeit waren Viehzucht und das Halten von Viehherden. Daher stellten Rinder und Schafe den Hauptreichtum des Landes dar. Obwohl sich Alexanders Griechen auch Gerste, Hafer und Weizen aus den Vorratslagern des Landes beschaffen konnten, mussten sie nun auf ihren Plünderungszügen Herden requirieren, um das Heer mit Milchprodukten und Fleisch versorgen zu können. In einer Hinsicht machte das ihre Aufgabe leichter und verringerte ihre logistischen Schwierigkeiten. Sie waren in der Lage, ihre Nahrung mitzunehmen – Rinder und Schafe konnten fast überall grasen, sogar in der Wüste. Im Großen und Ganzen vermied es Alexander allerdings, in der Wüste zu kämpfen. Dafür war er schlecht ausgerüstet, denn er hätte es mit einheimischen berittenen Nomaden aufnehmen müssen. Was er indes nicht vorhersehen konnte, war die Tatsache, dass er im Schlamm steckenbleiben und hier zwei Jahre lang gegen seinen schwersten Gegner kämpfen sollte. Zuerst musste er jedoch seines Feindes Bessos habhaft werden.

Furcht und Entsetzen in Baktrien: Das Massaker an den Branchiden

Bevor Alexander Bessos schließlich einholte, gab es noch eine andere merkwürdige und unheilvolle Geschichte, und sie war in der Tat so sonderbar, dass sich viele moderne Historiker weigern, ihr Glauben zu schenken. Sie wird von Arrian nicht erwähnt, möglicherweise deshalb nicht, weil er annahm, sie könne dem Ruf des Königs schaden. Sie wird nur von dem römischen Geschichtsschreiber Curtius in allen Einzelheiten erzählt, muss aber letzten Endes auf Kallisthenes, den Berichterstatter der Expedition, zurückgehen. Laut Curtius waren die Makedonen vom Oxus auf dem Weg ins Landesinnere, als sie zu einer kleinen, mit einer Mauer umgebenen Stadt kamen. Zu ihrer großen Überraschung sprachen die Bewohner Griechisch und bezeichneten sich als Nachkommen der ionischen Griechen, der Priesterfamilie der Branchiden, der Hüter des berühmten Orakelheiligtums des Apollon von Didyma. Von ihnen erzählt man sich eine bemerkenswerte Geschichte, die wir bereits kurz gestreift haben (vgl. im vorliegenden Band S. 44).

Vor über 150 Jahren, im Jahre 494 v.Chr., hatten sich die griechischen Städte Ioniens gegen das persische Reich erhoben. Milet war geplündert und seine Tempel in Didyma ausgeraubt worden. Zu jener Zeit waren die Vorfahren der Tempelpriester vom persischen König ins ferne Zentralasien, an den Rand seines Reiches, umgesiedelt worden. Dies war geschehen, weil sie das Heiligtum von Didyma entweiht hatten, indem sie es den Persern übergaben, um deren Vergeltungsmaßnahmen zu entgehen. Da Alexander an dem Orakel und dessen späteren Prophezeiungen, die seinen Triumph in Asien voraussagten, interessiert war, muss er diese Geschichte gekannt haben. Jedoch scheint Alexanders Chronist Kallisthenes diesen Ereignissen eine neue Färbung gegeben zu haben: Er behauptete, Didyma sei nicht während des Aufstands gegen Dareios geplündert worden, sondern in dem großen Krieg, den Xerxes gegen die Griechen führte. Mit anderen Worten: Der Verrat an dem Apollon-Heiligtum hatte während Xerxes' frevlerischem Angriff auf die Schreine der Griechen stattgefunden. Wir wissen jetzt, dass diese Geschichte nicht stimmt, aber man fragt sich, ob sie von Alexander und seinen Generälen tatsächlich für wahr gehalten wurde. Bei der Suche nach der Antwort können wir den »Nebel« der Propaganda nicht durchschauen, doch nach Curtius Rufus geschah danach Folgendes: »Die Sitten ihrer Väter waren noch nicht in Vergessenheit geraten, doch waren sie nun zweisprachig (Griechisch und Persisch – oder Sogdianisch?) und hatten sich durch die fremde Sprache allmählich weit von ihrer eigenen entfernt. Mit großer Freude nahmen sie also den König in ihrer Stadt auf und übergaben ihm die Stadt«, sagt Curtius (7,5,29). In jener Nacht berief Alexander die Milesier in seinem Heer zu einer Versammlung ein, da es ihre Vorfahren gewesen seien, die man verraten habe. Alexander erlaubte ihnen, sich frei zu entscheiden. »Aber«, so Curtius' unheilvolle Worte, »als sie sich nicht zu einer Entscheidung durchringen konnten, zeigte er ihnen selbst, was das Beste wäre« (7,5,31).

Am nächsten Tag kamen die ahnungslosen Branchiden Alexander entgegen und geleiteten ihn zu ihrer Stadt. Er betrat sie mit einer Einheit leicht bewaffneter Soldaten. Die Phalangisten hatten in der Zwischenzeit den Befehl erhalten, den Ort zu umstellen. Auf das entsprechende Zeichen hin begannen sie die Bewohner der Stadt abzuschlachten. Die Branchiden, die unbewaffnet waren, wurden bis auf den letzten Mann umgebracht. Wie es heißt, konnten weder die gemeinsame Sprache, noch die ausgestreckten Olivenzweige, noch ihre flehentlichen Bitten dem grausamen Wüten Einhalt gebieten. Danach plünderten die Makedonen die Stadt, rissen ihre Mauern nieder und zerstörten ihre Fundamente von Grund auf, so als ob sie die Stadt gänzlich auslöschen wollten. Auch die Wälder und die heiligen Haine wurden abgeholzt und die Bäume samt Wurzeln herausgerissen. Es sei, so Curtius (vgl. 7,5,35), keine gerechte Rache gewesen, sondern ein reiner Willkürakt gegenüber Menschen, die in ihrem Leben Milet nie gesehen hatten.

Es ist eine erstaunliche Geschichte: Für das Verhalten der Ahnen wurde 150 Jahre später an den Nachfahren Rache genommen. Aber stimmt die Geschichte auch? Zwar wird sie in allen Einzelheiten erzählt, aber wir haben keine Hinweise, die das Massaker erhärten. Kürzlich erfolgte Ausgrabungen durch afghanische, russische und usbekische Archäologen haben allerdings Beweise dafür geliefert, dass der Apollon von Didyma in Zentralasien kultisch verehrt wurde, und zwar in Dilbergin Tepe auf dem Weg von Balkh zum Oxus bei Kilif. Unter einem 15 m hohen Hügel ist eine blühende Stadt aus der spätpersischen Epoche freigelegt worden; zu ihrer Blütezeit unter griechisch-baktrischer Herrschaft gab es dort mit griechischen Motiven geschmückte Tempel, schöne Wandgemälde und Statuen griechischer Götter, darunter auch solche von Herakles. Hier wurden Amphoren gefunden, die mit dem Zeichen der Branchiden, der Priesterschaft des Apollon von Didyma, versehen waren. Die Stadt der Branchiden selbst lag anscheinend nördlich des Flusses, vermutlich bei Talashkan Tepe, einem kleinen Ort auf der alten, von Termez kommenden Straße. Talashkan Tepe, das zu eben jener Zeit zerstört worden war, wurde nie wieder bewohnt, und als die Archäologen vor einigen Jahren mit ihren Erkundungen begannen, fanden sie haufenweise Katapultbolzen und Steinschleudern in den Trümmern.

Es ist eine grausame Geschichte. Heutzutage würden wir das Massaker als Kriegsverbrechen bezeichnen. Aber warum wurde es von Alexander angeordnet? Uns bleibt nur die Vermutung, der für die Propaganda zuständige Kallisthenes habe den Griechen zu Hause darlegen wollen, dass die Gräueltat als Rache für den Frevel des Xerxes zu verstehen sei. Die Geschichte war mit anderen Worten dazu gedacht, Alexanders Ansehen zu erhöhen und den Griechen die selbsterklärten Ideale des Feldzugs in Erinnerung zu rufen. Aber wir wissen, dass Xerxes für die Plünderung von Didyma nicht verantwortlich war. War das Massaker also überhaupt ein Vergeltungsakt? Oder war die alte Geschichte nur eine opportunistische Entschuldigung für zufällige Akte der Grausamkeit, die weit öfter stattgefunden haben müssen, als unsere Quellen es belegen? Die Plünderung von Städten gehörte schließlich zum Kriegerleben ebenso, wie es im heroischen Zeitalter der *Ilias* üblich war. Jemand, der Städte plünderte, war ein leuchtendes Vorbild. Gab man eine Stadt oder ein Dorf frei zu Mord, Vergewaltigung und Raub, könnte dies in einer solchen Welt eine kathartische Wirkung gehabt und dazu gedient haben, den Blutdurst der Soldaten zu stillen, die unter qualvollen Strapazen Wüsten und Flüsse durchquert hatten. Die Branchiden selbst waren überflüssig geworden, nachdem Alexander das Orakel unter einer neuen Leitung wieder eingesetzt hatte. Es war das Beste, sie loszuwerden, ihre Geschichte auszulöschen und für die Nachwelt neu zu schreiben (wie es bei Tyrannen oft der Fall ist). Wie dem auch sei, es ist eine furchtbare Geschichte, und für einige muss sie einen Schatten auf die Ereignisse des Sommers geworfen haben.

Vom Oxus aus rückte Alexander dann 550 km vor bis zum Jaxartes (Syr Darya). Auf seiner Verfolgungsjagd war er so schnell, dass Bessos von seinen eigenen Truppen im Stich gelassen und schließlich an Alexander ausgeliefert wurde. Auf Bessos wartete das grausame Schicksal, mit dem er hatte rechnen müssen. Nackt in einem steifen Halfter wurde er am Rand der Straße ausgepeitscht, während das ganze Heer an ihm vorbeizog, und anschließend auf persische Art verstümmelt: Man schnitt ihm Nase und Ohren ab. Danach wurde er nach Hamadan zum Verhör geschickt und auf grauenhafte Weise hingerichtet. Mit dem Tod des Bessos nahm der Widerstand jedoch kein Ende. Sowohl in Baktrien als auch in der Sogdiana verteidigten die alten Kriegerkasten engagiert ihre Unabhängigkeit, und sie waren hervorragende Reiter, die in großen feudalen Festungen, Burgen und auf befestigten Landgütern lebten. 7000 erstklassige Kavalleristen konnten allein in Baktrien zusammengezogen werden. Die Anführer und ihre einheimischen Anhänger brauchten nur einen kurzen Blick auf Alexander zu werfen, um zu sehen, woher der Wind wehte, und um zu begreifen, dass die makedonische Oberhoheit sehr viel drückender sein könnte als vorher die persische. Plötzlich flammten überall Aufstände auf: Makedonische Garnisonen wurden aufgerieben. In einem Geplänkel wurde Alexander von einem Pfeil ins Bein getroffen; er litt an einem gebrochenen Wadenbein und musste eine Zeitlang in einer Sänfte getragen werden. Er zog sich nach Marakanda zurück, der legendären Oase von Samarkand, von der nun zum ersten Mal in unserer Geschichte die Rede ist.

Samarkand

Man kann die großen Kuppeln von Samarkand und die hohen Portale des Registan und Bibi Khanoum von weither über den Baumwollfeldern erkennen. Zerbröckelnde, von der Sonne ausgetrocknete Ziegeldächer ragen über leuchtend grüne Gärten – die tiefblauen und türkisgrünen Kashi-Ziegel blenden das Auge. Den Hintergrund dazu bilden jetzt modernistische Betonbauten im Sowjetstil, aber die mittelalterliche Stadt beherrscht noch immer das Bild. Wie alle bedeutenden zentralasiatischen Städte hatte sie ihren Höhepunkt im 5. Jahrhundert, dem Zeitalter Tamerlans, aber ihre Ursprünge reichen in die Zeit des Perserreiches zurück. Samarkand liegt in einer Oase am Rande der Wüste Kyzyl Kum, zwischen zwei Bergketten, und erhält sein Wasser vom Fluss Zeravshan. Solch ein begünstigter Ort war schon seit prähistorischen Zeiten bewohnt, und im weiteren Lauf der Geschichte wurde er durch die Seidenstraße reich. Im Jahre 982 bezeichnete ihn ein persischer Geograph als »riesig, dicht besiedelt und sehr angenehm, ein Treffpunkt für Kaufleute aus der ganzen Welt«.

Als die Griechen nach Samarkand kamen, war die Stadt die wichtigste persische Festung in der Sogdiana. Die Zitadelle und der Palast standen auf dem Afrasiab, einem steil zum Fluss Siab abfallenden Hügel. Von dort hat man heute einen schönen Blick auf die mittelalterliche Stadt. Selbst damals war sie ein bedeutendes urbanes Zentrum, ein weitläufiger Ort, umgeben von einer 14 km langen Mauer (sie ist stellenweise noch immer 13 m hoch). Die Stadt wurde im Jahre 1220 von Dschingis Khan zerstört und nicht weit von ihrem früheren Standort neu gegründet. Sie blühte wieder auf. Als Ibn Battuta im Jahre 1333 durch diese Gegend kam, beschrieb er Samarkand als »eine der größten und allerschönsten Städte der Welt«.

Samarkand/Marakanda sollte während der nächsten 18 Monate der Basisstützpunkt für Alexanders Offensive werden. Von hier aus würde er eine Politik der verbrannten Erde gegenüber dem Gebiet ringsum verfolgen und damit allerdings die Gegenwehr der Einheimischen nur noch verstärken. Die Widerständler sammelten sich um Spitamenes, einen der Kommandanten, die Bessos ausgeliefert hatten. Als er von Alexander aufgefordert wurde, sich ihm anzuschließen, lehnte Spitames ab und begann, Truppen gegen ihn aufzustellen. Obwohl er anfänglich mit Alexander zusammengearbeitet hatte, beschloss Spitamenes nun, alles auf eine Karte zu setzen und seine Revolte offen zu zeigen. Als hochrangiger einheimischer Edelmann iranischer Abstammung, mit Bessos und daher entfernt mit der achämenischen Königsfamilie verwandt, war Spitamenes in der Lage, den entschlossensten, langwierigsten und erfolgreichsten Widerstand zu organisieren, den ein Gegner Alexander je entgegengebracht hatte. Obgleich seine Ressourcen relativ knapp waren, erkannte er, dass er mit blitzartigen Überfällen, einer beweglichen Kriegführung und mit Guerillatrupps die Griechen am wirksamsten bekämpfen könnte. (Vielleicht wusste er auch, dass Alexander hier durch Sprachprobleme gehandikapt war. Sogdianisch war eine sehr schwierige Sprache, die nur wenige beherrschten. Griechische Quellen heben die Rolle des Pharnukes hervor. Er war Diplomat und Dolmetscher iranischer Herkunft und der Einzige, der Sogdianisch sprechen konnte. Wenn es darum ging, Spione einzusetzen und sich Informationen zu beschaffen, dürften Sprachprobleme ein Grund dafür gewesen sein, dass es für Alexander sehr schwer war, den Widerstand zu brechen.)

Alexandria Eschate

Alexander schlug nun am Fluss Syr Darya sein Lager auf, 250 km nordöstlich von Samarkand und der Nordgrenze des persischen Reiches. Hier hatte er den Standort für eine Stadt ausgesucht, aber die Bauarbeiten wurden verschoben, als die Nachricht eintraf, dass der Aufstand in der Sogdiana an Stärke zunehme und sich nach Baktrien ausweite; dort habe sich eine 7000 Mann starke Kerntruppe von Reitern Spitamenes angeschlossen. Alexander schickte sofort Streitkräfte nach Kyropolis, um dort eine Blockade zu errichten (das heutige Kurkath ist Kurus katha: »Stadt des Kyros«). Kyropolis, eine Grenzstadt, 530 v.Chr. von Kyros von Persien gegründet, bildete den Mittelpunkt von sieben Städten. Die Griechen machten eine nach der anderen dem Erdboden gleich, wobei sie entsprechend ihren militärischen Gepflogenheiten alle Männer im waffenfähigen Alter ohne Erbarmen töteten. Kyropolis leistete energischen Widerstand und ebenso die Festung eines Volksstamms, der als Memakener bekannt ist. Bei ihr handelt es sich wahrscheinlich um die alte Zitadelle von Ura-Tyube, die sich auf einem hohen Hügel 50 km südlich des Flusses erhebt. »Aber keine andere Stadt wehrte sich tapferer gegen die Belagerung«, sagt Curtius Rufus (7,6,22). Viele der besten Soldaten des Königs wurden getötet, und Alexander selbst erlitt eine ernsthafte Verwundung, als er von einem Stein am Hals getroffen wurde, das

Oben: Alexandria Eschate heute, die tadschikische Stadt Khodzent.
Links: Samarkand. Am Horizont erhebt sich der Hügel Afrasiab, auf dem die Stadt zur Zeit Alexanders gelegen war.

Bewusstsein verlor und als Folge davon für einige Zeit das Seh- und Sprechvermögen einbüßte. Seine Ärzte fürchteten im ersten Augenblick sogar um sein Leben, und die Rache war fürchterlich. Die makedonischen Pioniere setzten Minen ein, mit denen sie gewaltige Breschen in die Stadt schlugen; der ganze Ort wurde zerstört. Dies war ein grausiger Vorgeschmack auf das, was sich später weiter östlich zutragen sollte. Die Griechen machten deutlich, dass in jeder Stadt, die sich widersetzte, alle kampffähigen Männer umgebracht und die Frauen und Kinder in die Sklaverei verbracht würden.

Nach dem Fall von Kyropolis und seiner Nachbarstädte kehrte Alexander zum Syr Darya zurück, um dort seine neue Stadt zu errichten, die angesichts der sich verschlechternden militärischen Lage dringend als Basis für einen Angriffsfeldzug gebraucht wurde. In 17 Tagen wurde eine 6 km lange Mauer aus sonnengetrockneten Backsteinen rund um das Lager gebaut; auf diese Weise sollte der Grund für die Stadt gelegt werden, die unter mehr als 30 anderen gleichen

Namens die Ehre hätte, Alexandria Eschate zu sein – das am weitesten entfernte Alexandria. Die hier angesiedelte Bevölkerung war wie üblich bunt gemischt: Verwundete, Invaliden, zwangsrekrutierte Söldner, Veteranen (manche von ihnen mussten gegen ihren Willen bleiben), aber auch freigelassene Gefangene. Curtius behauptet (man weiß jedoch nicht recht, wie er das wissen will), zu seiner Zeit (in den 30er-Jahren des 1. Jahrhunderts v. Chr.) hätten die Nachfahren dieser Menschen aufgrund der Erinnerung an Alexander noch immer als Gruppe ihre Identität bewahrt (vgl. Curtius Rufus 7,6,27). Im Mittelalter war die Stadt ein erfolgreicher Ort, angesehen wegen seiner »ritterlichen« Bevölkerung und »so berühmt für seine Granatäpfel wie Samarkand für seine Äpfel«. Sie hat überlebt und ist heute noch ein hübsches Fleckchen Erde, wenn auch im Sommer glühend heiß. Khodzent in Tadschikistan (das vor kurzem, nachdem es ein paar Jahrzehnte Leninabad hieß, wieder seinen mittelalterlichen Namen angenommen hat) ist eine angenehme moderne Stadt mit einer Promenade am Fluss und den Mogul Tau-Bergen, die sich fast 1600 m hoch gleich hinter der Stadt erheben. Hier sollte Alexander seine nördlichsten Dionysos-Altäre errichten, vielleicht nicht weit von der Stelle, wo heutzutage eine Lenin-Statue aus glänzendem Titan steht. Dieser Lenin, der nach Osten zeigt, erinnert an eine andere geschichtliche Woge, welche die Welt überflutete und dann abebbte. Obwohl die Stadt Khodzent Alexanders Hoffnung, sie werde ein weltberühmter Ort, nicht ganz erfüllt haben mag, gehört sie doch zu seinen glücklicheren Hinterlassenschaften.

In dem Maße, wie Spitamenes' Aufstand an Stärke zunahm, verschlechterte sich Alexanders Lage. Er hatte einen gewissen General Menedemos ausgesandt, der mit über 2000 Fußsoldaten und mehreren hundert Kavalleristen, darunter 60 Hetairoi, Spitamenes in Samarkand belagern sollte. Aber als die Makedonen eintrafen, verließen die Rebellen die Stadt, zogen am Zervashan flussabwärts und lockten sie in einen Hinterhalt. Alle makedonischen Truppenführer wurden getötet, und die meisten Soldaten kamen ums Leben. Die Verluste beliefen sich auf 2000 Infanteristen und 300 Berittene. Es war der erste ernsthafte militärische Rückschlag, den die Makedonen in über 20 Jahren erlitten hatten. Als sie an den Jaxartes zurückgekehrt waren, befragte Alexander die Überlebenden und gab den Befehl, die Katastrophe vor seinen Soldaten geheim zu halten. Zeugen wurden mit dem Tode bedroht für den Fall, dass sie preisgäben, was geschehen war – eine plastische Veranschaulichung seiner Nachrichtenkontrolle.

Alexander wusste jetzt, wenn er es vorher noch nicht gewusst haben sollte, dass er einen ernsthaften Krieg zu führen hatte. Was die Sache noch verschlimmerte, war die Tatsache, dass sich im Norden des Flusses als Nomaden lebende Skythen und Saken, furchterregende Reiter, sammelten, um das neu erbaute Alexandria Eschate anzugreifen. Curtius malt ein lebendiges Miniaturbild davon, wie sich der König in seinem Hauptquartier am Syr Darya bei Nacht über seine immer eingeschränkteren Möglichkeiten den Kopf zerbrach und die Zeltbahn hochhob, um die lodernden Lagerfeuer der Feinde auf der anderen Seite des Flusses zu beobachten. Niemals zuvor war er so von allem abgeschnitten gewesen: Im Norden schlossen sich Nomadenstämme geballt zusammen; im Süden, in der Sogdiana und in Baktrien, drohten Rebellen; sein Rückzugsweg war gefährdet und sein Gesundheitszustand noch immer labil.

> Er hatte sich noch nicht von seiner Verwundung erholt; vor allem hatte er beim Sprechen Schwierigkeiten, Beschwerden, die auf die Unterernährung und den

> Schmerz in seinem Nacken zurückzuführen waren ... Er konnte weder in der Schlachtreihe stehen, noch konnte er reiten, noch seinen Männern Anweisungen geben oder ihnen Mut zusprechen ... Seine Stimme war so zitterig und schwach, dass es selbst für die Menschen in seiner unmittelbaren Umgebung schwierig war, ihn zu verstehen.

Aber er musste handeln. Er beschloss, als erstes die Skythen zu unterwerfen, und bereitete einen Blitzangriff vor. Er benutzte auf Schiffen postierte Katapulte, um den Feind vom Flussufer zu vertreiben. Danach setzten die Phalangisten auf Ochsenhäuten, die mit Spreu gefüllt waren, über den Syr Darya. Sobald der Brückenkopf eingerichtet war, kam die griechische Kavallerie über den Fluss und startete einen Angriff auf den Feind. Unterstützt wurden sie von Leichtbewaffneten und Bogenschützen, welche die berittenen skythischen Bogenschützen – deren Taktik in blitzartigen Überfällen bestand – abwehren sollten. Die Griechen trugen einen entscheidenden Sieg davon und verfolgten die Skythen 12 km weit bis zu einer Stelle, wo sie auf die Grabhügel des sakischen Volkes stießen. (Diese wurden von den Griechen anhand der Grenzsteine identifiziert, die Dionysos persönlich auf seiner Wanderschaft hinterlassen hatte – ein weiteres beruhigendes Omen für den immer abergläubischer werdenden König.)

Alexander selbst war inzwischen wieder in seinem Standquartier eingetroffen, doch er war kampfunfähig. Seine Wunde am Bein war nicht verheilt und noch immer war, infolge seiner Kopf- und Halsverwundung, sein Seh- und Sprechvermögen beeinträchtigt. Zu allem Überfluss hatte er auch noch verunreinigtes Wasser getrunken und litt an heftigen Durchfällen, die ihn völlig außer Gefecht setzten. (Falls man nach den Sterberaten der modernen Armeen gehen kann, müssen die Verluste im griechischen Heer, die durch solche Leiden hervorgerufen wurden, beträchtlich gewesen sein, auch wenn sich die griechischen Ärzte in den Heilmethoden der Einheimischen bestens auskannten.) Die skythischen Truppen wurden indes im Norden des Flusses aufgerieben. Alexander konnte sich nun ungehindert der Bekämpfung des gefährlichsten Aufstandes in der Sogdiana widmen. Er rückte in südlicher Richtung auf Samarkand vor, und die Rebellen flohen in die Rote Wüste. Dann kehrte er an den Ort zurück, an dem sein Expeditionskorps geschlagen worden war, und ließ seine Toten unter einem hohen Hügel bestatten. (Dieser konnte noch nicht lokalisiert werden, doch muss er sich irgendwo außerhalb von Samarkand am Fluss Zeravshan befinden.) Als sich durch den Winterregen die Ebene um Samarkand in eine Schlammwüste verwandelte, begab sich die Armee nach Nautaka (Uzunkir, in der Nähe von Shakhrisyabz) ins Winterlager. Nach den Angaben einer griechischen Quelle verloren 120000 Sogdianer in den Kämpfen ihr Leben.

Der Feldzug des Jahres 327: Feuer und Schwert in Zentralasien

Die das ganze Jahr 328 andauernden Kämpfe müssen für Alexander einen Schock bedeutet haben. Wie Curtius bemerkte, war ihm ein Krieg aufgezwungen worden, mit dem er nicht gerechnet hatte. Er hatte schwere Verluste erlitten, und die befriedeten Gebiete hatten starke Garnisonen erfordert. Alexanders Antwort auf die Aufstände und den Guerillakrieg war vorherzusagen – totaler Krieg. Aus Griechenland waren über 20000 Mann Verstärkung geschickt worden (sie müssen für die 6000 km lange Reise fast ein Jahr gebraucht haben), und der König organisierte nun seine Armee neu, um sie beweglicher zu machen. Die Sogdiana war ein bedeutendes Pferdezucht-Gebiet (selbst noch im 19. Jahrhundert war die Gegend um Karshi besonders für ihre Pferde berühmt, und bis zur russischen Revolution waren große Pferdemärkte ein Charakteristikum der großen Basare). Damals war es für Alexander einfach, seine berittenen Streitkräfte zu ergänzen und zu verstärken. Das erste Jahr war beinahe eine Katastrophe, und die meisten Landstriche mussten weiterhin befriedet werden. Deshalb dachte er sich, einfallsreich wie eh und je, eine neue Taktik aus und teilte seine Truppen in bewegliche Heeresverbände auf. Sie sollten mit Feuer und Schwert das Land durchkämmen und mit der alles vernichtenden Kraft des Feuers die Opposition mit Stumpf und Stiel auslöschen.

Im Frühjahr 327 wurden vier Truppenführer in Baktrien zurückgelassen, während das Hauptheer zurück zum Oxus marschierte und sich in fünf Heeresverbände aufteilte. Was danach geschah, ist sehr umstritten. Für das Jahr 327 gibt es in der Geschichte Alexanders angeblich keine verlässlichen Daten, da die Quellen über die Reihenfolge und Schauplätze der Ereignisse widersprüchliche Angaben machen. Doch in der neuen Feldzug-Saison machte sich Alexander wieder auf den Weg und folgte während elf Tagen zunächst dem Oxus in östlicher Richtung. Dann dürfte er – am Zusammenfluss des Oxus und der Flüsse Kokcha und Kunduz – einen außergewöhnlichen Ort erreicht haben. Er liegt auf einer Hochebene am nördlichen Rand von Afghanistan, gegenüber den Felsenklippen von Tadschikistan, und heißt Ai Khanoum, auf Usbekisch »Frau des Mondes«. Hier gründete Alexander vermutlich Alexandria am Oxus, die erste griechische Stadt, die man je in Zentralasien gefunden hat.

Ai Khanoum wurde erst im Jahre 1961 wiederentdeckt und weist all die Merkmale auf, die wir mit der städtebaulichen Architektur der Griechen in Verbindung bringen: Es gibt eine Akropolis und eine tiefer gelegene Stadt mit Palast, Agora, Gymnasium, Tempel und Theater. Jetzt ist das Gelände bedauerlicherweise voller Löcher, welche die Plünderer gegraben haben (während des Bürgerkriegs, der nach der Vertreibung der Russen ausbrach, wurde die Stadt verwüstet); Schutz bieten dem Ort auf zwei Seiten die Flüsse, außerdem, dem Land zugekehrt, ein tiefer Graben mit Bollwerktürmen und Artillerie-Plattformen. Wenn man auf der Akropolis von Ai Khanoum steht und nach Osten blickt, sieht man Hügel, die zu den Bergen von Badachschan hinführen; genau gegenüber, auf der anderen Seite des Flusses, erheben sich zwei steile Klippen. In der Lücke dazwischen erstrecken sich, so weit das Auge reicht, die Ebenen Asiens. Zweifellos wurde die Stadt ursprünglich als militärischer Stützpunkt gegründet: als Basislager für den Feldzug, so wie auch die Perser überall am Oxus Festungen errichtet hatten. Doch Ai Khanoum entwickelte sich offensichtlich rasch zu einer Stadt mit allem Drum und Dran und den für die Bürger angenehmen Errungenschaften der hellenistischen Kultur. Der älteste Fund ist ein Denkmal für einen Mann namens Kineas, welcher der Gründer oder das erste Oberhaupt der Stadt gewesen sein dürfte. Es stammt vielleicht aus der Zeit kurz nach Alexanders Feldzug. Auf dem Sockel des Denkmals gibt es eine Inschrift mit den berühmten delphischen Maximen:

Lernt als Kinder gutes Benehmen.
Lernt als junge Männer, die Leidenschaften zu kontrollieren.
Seid als Erwachsene gerecht.
Gebt im Alter guten Rat.
Dann sterbt ohne Bedauern.

Wie der Inschrift zu entnehmen ist, wurden diese Maximen von einem Mann namens Klearchos angebracht. Er sagt, er habe bei einem Besuch in Delphi diese Worte persönlich abgeschrieben. Klearchos hat also diese Perlen der Weisheit auf dem ganzen Weg bis nach Zentralasien bei sich getragen. Wir kennen einen Klearchos, einen Schüler des Aristoteles; vielleicht hatte er Alexander in der Schule kennen gelernt. Es ist verführerisch sich vorzustellen, dass Klearchos und Kineas als Angehörige des Offizierskorps mit Alexanders Heer hierher gekommen sein könnten; bei der Gründung der Stadt hätte dann Klearchos die delphischen Weisungen auf dieses Denkmal in der Stadtmitte setzen lassen, unter dem Kineas später begraben wurde. Diese Maximen geben uns einen Einblick in die Mentalität der Kolonisten, welche die Ideale der Siedler und deren einheimischen Mitarbeitern zum Ausdruck brachten (so wie es die Briten in Indien taten) und die Grundsätze ihrer eigenen Kultur verbreiteten, während sie 6000 km – eine halbe Weltreise – von ihrer Heimat entfernt waren.

Auch hier wird sich die Bevölkerung der Stadt in der üblichen Weise zusammengesetzt haben: Invaliden, Freiwillige, zwangsverpflichtete Veteranen, Söldner, Sträflingseinheiten und einheimische Siedler, die (wie später in Indien) von einer großen Zahl unterprivilegierter Arbeitskräfte unterstützt wurden. Das reiche Hinterland von Ai Khanoum, das bereits unter den Persern einen Aufschwung erlebt hatte, wurde von den Eroberern nun in gutsherrliche Domänen aufgeteilt; sie gehörten reichen Griechen, so wie Kineas einer war, doch die Arbeit wurde von der einheimischen Unterschicht geleistet. Dutzende solcher Ansiedlungen würden in Zentralasien und Indien folgen, einige von ihnen sollten lange bestehen bleiben. Den Reichtum dieser Orte haben herrliche archäologische Funde ans Licht gebracht, z.B. der Oxus-Schatz im Britischen Museum und der kürzlich entdeckte Goldschatz, der aus den Gräbern des baktrischen Adels im nordafghanischen Tilya Tepe stammt. Die baktrisch-griechische Herrschaft sollte sich in diesen Gegenden jahrhundertelang halten, und ihre Münzen tauchen noch immer überall auf dem Lande auf – ein Zeugnis für dieses außergewöhnliche, lang vergessene Siedlungsunternehmen.

In diesem Frühjahr jedoch, im zweiten Jahr von Alexanders zentralasiatischem Feldzug, stand für ihn die Errichtung von Stützpunkten für die Aktion »verbrannte Erde« und die radikale Beseitigung seiner Feinde eindeutig im Vordergrund. Irgendwo bei Ai Khanoum teilte sich das Heer auf. Alexander durchquerte dann, sich nördlich haltend, Tadschikistan, während sich die anderen vier Heeresabteilungen fächerförmig ausbreiteten und durch die größten Flusstäler nach Dushanbe und zum Pass Anzob begaben. Wir können uns vorstellen, dass die Politik der verbrannten Erde bis zu den Hissar-Bergen verfolgt wurde, der mächtigen Barriere, welche die östliche und westliche Sogdiana voneinander trennt. In jenem Sommer startete er einen Angriff auf den berühmten sogdianischen Felsen, eine der starken Festungen der sogdianischen Freiherrn, die er mit der Taktik »fliegende Männer« eroberte: 300 Freiwillige, erfahrene Bergsteiger, verwendeten improvisierte Steigeisen und Seile, um die uneinnehmbare natürliche Feste, die irgendwo in diesen Bergen lag, anzugreifen; dabei jagten sie den Verteidigern einen solchen Schrecken ein, dass diese sich ergaben. Der Krieg verlief endlich nach Alexanders Vorstellungen.

Die Ermordung des Schwarzen Kleitos

Gegen Ende des Sommers, nach fünf Monaten Krieg, wurde das Heer in Marakanda wieder zusammengerufen. Dort kam es nun zu einem in der Geschichte des Königs verhängnisvollen, berüchtigten Vorfall. Alexander hatte beschlossen, Kleitos, den Bruder seiner früheren Amme, zum neuen Satrapen von Baktrien zu ernennen. Kleitos gehörte zur alten Garde, die für Alexanders Vater Philipp gekämpft hatte, und hatte Alexander am Granikos das Leben gerettet. Wenn man zwischen den Zeilen liest und weiß, dass Alexanders Beziehungen zu der älteren Generation der makedonischen Armee gespannt waren, kann hinter dieser Ernennung wieder einmal die Absicht gestanden haben, einen Unzufriedenen loszuwerden. Wie dem auch sei, in der fraglichen Nacht wurde in dem Palast von Marakanda ein Bankett veranstaltet.

Das Fest hatte, wie üblich, früh begonnen. Alle waren betrunken. Zu dieser Zeit schienen Saufgelage bereits an der Tagesordnung gewesen zu sein (»Er hatte die für ein Zechgelage notwendigen Dinge stets bei sich«, berichtet ein Fragment). Unserem Eindruck nach mussten sich Alexander und seine Offiziere immer stärker betäuben, um den ständigen Stress, die dauernde Anspannung, den harten Kampf und das Töten auszuhalten. Obwohl er den König gegen Vorwürfe in Schutz nimmt, ein starker Trinker zu sein, räumt Plutarch ein, dass der König gerne trank und seinen Rausch oft bis zum Mittag ausschlief, manchmal aber auch den ganzen nächsten Tag dafür brauchte. Bei solchen Gelegenheiten war Alexander stets schnell dabei, sein eigenes Loblied anzustimmen. Wie Plutarch berichtete: »Während er sonst der angenehmste Gesellschafter von allen Königen überhaupt war und jede erdenkliche Liebenswürdigkeit zeigte, wirkte er dann durch einen Hang zur Ruhmredigkeit unangenehm und kehrte zu sehr den Soldaten heraus, indem er nicht nur selber großsprecherisch auftrat, sondern sich auch hemmungslos seinen Schmeichlern in die Hände gab.« (*Alexander* 23)

In jener Nacht spielte sich Alexander auf. In seinem Monolog betonte er hauptsächlich zwei Dinge: Er warf den Anführern der unglücklichen Expedition bei Samarkand Unfähigkeit vor; und er schmälerte die Leistungen seines Vaters und stellte seine eigenen Taten als bedeutender hin. An einer Stelle, so behauptet Curtius Rufus (8,3,23), klagte Alexander seinen Vater an: Er sei ihm gegenüber böswillig und eifersüchtig gewesen und habe seine Leistungen niemals anerkannt: ein gefundenes Fressen für Freudianer! Ältere Teilnehmer an dem Gelage, die alle unter Philipp gedient hatten, blieben ruhig, bis Alexander den Sieg seines Vaters, den dieser bei Chaironeia über die Athener und Thebaner errungen hatte, als eigenes Verdienst beanspruchte. Da konnte sich Kleitos nicht länger beherrschen. Bittere Wahrheiten kamen zur Sprache, herbe Spitzen aus dem Werk des Euripides wurden zitiert, bis Kleitos schließlich den König mit einer spöttischen Bemerkung provozierte, die ihn im Innersten treffen sollte: »All deinen Ruhm verdankst du deinem Vater.« Alexander geriet vor Zorn außer sich und musste festgehalten werden, als er den Wachen auf Makedonisch befahl, Alarm zu schlagen. Diese weigerten sich, da sie sahen, dass der

König die Kontrolle über sich verloren hatte. Von jetzt an gibt es in den verschiedenen Quellen unterschiedliche Darstellungen des Geschehens. Nach einer Quelle wurde Kleitos mit einer Eskorte durch die Vordertür und über den Graben der Zitadelle (der bei den Ausgrabungen wieder entdeckt wurde) gebracht, bevor er zurückrennen konnte, um dem apoplektischen König eine weitere Kränkung entgegenzuschleudern. Nach einem anderen Bericht versperrte Alexander die Tür und forderte, als die Gäste aufbrachen, Kleitos heraus. Dieser trug keine Lampe, aber der König erkannte ihn an seiner Stimme. Wie dem auch sei, alle stimmen darin überein, dass Alexander Kleitos dann mit einem Lanzenstoß tötete. Er selbst war blutbesudelt, die Vorhalle troff von Blut. In seiner Betrunkenheit bereute er sofort seine Tat und versuchte, die Lanzenspitze gegen sich selbst zu richten, bevor er in Tränen und hemmungsloses Selbstmitleid ausbrach. Später schloss er sich in seinem Zelt ein. Sie verbrachten dort zehn Tage, berichtet Curtius (8,2,13), »hauptsächlich damit beschäftigt, dem König seine Selbstachtung wiederzugeben«. Wie Arrian beschreibt (*Anabasis* 4,9,7 f.), musste erst der Philosoph Anaxarchos kommen, ein Skeptiker, der zum königlichen Gefolge gehörte, um Alexanders qualvolle Selbstvorwürfe zu beenden. Der König, sagte er, sei die Verkörperung der Gerechtigkeit; was immer er tue, sei richtig, einfach deswegen, weil er sei, wer er sei. Ein erschreckendes Argument, das im Laufe der Geschichte allen Tyrannen als Rechtfertigung diente und das – man braucht es kaum zu erwähnen – von Alexander mit Wohlgefallen aufgenommen wurde.

Inwieweit beeinflusste die Ermordung die Moral des inneren Freundeskreises? Kleitos war als Person nicht wichtig genug, als dass sein gewaltsamer Tod viele Leute befremdet hätte, doch der Vorfall muss dazu beigetragen haben, dass man sich fürchtete, aus der Reihe zu tanzen. Es gibt bei Curtius eine rätselhafte Textstelle, in der er ganz beiläufig erwähnt, dass es nach der Ermordung des Kleitos zeitweise zu einem Verbot der freien Rede gekommen sei. Es ist kaum vorstellbar, dass dies ein formeller Befehl war, doch bei Alexander weiß man nie. Falls dies nicht den Tatsachen entspricht, könnte es doch so gewesen sein, dass die Männer in Alexanders Umgebung auch ohne Worte wussten, was von ihnen erwartet wurde. Einen Anhaltspunkt dafür, wie zu jener Zeit die Stimmung am Hofe war, liefert uns auch ein sehr interessantes Fragment aus der verlorenen Geschichte des Ephippos, eines zeitgenössischen Pamphletisten, der Alexander gegenüber äußerst kritisch eingestellt war. Es beschwört das Bild eines Hofes herauf, der die Stimmungsschwankungen des Tyrannen mit zunehmendem Argwohn betrachtete:

> Alexander besprengte den Boden mit kostbaren Duftwassern und parfümiertem Wein. Ihm zu Ehren wurden Myrrhe und andere Arten von Weihrauch als Rauchopfer verbrannt; in seiner Umgebung herrschten, geboren aus der Furcht, religiöse Stille und andachtsvolles Schweigen. Denn er war unerträglich und brutal und stand tatsächlich in dem Ruf, der Schwermut und dem Wahnsinn verfallen zu sein.

Dies ist ein äußerst abschreckendes Porträt, falls ihm der Bericht eines wirklichen Augenzeugen zugrunde liegt, und ähnelt Darstellungen von Tyrannen aus unserer eigenen Zeit. Psychologen werden das Krankheitsbild sogleich erkennen: Der hier beschriebene Mann war nach unseren Begriffen ganz sicher manisch-depressiv.

Roxanne: »Die schönste Frau Asiens«

Kleitos wurde am Ende des Sommers umgebracht. Der Herbst zog herauf, und man traf umfassende Vorbereitungen, um Vorräte für eine weitere Überwinterung in der usbekischen Ebene zu sammeln. Dabei kam es während der Erntezeit wahrscheinlich zu massiven Raubüberfällen auf die einheimische Bevölkerung. Nachdem er noch einmal die letzten Widerstandsnester in der Nähe von Buchara bekämpft hatte, zog sich Alexander nach Nautaka, dem früheren Hauptquartier des Bessos (vermutlich Uzunkir in der Nähe von Shakhrisyabz am Kashka Darya), ins Winterlager zurück. Der einheimische Herrscher, Sisimithres, begab sich auf seine Bergzitadelle, die talaufwärts bei der Quelle des Kashka Darya gelegen war. Bei Einbruch des Winters griff Alexander sie mit seinen Belagerungsmaschinen an und erzwang die Übergabe.

Nach einigen Quellenberichten soll Alexander hier erstmals ein Auge auf Roxanne geworfen haben, die Tochter des sogdianischen Adligen Oxyartes, eine Frau, die »schöner war als jede andere Frau mit Ausnahme von Dareios' Gemahlin«. Offensichtlich gehörte sie zu denen, die am sogdianischen Felsen in Gefangenschaft geraten waren, und befand sich vielleicht einige Zeit im königlichen Gefolge, bevor Alexander auf sie aufmerksam wurde. Dann, während eines nächtlichen Festes, »einem Bankett von barbarischer Pracht«, tanzte sie mit anderen Frauen. Der König verliebte sich in sie – oder verlor »in der Hitze der Leidenschaft« den Kopf – trotz der Missbilligung seiner Gefährten. Dass sie schön war, räumten alle ein. Trotz ihrer Jugend legte sie auch eine Würde und ein Verhalten an den Tag, »wie es bei den Barbaren nur selten zu sehen ist«, aber dennoch verstand niemand Alexanders Vernarrtheit, am wenigsten zweifellos seine männlichen Gefährten, die seine wahren Vertrauten waren. Es hatte andere Verliebtheiten gegeben: den schönen Eunuchen Bagoas, mit dem der König enge Beziehungen hatte; den jungen Mann Euxenippos (unglaublich gut aussehend – »so schön wie Hephaistion«, klatschte man, sich anstupsend und zuzwinkernd, am Hof, »allerdings ziemlich weibisch – und nicht so charmant wie Hephaistion«). Aber Heirat? Es war sogar noch erstaunlicher, dass Alexander bereit war, das Mädchen zu ehelichen. »Hat er diesen ganzen Weg bis an den Oxus auf sich genommen, um eine Nicht-Griechin zu heiraten?«, murrte man. »Sollen wir in Zukunft von einem König regiert werden, der von einem baktrischen Grundbesitzer niedriger Herkunft abstammt?« Doch Alexander war unnachgiebig und teilte mit seinem neuen Schwiegervater das Brot mit seinem Schwert, wie es sogdianische Sitte war und noch immer ist. Die Geschichte der Roxanne wurde Gegenstand der mittelalterlichen Romane und ist in den reichen Geschichten der ländlichen Bevölkerung Afghanistans weiterhin ein Thema. Sie erzählen, Alexander und Roxanne hätten in Balkh geheiratet und Roxanne sei eine gute Afghanin gewesen, die – dem Hass ihres Volkes auf fremde Eindringlinge die Treue haltend – unter ihrem Kissen ein Messer versteckt und versucht habe, den König in der Hochzeitsnacht zu töten. Von der Türkei bis zu den kasachischen Steppen, doch insbesondere unter den Farsi sprechenden Tadschiken und Afghanen, lebt die Erinnerung an

---

»Alexanders See« in Tadschikistan.
Nach einer lokalen Sage soll sich hier die Ruhestätte des Bukephalos befinden. In den Felsen der Umgebung liegt die Höhle des Spitamenes (vgl. S. 166).

Roxanne weiter. Doch nur wenige Menschen würden Roxanne um das Schicksal beneidet haben, das sie während der kurzen Zeit, die sie noch leben sollte, nun erwartete (vgl. S. 231).

Der Fall des Felsen von Sisimithres bezeichnete das Ende des großen sogdianischen Aufstands. Etwa in der Mitte des Winters war Spitamenes verraten worden – manche sagen, von seiner Frau, die über seine sexuelle Untreue verbittert war; andere berichten, und das ist einleuchtender, dass er von seinen eigenen Leuten umgebracht worden sei, die nicht mehr bereit waren, in einem so anstrengenden Krieg weiterhin gegen eine überwältigende Übermacht zu kämpfen. Der Frühling des Jahres 326 sah das Ende des zwei Jahre dauernden Krieges jenseits des Oxus, der Alexanders schwerster gewesen war. In Baktrien und in der Sogdiana ließ er ein Netz von einem Dutzend Militärbasen mit einer Streitkraft von 13500 Mann zurück. Seine Verbindung mit Roxanne und Eheschließungen zwischen mehreren Stabsoffizieren und den Töchtern einheimischer Adliger besiegelten den Frieden, den man so teuer erkauft hatte. In der Zwischenzeit wurde das Heer, mit dem Alexander nun nach Indien marschierte, von zahlreichen baktrischen und sogdianischen Truppen verstärkt, die bewusst aus ihrer Heimat abgezogen worden waren, um in fremden Kriegen zu kämpfen.

Es gibt da noch eine außergewöhnliche Ergänzung zu der Geschichte von Spitamenes' tapferem Widerstand. Wenn man die Straße von Dushanbe in Tadschikistan hinauf zu den Hissar-Bergen und dem Pass Anzob fährt, folgt man der Route, die Alexander im Krieg von 327 eingeschlagen hatte. Hier draußen leben in abgeschiedenen Tälern die letzten Menschen, die noch die alte sogdianische Sprache sprechen. Hier draußen hatte die alte Religion der Zoroastrier bis zu den zwangsweise erfolgten Bekehrungen im späten 19. Jahrhundert überlebt. Und doch verehren in diesen Tälern die Leute selbst heutzutage noch das Feuer auf ihrem heimischen Herd, beten noch zu masdasnianischen Engeln, glauben noch an die Gegenwart des Bösen, Ahriman, obwohl sie sich als bekennende Moslems bezeichnen. Ganz in der Nähe liegt Iskander Gul, »der See Alexanders«. Hier, so wird erzählt, sei sein treues Pferd Bukephalos gestorben; doch bei Vollmond steige das Pferd immer aus dem See, um am Ufer zu grasen und mit seinem schwarzen Reiter – Alexander persönlich – über den Nachthimmel zu jagen. Jenseits des Sees führt, von Winden aus dem Pamir gepeitscht, ein gewundener steiler Pfad hinauf zu einer verborgenen Höhle. In ihrem Inneren sitzt ein mumifizierter Leichnam, geschmückt mit Opfergaben, und nimmt von einheimischen Moslems Geschenke und Gebete entgegen, während vor ihm Weihrauch und Öl verbrannt werden. Dies sei, so sagen sie, der Körper des Anführers der großen sogdianischen Revolte, des erbittertsten Feindes von Alexander, Spitamenes höchstpersönlich.

Zunehmende Differenzen: Der Tod des Kallisthenes

Wir kommen nun zu der schwersten Krise während Alexanders Herrschaft. Aus Ärger über den wachsenden Despotismus des Königs versuchte eine Gruppe königlicher Pagen, Alexander in seinem Zelt zu ermorden; sie hatten den Einsatzplan manipuliert, damit die Verschwörer in derselben Schicht Dienst täten. In jener Nacht jedoch war Alexander wieder auf einer seiner jetzt üblich gewordenen Marathon-Sauftouren und ging überhaupt nicht zu Bett. Am nächsten Tag wurde das Komplott entdeckt, und die Pagen – alle im Teenager-Alter – wurden zu Tode gefoltert. Die Freunde des Königs wiesen mit Fingern auf den Hofchronisten Kallisthenes als den Drahtzieher der Verschwörung, obwohl keiner der Rebellen ihn beschuldigt hatte, nicht einmal unter Zwang. Doch wegen seiner zunehmend kritischer werdenden Kommentare über das Verhalten des Königs war Kallisthenes rasch in Ungnade gefallen, und jetzt war er allem Anschein nach eine Zielscheibe für die unterschwellige Feindseligkeit Alexanders und seines inneren Kreises. Manche mögen beobachtet haben, dass Kallisthenes jetzt dafür bezahlen musste, dass er das Bild des Tyrannen schöngefärbt hatte. Alles in allem war er der Mann, der mehr als jeder andere dazu beigetragen hatte, den Mythos ins Leben zu rufen, dass Alexander seine Taten mit göttlicher Hilfe vollbracht habe. Sein Bericht über das Meer, das sich in Pamphylia teilte, um Alexander Durchgang zu gewähren; die Geschichte von der heiligen Quelle in Didyma, die wieder zu sprudeln begonnen hatte; das Orakel in Siwa; das Massaker an den Branchiden – alle diese Geschichten waren in der ganzen griechischen Welt herumposaunt worden. Nun allerdings scheint Kallisthenes sich darüber im Klaren gewesen zu sein, dass er geholfen hatte, ein Ungeheuer zu erschaffen, und machte sich bereitwillig zu einem Sprachrohr für den wachsenden Ärger der alten Garde: Sie nahm Anstoß an der Orientalisierung von Alexanders Hof, der Übernahme persischer Kleidung und des persischen Hofzeremoniells und dem Versuch, seinen Gefolgsleuten den Fußfall im persischen Stil (Proskynese) aufzuzwingen. All dies wurde in Balkh auf die Spitze getrieben, in einer weiteren, sehr öffentlich geführten Auseinandersetzung. Wiederum ist es wahrscheinlich, dass der wesentliche Punkt der Unterredung – entmystifiziert – auf die Nachwelt gekommen ist. Ein Detail ist spannend: Als er Alexander die Gefolgschaft aufkündigte, schleuderte Kallisthenes ihm dreimal eine Zeile aus der *Ilias,* Alexanders Lieblingsbuch, entgegen: »Ein weitaus besserer Mann als du war Patroklos, und doch hat der Tod ihn nicht verschont.«

Kallisthenes hatte sein eigenes Todesurteil unterschrieben. Unter dem Vorwand des Komplotts der Pagen ließ Alexander ihn festnehmen. Die Berichte über sein weiteres Schicksal gehen auseinander. Einige sagten, er sei im Gefängnis gestorben, aber, laut Curtius, wurde er gefoltert und gekreuzigt: »Daher machte bei den Griechen kein Mord Alexander verhasster als die Tatsache, dass er einen Mann von edlem Charakter und herausragenden Fähigkeiten, einen Mann, der ihn ins Leben zurückgebracht hatte, als er nach der Ermordung des Kleitos sterben wollte, nicht nur getötet, sondern sogar ohne Prozess gefoltert hatte.« (Curtius Rufus 8,8,22)

Nach zwei Jahren erbitterter Kriegführung mit schweren, aber geheim gehaltenen Verlusten, nach einer Zeit unablässiger Grausamkeit und Härte, hatte Alexander schließlich die Sogdiana und Baktrien unterworfen. Er konnte nun seine Aufmerksamkeit auf das richten, was die Griechen vermutlich als den höchsten Siegespreis betrachteten: Indien – ein sprichwörtlich reiches Land, hinter dem, wie man glaubte, die Welt zu Ende war – und das Große Weltmeer.

In jenem Frühjahr kehrte Alexander zum Hindukusch zurück, durchquerte ihn wahrscheinlich über Bamian, und rüstete sich für die Invasion Indiens. In gewisser Weise war der Weg schon bereitet. Der mächtigste Herrscher im nordwestlichen Indien, der König von Taxila, hatte bereits Gesandte zu Alexander geschickt, die ihm Unterstützung und Zusammenarbeit versprachen. Alexander zog wieder in das Tal von Kabul und marschierte dann den Fluss Kabul abwärts bis an die Stelle, wo er in den Indus mündet: Dies ist die alte Straße von Baktrien nach Indien, die seit prähistorischen Zeiten bis zum britische Raj von den Invasoren Indiens benutzt wurde. Nun sollte die letzte und dramatischste Phase von Alexanders Kampf um die Weltherrschaft beginnen.

FÜNFTER TEIL

Bis ans Ende der Welt

Pakistan und Indien

327–326 v. Chr.

Die Invasion Indiens; das vergessene Tal des Dionysos; ins nordwestliche Grenzgebiet; die Festung des Herakles; über den Indus; die Schlacht am Fluss Jhelum; der Tod des Bukephalos; ins tiefste Indien; das Heer will nicht weiter; die vergessenen Altäre; die Flotte rüstet sich; die Eroberung des Punjab und von Sind; die Belagerung von Multan; weiter bis zum südlichen Ozean

Im Frühling des Jahres 327 v. Chr. stand Alexander an den Abhängen des Hindukusch, irgendwo in der Bergregion zwischen Pakistan und dem afghanischen Nuristan. Er war 29 Jahre alt; ein zäher, hartgesottener Mann, stämmig, kleingewachsen und noch immer voller dämonischer Willenskraft und Energie; seine eiserne Konstitution hatte durch die zahlreichen Kriegsverletzungen, Malaria, Durchfall und seine immer häufiger werdenden Alkoholexzesse noch nicht gelitten. Alexanders Tutor Aristoteles hatte gemäß dem damaligen Kenntnisstand der griechischen Geographie vermutet, dass es möglich sein müsste, vom Gipfel des Hindukusch aus das Ende der Welt zu sehen. Doch aufgrund anderer wissenschaftlichen Daten, die auf dem Feldzug in reichem Maße gesammelt worden waren, konnte Alexander mit Sicherheit sagen, dass sich sein berühmter Lehrer geirrt hatte. Das Ende der Welt war nirgends in Sicht. Vielleicht trieb ihn dennoch der Wunsch, dieses Ende zu sehen; vielleicht war sein Verlangen nach Wissen jetzt genauso groß wie sein Bedürfnis, die Welt zu erobern.

Die Invasion Indiens

Zuerst jedoch musste Indien unterworfen werden. Die Griechen wussten wenig über das Land. Erst nach Alexanders Tod erschloss sich Indien dem griechischen Verständnis, und erst nachdem der griechische Gesandte Megasthenes Patna besucht und einen ausführlichen Bericht über das Königreich am Ganges und seine Sitten und Gebräuche abgegeben hatte. Zur Zeit Alexanders kannte man nur das nordwestliche Grenzgebiet und den Punjab, und dieses Wissen stammte vorwiegend aus persischen Quellen. Dareios und seine Vorgänger hatten eine lose Oberhoheit über das Tal des Indus für sich beansprucht. An den Wänden von Persepolis sind Inder (»Volk des Hindukusch«) abgebildet: Sie überreichen ihre landestypischen Geschenke, insbesondere Baumwolle, die im Tal des Indus angebaut wird. Doch von den Ländern jenseits des Indus wussten die Griechen so gut wie nichts.

Wie üblich war der Einmarsch in Indien in allen Einzelheiten geplant. Die Hauptarmee wurde unter dem Kommando Hephaistions den Kabul flussabwärts und über den Khyber-Pass geschickt. In einem von einer Dampflok gezogenen Zug folgten wir auf der alten britischen Khyber-Bahnlinie dieser Route bis nach Peshawar, wo wir dann Alexanders Fährte auf der Landstraße wieder aufnahmen. Alexander wusste zwar den König von Taxila auf seiner Seite, aber der andere bedeutende König Indiens westlich des Indus hatte sich ihm nicht ergeben und wurde in Charsadda von Hephaistion belagert. Nach einer Belagerung von 40 Tagen plünderten die Griechen die Stadt und töteten den König. Dann zogen sie weiter, um eine Brücke über den Indus zu bauen – eine unerlässliche Voraussetzung für Alexanders Marsch nach Indien. Unter-

---

Vorausgehende Seiten, links: Alexander vor einem hinduistischen Götterbild; Ausschnitt aus einem persischen Manuskript (1494). Spätere Generationen waren von der Begegnung der Griechen mit Indien fasziniert.
Rechts: Auf der Silbermünze trägt Alexander auf seinem Kopf eine Elefantenhaut, welche die Eroberung Indiens symbolisiert (Alexandria 315–300 v. Chr.).

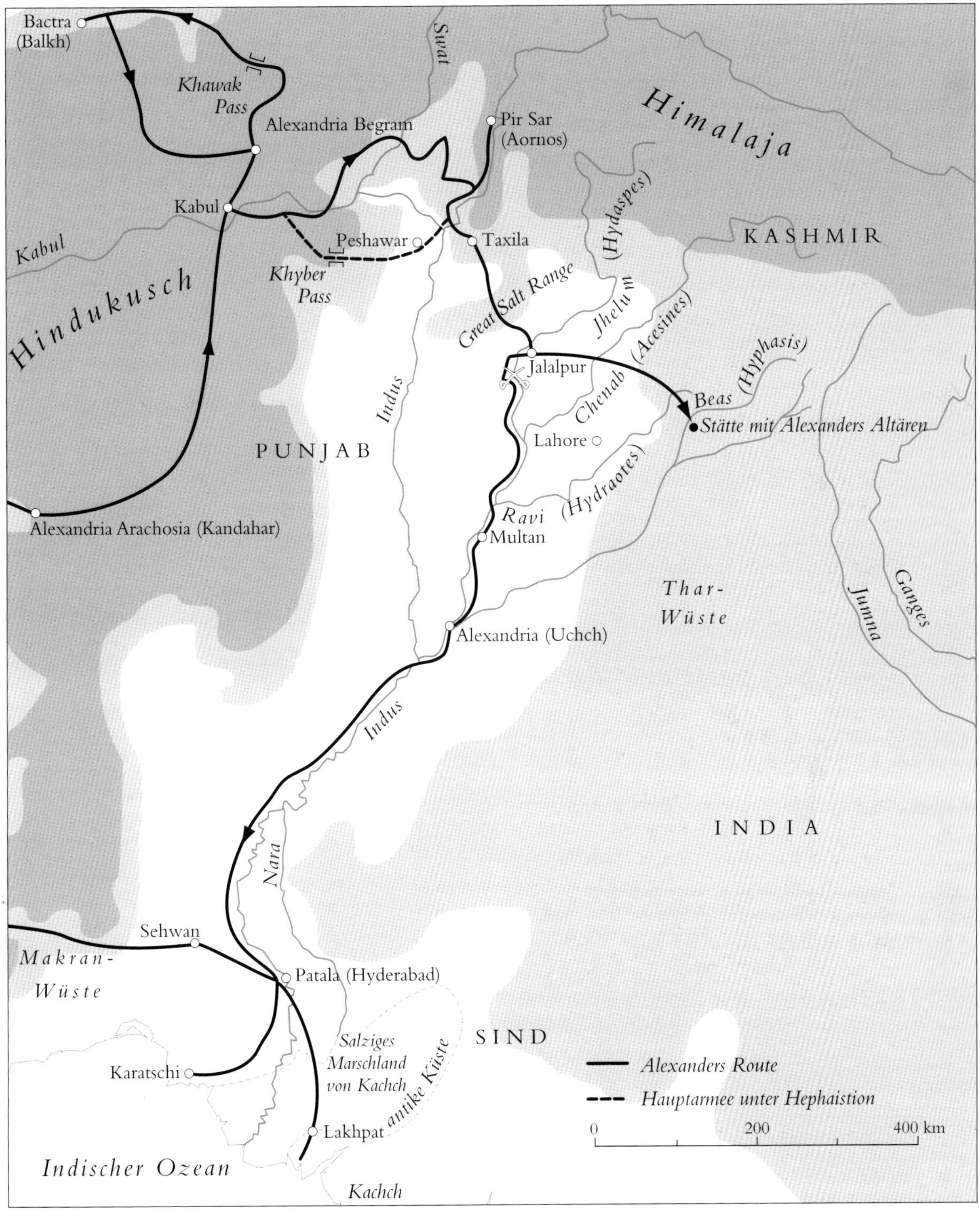
Bactra
(Balkh)
Swat
Khawak
Pass
Himalaja
Pir Sar
(Aornos)
Alexandria Begram
Kabul
(Hydaspes)
KASHMIR
Kabul
Peshawar
Taxila
Khyber
Pass
Hindukusch
Great Salt Range
Jhelum
(Acesines)
(Hyphasis)
Jalalpur
Indus
Chenab
Beas
Stätte mit Alexanders Altären
Lahore
PUNJAB
(Hydraotes)
Ravi
Alexandria Arachosia (Kandahar)
Multan
Thar-
Wüste
Jumna
Ganges
Alexandria (Uchch)
Indus
INDIA
Nara
Sehwan
Makran-
Wüste
Patala (Hyderabad)
Salziges
Marschland
von Kachch
antike Küste
SIND
Karatschi
Alexanders Route
Hauptarmee unter Hephaistion
0
200
400 km
Lakhpat
Indischer Ozean
Kachch

dessen zog Alexander mit Einheiten von Leichtbewaffneten durch das Tal Kunar im östlichen Afghanistan und erreichte über den Pass Nawar das nordwestliche Grenzgebiet Pakistans. Zurück ließ er eine neue befestigte Stadt. Der Ort ist noch immer als Iskandero bekannt; dort steht auf einem großen alten Hügel ein zerfallener britischer Militärposten.

Das vergessene Tal des Dionysos

Irgendwo in diesen Tälern außerhalb von Kunar, an der Grenze zwischen dem modernen Pakistan und Afghanistan, kam es zu einem außergewöhnlichen Ereignis, das uns wieder einmal einen Einblick in die Mentalität Alexanders und seines Führungsstabes gestattet. Die Griechen wollten gerade eine kleine Stadt namens Nysa angreifen, als die Einheimischen aus der Stadt kamen und mit höchst unwahrscheinlichen Argumenten um Schonung baten. Sie seien, so ihre Worte, die Nachfahren von Anhängern des griechischen Gottes Dionysos, der auf seiner legendären Reise, die ihn in mythischen Zeiten nach Griechenland geführt habe, hier Halt gemacht habe. Dionysos war der Gott der Ekstase und des Rausches, der die Menschen in Raserei und Besessenheit trieb, ein furchterregender Zerstörer, ein Mann-Weib, unberechenbar, bekleidet mit einem Tierfell. Alexander behauptete nicht nur mit Herakles verwandt zu sein, sondern auch mit dem Dunklen, mit Dionysos. Tatsächlich war er, soweit wir das beurteilen können, Dionysos geradezu verfallen. Der Wein galt als eine der Gaben der Gottheit. Ob Alexander nun wirklich Alkoholiker war oder nicht (und es gibt Anzeichen dafür, dass er es schließlich war) – ohne jeden Zweifel sah er seine Trinkgelage untrennbar mit der Verehrung des dionysischen Geistes verbunden.

Die Makedonen waren jedenfalls nur allzu bereit, die Geschichte zu glauben. Einerseits waren sie erschreckend modern, doch andererseits waren sie auch Menschen ihrer Zeit: leichtgläubig, abergläubisch, besessen von Göttern und Dämonen. Nach einigen Sagen waren Dionysos und Herakles durch diese Gegend gekommen, und die Griechen waren durchaus willens zu glauben, dass in alten Zeiten der Gott seinen Fuß in diese wilden Täler gesetzt hatte. Die Einheimischen führten die Griechen auf eine Lichtung, auf der sie zum ersten Mal, seit sie den Mittelmeerraum verlassen hatten, wieder Efeu zu Gesicht bekamen, dazu Lorbeerbäume und andere Merkmale des Dionysos. Wie die Griechen ebenfalls bemerkten, gab es auch Wein, und in den Bäumen hingen seltsame Totengedenktafeln aus Holz. Die Einheimischen machten sie auf einen Berg aufmerksam, dessen Namen die Griechen sogleich mit Meros gleichsetzten, dem Berg, auf dem Dionysos' Amme Nysa den göttlichen Knaben gesäugt hatte. (Im Mythos der Hindus ist der Berg Meru der *axis mundi.*) Dies reichte aus, um Alexanders Interesse zu wecken. Die Griechen brachen ihren Überfall auf das nordwestliche Grenzgebiet ab, und Alexander und einige höhere Offiziere statteten dem Berg einen Besuch ab. Nach den Angaben einer Quelle wurden sie ganz wie die Einheimischen von einer bacchantischen Raserei ergriffen, wobei sie gewiss wie

---

Dionysische Ekstase. Diese Elfenbeinskulptur aus Vergina könnte Philipp und den jungen Alexander (als Pan) zusammen mit Olympias darstellen; »diese pflegte sich dem Zustand der Besessenheit mit wilderer Hingabe zu überlassen als irgendjemand sonst«.

auch sonst unter Alkohol standen; sie bekränzten ihre Stirn mit Lorbeer, überließen sich der Massenhysterie und stürmten über die Lichtungen, den bacchantischen Ruf *Euoi Euoi* auf den Lippen. Als gewesener Staatsdiener und ehemaliger General fand Arrian solche Geschichten völlig unglaubwürdig. »Falls irgendjemand ernsthaft denkt, dass angesehene Mitglieder des Offizierskorps so tief sinken könnten ...« (vgl. *Anabasis* 5,2,7). Man kann fast sehen, wie seine Oberlippe zittert. Aber vielleicht ist die Geschichte doch wahr. Man denke z.B. an die seltsamen Zurück-zur-Natur-Bewegungen im Offizierskorps der Nazis. In den entlegeneren Tälern des nordwestlichen Grenzgebiets gibt es noch immer Volksstämme, deren Kultur eine entfernte Verwandtschaft mit der altgriechischen aufweist. In Chitral (und ebenso im benachbarten afghanischen Nuristan, bevor es vor einem Jahrhundert zwangsweise bekehrt wurde) gibt es noch immer Menschen, die den alten indoeuropäischen Himmelsgott verehren, Wein anbauen, ihre Toten in geschnitzten Särgen bestatten und hölzerne Gedenktafeln in die Bäume hängen, genau wie von den Griechen beschrieben. Ihren Sagen nach stammen sie tatsächlich von den Griechen ab (vgl. im vorliegenden Band S. 8). Höchstwahrscheinlich waren die »Kafire« aus dem Hindukusch lange vor den Griechen in diesen Tälern, und vermutlich sind sie die letzten Überlebenden des Volkes, dem Alexander hier in jenem Frühjahr begegnete.

Ins nordwestliche Grenzgebiet

Nach dem bacchantischen Feiern zog Alexander zum Tal des Swat und stieß dort auf erbitterten Widerstand. Das regionale Zentrum war ein Ort namens Massaga. Er hatte angeblich 30000 Einwohner und wurde von 8000 Söldnern aus dem Landesinneren gesichert (der örtliche Herrscher war offenbar vor den Griechen vorgewarnt worden). Die Stadt war von einem langen Mauerring umgeben, gebaut im Swat-Stil: Die aus Felsgestein und Geröll errichteten Mauern waren mit hölzernen Balken verstärkt. Auf der Seite der Stadt, die nicht durch den Fluss geschützt war, befand sich ein tiefer natürlicher Graben. Die Griechen brachten auf einer gewaltigen Erdaufschüttung Belagerungsmaschinen über den Graben und richteten die volle Kraft ihrer Kriegsmaschinerie gegen die Stadt. Bis der Anführer der Söldner fiel, leisteten die Inder erbitterten Widerstand; erst dann baten sie um Frieden. Die Königin der Stadt überbrachte dem König persönlich das Friedensgesuch; dabei half ihr, einer späteren Überlieferung zufolge, ihre Schönheit (angeblich hat sie Alexander auch ein Kind geboren). Doch das grausame Ende entspricht wahrscheinlich eher den historischen Tatsachen. Unter Zusicherung freien Geleits durften die Söldner die Stadt verlassen. In jener Nacht kampierten sie mit ihrem Gepäck, ihren Frauen und Kindern auf einer Anhöhe draußen vor der Stadt. Sie wähnten sich in dem Glauben, sie dürften völlig ungehindert ziehen. Doch das entsprach nicht Alexanders Absichten. Im Schutze der Dunkelheit hatte er sie umstellen lassen, und am nächsten Tag wurden alle niedergemetzelt. Während sie auf Leben und Tod kämpften, warfen sie Alexander immer wieder Wortbruch vor. Die Antwort des Königs, wie sie in einer Quelle aufgezeichnet ist, hört sich bedenklich glaubhaft an: »Ich habe gesagt, sie könnten die Stadt verlassen. Ich habe nicht gesagt, dass sie für immer Freunde der Makedonen würden.«

Dieselbe Geschichte wiederholte sich weiter oben am Swat, in einem weiten, wunderschönen Tal, das im Norden von den schneebedeckten Gipfeln des Hindukusch begrenzt wird. Hier griff Alexander zwei Städte an, Ora und Bazira; sie konnten in den 20er-Jahren des 20. Jahrhunderts von dem englischen Forscher Sir Aurel Stein lokalisiert werden. Bazira (Bir-Kot) liegt auf einem schwarzen Felsen über dem Fluss; Ora (Udegram) – dort führen die Italiener jetzt Grabungen durch – hat eine Festung mit einem turmbewehrten Tor und erhebt sich auf einem überhängenden Felsen hoch über dem Tal.

Überall am Swat flohen die Menschen jetzt in die Berge rund um den Mount Ilam und noch weiter, um den Griechen zu entkommen, die mit Feuer und Schwert das Land verwüsteten und deren mobile Einheiten – Gebirgsjäger und Elitetrupps – allen Widerstand im Keim erstickten. Eine der größten Glanzleistungen Alexanders bildete den Höhepunkt des Feldzugs: die Belagerung der uneinnehmbaren Felsenfestung, die bei den Griechen Aornos hieß (der Name kommt wahrscheinlich aus dem Sanskrit: *avarna* bedeutet Festung). Der Sage nach konnte diese Örtlichkeit nicht einmal von dem Halbgott, Herakles persönlich, eingenommen werden.

Aornos: Die Festung des Herakles

Die Flüchtlinge aus dem gesamten nordwestlichen Grenzgebiet hatten sich in einer hohen natürlichen Zitadelle im oberen Indus-Tal gesammelt und sich dort vor den vorrückenden Makedonen versteckt. Alexander war jedoch nicht bereit, während seines Vorstoßes nach Indien irgendwelche feindlichen Truppenkonzentrationen in seinem Rücken zu dulden. Zudem hatte er von einer lokalen Sage gehört, nach der Herakles selbst nicht in der Lage gewesen war, diesen Platz zu erstürmen, als er seine berühmten Wanderungen über die Erde unternahm, um die ihm aufgetragenen zwölf Arbeiten zu verrichten (die Sage ist vielleicht von einer Geschichte des hinduistischen Gottes Shiva abgeleitet, dessen Attribute – Keule und Tierfell – denen des Herakles ähneln).

Alexander konnte einer solchen Herausforderung nicht widerstehen; wieder einmal fühlte er einen *pothos* (heftiges Verlangen): Er wollte den Berggipfel sehen und erobern. Doch wo lag Aornos? Die Griechen nennen uns einige wesentliche Fakten: Die Südseite war vom Indus umspült; das Bergmassiv war ziemlich rund, hatte einen Umfang von 40 km und erhob sich 1500 m über dem Fluss; auf der Höhe gab es eine ebene Fläche; die landwirtschaftlich nutzbaren Felder waren groß genug, um einer beträchtlichen Zahl von Menschen Arbeit zu bieten. Diesen Angaben folgend, stieg im eiskalten April des Jahres 1926 der unermüdliche Forscher Aurel Stein mit einem Zug von Eseln auf diese Höhen, um den vergessenen Ort ausfindig zu machen. Er entdeckte ihn auf einem unzugänglichen Höhenzug über dem Indus-Tal, an einem Platz namens Pir Sar (»der Grüne Mann«). Kürzlich wurden Steins Forschungsergebnisse wieder in Zweifel gezogen, aber nur von Gelehrten, die lediglich in ihren Studierzimmern hocken. In der Zwischenzeit sind, wenn überhaupt, nur wenige hier heraufgekommen, um sich vor Ort ein vollständiges Bild

---

Umseitige Abbildung: Die zerklüftete Landschaft des Swat-Tals im nordwestlichen Grenzgebiet Pakistans. Im Winter 327–326 v. Chr. kam Alexander hier herauf und plünderte die Städte Udegram und Bir-Kot.

von der Geschichte zu machen; es hat sich keine andere plausible Lösung angeboten. Ein Grund besteht natürlich in der Schwierigkeit, eine solche Erkundungsreise durchzuführen. An einem stürmischen Tag im Mai – der Himmel kündigte Unwetter an; unterhalb von 3000 m lag fast kein Schnee mehr – folgten wir Alexanders und Steins Spuren, um zu versuchen, die dramatischen Ereignisse zu rekonstruieren, die während Alexanders legendärer Belagerung stattgefunden hatten.

Alexander war den Indus aufwärts gezogen und hatte sich der Feste von Süden aus genähert, doch er war sich rasch darüber im Klaren, dass ein Frontalangriff auf den Berg nicht in Frage kam. Das Gelände war einfach zu steil, zu felsig und zu stark bewachsen. Wieder einmal wandte er sich an einheimische Wegführer, die ihm, sicherlich unter Zwang, verrieten, dass es nur einen Pfad hinauf in die Berge gebe, der von einer größeren Streitmacht benutzt werden könne. Falls Steins Lokalisierung von Aornos richtig ist, kann es sich nur um den Weg handeln, der von Upal Kandao bis Pir Sar führt, und wir beschlossen, ebendiese Route einzuschlagen. Sie führt, von Westen kommend, auf dem Grat eines mit Pinien bestandenen Bergrückens entlang und ist 7 km lang (Luftlinie – die tatsächlich zurückzulegende Strecke ist deutlich länger, und das merkt man auch). Der Bezirkskommissar vor Ort, der Verantwortliche für den Pass Shangla, half uns bei den Vorbereitungen für unsere Expedition, und bis wir aufbrechen konnten, war unsere Gruppe beträchtlich angewachsen: vier Esel und ihre Treiber (für den Transport der Ausrüstung), vier bewaffnete Grenzpolizisten (für den Schutz vor Wölfen und Banditen), zwei befreundete Archäologen aus Swat und ein paar einheimische Wegführer, unter ihnen der Dorfälteste bzw. *tahsidar*. Mit ihnen wurde eine erstaunliche Geschichte auf fesselnde Weise wieder lebendig.

Wir beschlossen, vom westlich von Pir Sar gelegenen Bergsattel Upal Kandao aus zu starten; von dort musste sich unserer Meinung nach das griechische Einsatzkommando auf den Weg gemacht haben. Auf den ersten beiden Kilometern steigt der Pfad, der am Abhang des Berges Bane-Sar entlangführt, über 700 m an. Auf dem dicht bewaldeten Berg stehen hoch aufragende Pinienwälder, Oleander wächst dort und wilde Hortensien, auf seinen grasbewachsenen Hängen blühen gelbe Butterblumen und pinkfarbene Alpenblumen. Selbst für unsere Maultiere war der Weg beschwerlich. Er war gewunden und steinig und führte manchmal in tiefe Schluchten hinunter, so dass die ganze Kletterei immer wieder von vorn beginnen musste. Nach einem dreistündigen Marsch trafen wir bei Acharo-Sar auf eine Quelle mit Trinkwasser (die Griechen erwähnen, dass sie unterwegs an einer Quelle vorbeikamen). Im Norden konnten wir durch die Bäume einen Ring schneebedeckter Berge am Horizont erkennen. Unter uns sahen wir steile, mit Pinien bestandene Abhänge und einige Bäche mit Schmelzwasser, deren Ränder noch jetzt, Anfang Mai, mit Schneeresten gesäumt waren (Alexander war zwei Wochen früher im Jahr als wir hier durchgezogen und hatte versucht, den Schnee als Trinkwasserreserve zu nutzen, indem er die Bäche mit Zweigen abdecken ließ.)

Wir kamen nur qualvoll langsam voran, und die letzten Stunden marschierten wir im Dunklen. Dann erreichten wir, in etwa 2700 m Höhe, ein verlassenes Sommercamp, wo wir in einer solide gebauten Moschee Unterschlupf fanden – einer besseren Schäferhütte mit einem flachen, kompakten Dach, das von dicken Holzpfosten gestützt wurde. In der Mitte des Raumes befand sich auf dem gestampften Erdboden ein Herd, auf dem wir uns ein Feuer für die Nacht machten. Unsere Lebensmittel waren indes von dem Chef der Gegend bereits nach Pir Sar geschickt worden, so dass wir uns mit Obst, Keksen und kaltem Wasser begnügen mussten. Wir verbrachten eine kalte, ungemütliche Nacht und wälzten uns in unserer verräucherten Unterkunft hin und her. Als ich am Feuer saß und mir meine Notizen machte, stellte ich mir vor, wie die Soldaten von Alexanders General Ptolemaios hier unterwegs waren. Sie waren etwas früher im Jahr hier angekommen, und es muss für sie kälter gewesen sein als für uns; allerdings waren sie sicherlich besser vorbereitet, besser verpflegt und selbstverständlich um einiges zäher. Sie müssen auch früher am Morgen aufgebrochen sein und ihr Ziel noch bei Tageslicht erreicht haben.

In der Morgendämmerung des nächsten Tages bot sich uns ein atemberaubender Blick bis hinunter in das Tal des Indus und zu der Stelle, an der Alexander sein Hauptlager aufgeschlagen hatte. Um 6.30 Uhr zogen wir – frierend, schlaftrunken und hungrig – weiter, doch als wir, auf knapp 3000 m Höhe, den zentralen Gipfel umgangen hatten, wurden wir bald von der Sonne erwärmt. Manchmal war der Pfad, auf dessen beiden Seiten es äußerst steil nach unten ging, nur gerade mal für zwei Esel breit genug. Schließlich ließen wir um die Mitte des Vormittags den Wald hinter uns und gelangten auf eine sonnenbeschienene Anhöhe, von der aus man auf das Plateau von Pir Sar hinunterschaute. Es war genau so, wie es die Griechen gesagt hatten: Der geheime Pfad hatte sie an eine Stelle geführt, von der aus sie die Zitadelle von oben kontrollieren konnten. Unter uns befand sich die Schlucht Burimar, der einzige Zugang nach Pir Sar. Unser Aussichtspunkt war offensichtlich die Stelle, an der Ptolemaios sein Lager aufgeschlagen und seine Befestigungsanlagen errichtet hatte, die den Grat abriegeln sollten. Als ich dort zwischen den Bäumen umherging, kam es mir so vor, als könne ich klar die Spuren von Erdarbeiten erkennen; sie zogen sich über eine Länge von mehr als 100 m über die Engstelle und waren an einer Stelle von einer deutlich sichtbaren Reihe aufgeschichteter Steine abgestützt.

Sobald die Griechen den Kamm oberhalb der Schlucht besetzt hatten, saßen die Inder in der Falle. Es gab nur noch den Fluchtweg über die abschüssigen Hänge von Pir Sar. Alexander war jetzt in der Lage, Verstärkungstruppen auf die Berge zu schicken. Doch er musste auch noch an die Verteidiger der Festung herankommen, und das bedeutete, er musste die Schlucht durchqueren, was angesichts der Soldaten oben in Pir Sar nicht möglich war. Die Lösung war für Alexander typisch: waghalsig und kompromisslos. Er beschloss, eine Brücke über die Schlucht zu bauen. Es galt, eine 500 m breite Kluft auf eine Höhe von mindestens 30 m und vielleicht noch mehr aufzufüllen. Jeder Soldat wurde angewiesen, 100 Pfähle zurechtzuhauen; sie sollten die Erdauffüllung stabilisieren, bevor größere Balken darüber gelegt wurden. Während der nächsten paar Tage wurde von den Heeressoldaten, die in Tag- und Nachtschichten arbeiteten, ein künstlicher Damm errichtet. In kurzer Zeit wurde dieser gigantische Belagerungsdamm 200 m weit in Richtung auf das Plateau vorangetrieben. Unterdessen hatte Alexander zerlegte Artilleriegeräte auf Eseln heraufbringen lassen, und seine Katapulte und Wurfschützen – ihre Reichweite betrug 300 m – konnten jetzt die Verteidiger von dem Hügel, der dem Damm am nächsten lag, hinwegfegen. Unter dem Schutz ihrer Geschosse stießen die Griechen vor.

Selbst in dieser Situation dachten die Inder aus irgendeinem Grunde nicht an Flucht. Schließlich starteten die Griechen einen Kommandoüberfall, um die Kuppe am Rand von Pir Sar einzunehmen. Die Inder waren jetzt am Ende und baten vermutlich um Frieden. Arrian beschönigt, was dann passierte. Nach scinen Angaben versuchten die Inder im Schutze der Dunkelheit zu fliehen; die Griechen hätten absichtlich ihre Wachtposten von einem »Pass« abgezogen und

ihnen so eine Rückzugsmöglichkeit eröffnet. Doch könnte das, genau wie in Massaga, lediglich eine List Alexanders gewesen sein. Denn als die Inder versuchten, den Berg zu räumen – vielleicht in der Annahme, man lasse sie ungehindert ziehen –, wurden sie angegriffen und samt und sonders niedergemetzelt. Der uneinnehmbare Felsen, der Herakles getrotzt hatte, war von Alexander erobert worden.

Oben auf dem Berg ließ Alexander Altäre zu Ehren der Nike (Sieg) und der Athene errichten. Bruchstücke von ihnen könnten noch erhalten sein: Vielleicht sind sie in die Mauer um den Teich und in die kleine Moschee oben in Pir Sar eingebaut. Ebenso könnte eine viereckige Festung aus Geröllstein am nördlichen Rand des Plateaus ein Werk Alexanders sein. Von dem großen Damm, der im Laufe der Jahrhunderte vermodert und verfallen ist, ist heutzutage nur noch wenig geblieben, obwohl die Kluft noch deutlich zu sehen ist.

Die Belagerung von Aornos war möglicherweise nur ein Ereignis von zweitrangiger Bedeutung und wurde bloß durch Alexanders Propaganda-Abteilung zu einer heroischen Tat aufgebläht, da der Angriff unter besonderen Umständen stattgefunden hatte und der Bau des Dammes ein waghalsiges Unternehmen war – ganz abgesehen davon, dass Alexander seine Kräfte mit Herakles messen wollte. Gleichwohl: Als wir auf Alexanders Spuren nach Pir Sar hinaufkletterten und, wenn auch nur für ein paar Nächte, dieselben Strapazen wie seine Soldaten auf uns nahmen, konnten wir uns kaum etwas vorstellen, was Alexanders Kühnheit und unwiderstehliches Ungestüm besser veranschaulicht hätte. Die Geschichte von Aornos illustriert die unversöhnliche Entschlossenheit des makedonischen Königs: Er machte deutlich, dass jeder Widerstand sinnlos war und man sich nirgends vor ihm verstecken konnte. Nicht zum ersten Mal auf unserer Reise stellte ich fest, dass ich mich stark mit den hoffnungslosen Verlierern identifizierte.

Auf dem Gipfel trafen wir einheimische Stammesoberhäupter, die heraufgekommen waren, um uns zu sehen. Sie hatten mit Henna gefärbte Bärte, mit Kajal geschwärzte Augen, Halstücher mit Patronen und trugen alte Enfield-Waffen bei sich. Die Gegend hier oben ist wild und gesetzlos. Niemand wusste etwas von Alexanders Geschichte, obwohl ein sehr alter Mann einen Engländer erwähnte (ganz offensichtlich Aurel Stein), der vor 60 oder 70 Jahren hier gewesen sei: »Wie Sie war er auf der Suche nach ihm. Hier sprach er ziemlich viel über Iskander.« Sie bereiteten uns ein Festessen: Ziege und Reis. Am Ende unseres Aufenthaltes beschlossen wir, nicht auf demselben Weg zurückzukehren, sondern vom südlichen Rand von Pir Sar den direkten Abstieg zu wählen, einen gewundenen, steilen Eselspfad, der zum 1700 m tiefer gelegenen Fluss hinabführte. Von Westen her zogen indigofarbene Wolkenbänke auf, ungeheure Blitze krachten auf Una-Sar hernieder und verschwanden unter uns, während sich ein dichter Regenschleier über den Fluss im Osten senkte. Beim Abstieg drehte ich mich noch einmal um, um einen letzten Blick auf die Höhen von Pir Sar zu werfen, als plötzlich ein gewaltiger Blitz in den Wald unterhalb der Felsspitzen einschlug. In jenem Augenblick hätte es mich nicht gewundert, wenn die Göttin Nike

---

Der Weg nach Aornos: auf dem Pfad zu den Höhen von Pir Sar;
Blick nach Norden in Richtung Karakorum. Trotz der eisigen Kälte gelang Alexander hier im April, auf fast 3000 m Höhe, mit seinen Belagerungsmaschinen der Aufstieg.

erschienen wäre und sich mit ausgebreiteten Flügeln auf dem Gipfel niedergelassen hätte oder wenn Zeus höchstpersönlich mit seinem Donnerkeil den dunklen Wolkenwirbeln entstiegen wäre, die über die Zinnen von Aornos hinwegzogen.

Über den Indus

Für Alexander war aller Widerstand westlich des Indus überwunden, zumindest vorläufig. In Hund am Indus konnte er sich wieder dem Hauptheer anschließen. Hier hatten Hephaistion und die Pioniere eine riesige Schiffsbrücke fertiggestellt, dort, wo man heute von Akbars Kiosk aus über das Wasser schaut; er steht in einem Garten mit Mimosen, Akazien und zerfallenen Pavillons aus der Zeit der Mogule. Dies war die Stelle, wo man den Indus auf der alten Landstraße von Zentralasien nach Indien überquerte. Sie verlor ihre Bedeutung, als die Große Fernstraße weiter südlich nach Attock verlegt wurde. Doch auf diesem Streckenabschnitt konnte man noch bis vor 20 Jahren solche Schiffsbrücken sehen, die für die trockene Jahreszeit errichtet und wieder abgebaut wurden, wenn im Himalaja die Schneeschmelze einsetzte und der Flusspegel anstieg. Nur an zwei oder drei Stellen am Indus werden sie nun noch verwendet. In Mithancot, tief im Süden, kann man 90 Boote sehen, die in einer langen Reihe am Ufer festgemacht und durch einen Steg aus Holzplanken verbunden sind, der mit Erde und Stroh für die Tiere bestreut ist: für die Kamele und Elefanten, die neben dem moderneren Verkehr den Fluss überqueren. Hier kann man sich leicht vorstellen, wie es an dem Tag zuging, an dem Alexander übersetzte. Die Armee war jetzt riesig; sie umfasste mehr als 80 000 Soldaten und 30 000 Marketender und Marketenderinnen, Tragtiere, einen Belagerungszug, Elefanten, nicht zu vergessen die Wissenschaftler, Botaniker, Naturforscher und Landvermesser, die jeden Schritt von Makedonien bis zum Ende der Welt berechneten.

Nachdem Alexanders Heer sicher übergesetzt war, zog es nach Taxila, in das Königreich des freundlichen Königs Ambi, der bereits früher im Jahr seine Gesandten zu Alexander geschickt hatte. Die Stadt liegt an der Großen Fernstraße westlich des modernen Rawalpindi. Wenn man von Peshawar und dem nordwestlichen Grenzgebiet kommt, steigt man an einer staubigen, belebten Haltestelle für Lastwagen und Busse aus, wo ein riesiges Schild die Straße überspannt: »Willkommen in Taxila«. Einen Kilometer weiter nördlich findet man, nachdem man einen geschäftigen, aber verwahrlosten Basar durchquert hat und an einem verlassenen Hindu-Tempel vorbeigekommen ist, im offenen Gelände den alten Platz. Im Altertum sind hier mehrere Städte nacheinander erbaut worden, die wichtigsten in diesem Teil des Subkontinents, und hier war der Haupttreffpunkt für den Austausch zwischen der griechischen und der dann folgenden indischen Kultur.

Bei ihrer Ankunft hatten die Griechen einen freundlichen Empfang erwartet, doch gerieten sie für einen Augenblick in Panik, als sie außerhalb der Stadt ein Heer sahen, das – hinter einer Einheit von Elefanten, die Kampfsänften und Körperpanzer trugen – in voller Paradeuniform angetreten war. Hastig ließ Alexander die Phalanx aufmarschieren und postierte die Kavallerie außen auf die Flügel. Als er merkte, dass ein Missverständnis vorlag, ritt der König Ambi allein auf die Griechen zu. Alexander tat dies ebenfalls, und die beiden Männer trafen aufeinander. »Sie schienen sich, ihrem Gesichtsausdruck nach zu urteilen, gut zu verstehen«, sagten die Griechen, »aber keiner verstand auch nur ein Wort von der Sprache des anderen.« Ein Dolmetscher wurde entsandt, und die Dinge wurden geklärt. Ambi war damit einverstanden, Alexanders Vizekönig zu werden und ihn in den bevorstehenden Feldzügen zu unterstützen. Er präsentierte Alexander auch sehr schnell eine Rechnung für die Versorgung von Hephaistions Heerestrupp während des Brückenbaus. Großzügige Geschenke wurden ausgetauscht, und Alexander verbrachte anschließend ein paar Tage in der Stadt. Sein Lager könnte sich auf der Kuppe befunden haben, auf der heutzutage der Jandial steht, ein Tempel im griechischen Stil mit klassischem Portikus; sein Inneres war dereinst mit Gemälden von Alexanders Siegen in Indien geschmückt. Der Platz des griechischen Lagers könnte das große Rechteck gewesen sein, das später von einer geplanten griechischen Stadt (der ersten auf dem Subkontinent) eingenommen wurde; ihre Straßen existieren noch heute. Es handelt sich um ein riesiges, ordentliches und sauberes Rechteck, das man neben das chaotische Straßengewirr der alten indischen Stadt gesetzt hat. Man fühlt sich erinnert an die klaren Linien der heutigen Hauptstadt Islamabad (auch eine künstliche Schöpfung), die man neben dem wildwuchernden Häusergewirr von Pindi errichtet hat. Islamabad ist die Stadt der Beamten, Bürokraten und reichen Leute und wird von der daneben liegenden ursprünglichen Stadt versorgt.

Taxila sollte eines der Zentren der hellenistischen Kultur in Indien werden und der große Treffpunkt für Ost und West in Fragen der Grammatik, Dichtung, Kunst und Philosophie. Man würde hier 500 Jahre lang Griechisch sprechen. Alexanders Ankunft ist der symbolische Beginn eines besonders intensiven Austausches zwischen zwei der originellsten und schöpferischsten Kulturkreise der Welt. Gewiss hätte sich Alexander diesen Austausch gewünscht, doch damals lag dies alles noch in ferner Zukunft. Alexanders unmittelbare Sorge galt militärischen Fragen. Sein Geheimdienst hatte ihm gemeldet, dass er auf der Straße vor ihm mit geballtem Widerstand zu rechnen hatte.

Wenn man auf der Großen Fernstraße weiterfährt, kommt man nach 120 km an den ersten großen Fluss des Punjab, den Jhelum. Poros, der Herrscher über das Gebiet jenseits des Jhelum bis zum Chenab, war ein Feind Ambis. Er hatte, so die eintreffenden Informationen, Alexanders Gesandten zurückgewiesen und ein Heer aufgestellt, um Alexander an der Durchquerung des Landes zu hindern. Im späten Frühjahr, als die Schneeschmelze einsetzte und die Zeit des Monsuns bevorstand, stiegen die Flüsse des Punjab an und würden – angesichts einer bewaffneten Opposition – bald unpassierbar sein und dies bis zum Herbst bleiben. Sofort brach Alexander seinen Aufenthalt in Taxila ab und bereitete sich auf seinen Abmarsch vor: Nach nur fünf Tagen machte er sich, zusammen mit Ambi, auf den Weg. In diesen Tagen muss eine fieberhafte Geschäftigkeit geherrscht haben: Die Pioniere beschlagnahmten Hunderte von Ochsenkarren, um die zerlegten Boote zu transportieren, die man für die Flussbrücke brauchte, und rumpelten dann mit ihren Wagen jeden Tag ein paar Kilometer über die Ebenen des Nordwestens. Zeitweise muss jede Straße verstopft gewesen sein.

Die Schlacht am Jhelum

Die Fragen nach Alexanders Route südlich von Taxila und der Stelle seiner Entscheidungsschlacht mit Poros sind noch immer Gegenstand vieler gelehrter Diskussionen. In den frühen 30er-Jahren des 20. Jahrhunderts legte Aurel Stein eine überzeugende Theorie vor, doch seine Ideen sind seit kurzem wieder unter Beschuss geraten. Eine neue Vermessung dieser Region durch pakistanische Archäologen hat jedoch das Problem endgültig zu seinen Gunsten entschieden. Alexander marschierte nicht entlang der Großen Fernstraße – der mittelalterlichen Straße der Mogule –, sondern begab sich von Taxila aus in genau südlicher Richtung zum Great Salt Range. Das war die Straße, die seit prähistorischen Zeiten bis zum 11. Jahrhundert, als die Muslime in Indien einfielen, benutzt wurde. Bis zum Great Salt Range hätte die Straße nicht bequemer sein können, sie durchquert nämlich offenes, sanft gewelltes Ackerland. Das letzte Teilstück bis in die Berge muss für die Ochsenkarren ein langer Weg gewesen sein, aber überhaupt nicht zu vergleichen mit dem, was die Makedonen bereits geleistet hatten.

Münze zum Gedenken an die Schlacht am Jhelum im Punjab.
Links: Alexander auf Bukephalos attackiert Poros auf seinem Kriegselefanten.
Rechts: Alexander wird von Nike, der Siegesgöttin, gekrönt.
Gegenüberliegende Seite: Eine moderne Schiffsbrücke über den Indus. Dies war die Technik, die von Alexanders Pionieren angewendet wurde, um die makedonische Armee über die großen Flüsse des Punjab überzusetzen.

Am Pass Nandana hat man oben von den Hügeln aus einen spektakulären Blick auf die Ebene des Jhelum, der sich wie ein silbernes Band durch grüne Reisfelder windet; dazu hört man in der Ferne das Ächzen von Bewässerungspumpen und das Heulen einer Getreidemühle. Jenseits des Flusses erstrecken sich die Ebenen des Punjab bis hin zum Ganges. Hier hat man mehr als irgendwo sonst den Eindruck, das Tor nach Indien vor sich zu sehen. Nach all den Strapazen, die sie auf sich genommen und nach den gewaltigen Entfernungen, die sie zurückgelegt hatten, muss es für die Griechen ein höchst bewegender Augenblick gewesen sein, den Pass Nandana hinunterzukommen und diesen herrlichen Blick zu genießen. Jenseits des Flusses, so haben es ihnen ihre einheimischen Führer bestimmt mitgeteilt, lag das Herzland Indiens.

Sie stiegen in eine ovale Ebene zwischen dem Great Salt Range und dem Fluss hinab. Die größte Furt befand sich irgendwo in der Nähe der modernen Eisenbahnbrücke bei Haranpur. Auf der anderen Seite stand das Hauptheer des Rajah Poros, 30000 Mann, 2000 Berittene und 300 Elefanten; sie waren zwar nirgends nahe genug, um die kampferprobten Griechen zu schlagen, aber doch so nahe, dass sie deren Pläne durchkreuzen konnten – vorausgesetzt, Rajah Poros wäre in der Lage, Alexander an der Überquerung des Flusses zu hindern. Mit der Schneeschmelze im

Himalaja stieg der Fluss nun stetig an. Falls Poros die Griechen bis zum Anbruch des Monsuns daran hindern könnte, über den Fluss zu setzen, müsste Alexander bis zum September warten. Wäre Poros dazu imstande?

Alexander schlug gegenüber der indischen Armee sein Lager auf und sandte Spähtrupps aus, die flussaufwärts und -abwärts erkunden sollten, wo er einen Übergang erzwingen könnte. Am nördlichen Rand der Ebene, von seinem Lager aus etwa 25 km flussaufwärts, gab es eine sehr weit vorspringende Landspitze – die Felsenklippen des Great Salt Range gehen dort bis in die Flussniederung hinunter und bilden ein Vorgebirge –, eine *akra*, wie sich die Griechen ausgedrückt hätten, ähnlich den langgezogenen Kaps wie Knidos oder Mykale, die weit in die Ägäis ragen.

Dem Kap gegenüber lag eine große bewaldete Insel, wie sie von dem Fluss oft gebildet und immer wieder neu geschaffen wird. (Es ist übrigens wahrscheinlich, dass der Fluss selbst im Laufe der inzwischen vergangenen Jahrtausende seinen Lauf nicht sehr verändert hat. Er kann nicht weiter westlich geflossen sein, da die Felsklippen des Great Salt Range und das Hochland dem entgegenstehen; auf der anderen Seite verlagert sich das Flussbett auf seinen periodischen Wanderungen – einem Zyklus von 72 Jahren nach der dortigen Überlieferung – nur innerhalb einer 10 km großen Ebene; deshalb muss das Schlachtfeld in etwa so wie heute ausgesehen haben.) Am Ende des Gebirgsvorsprungs befindet sich auf einer natürlichen Plattform oberhalb der Stadt ein schöner Sufi-Schrein aus weißem Marmor, der mit blauen Multan-Ziegeln geschmückt ist. Hinter diesem Gebirgsvorsprung gab es das, was die Ortsansässigen als *nala* bezeichnen, ein tiefes Tal, das von einem im Sommer austrocknenden Flüsschen in die Berge geschnitten ist. Im Innern des Tales öffnete sich ein weites Gelände, das von der anderen Seite aus überhaupt nicht eingesehen werden konnte und groß genug war, mehrere tausend Soldaten zu verbergen. Hier beschloss Alexander seine Truppen für die Flussüberquerung zu verstecken. Über einen gewissen Zeitraum – und wahrscheinlich im Schutze der Nacht – ließ er hier seine Boote zusammenbauen und formierte dann einen Elitestoßtrupp, bestehend aus 5000 Kavalleristen und 4000 Infanteristen. In der Zwischenzeit startete seine Hauptarmee flussabwärts ein Ablenkungsmanöver, um Poros in dem Glauben zu lassen, dass der Angriff hier erfolgen werde. Alexander bediente sich sogar eines Doppelgängers – eines Soldaten, der ihm in Körperbau und Aussehen täuschend ähnlich sah und der seine königlichen Insignien trug; die indischen Spione sollten denken, dass er seinen Angriff an der größten Furt vorbereitete.

Der Tag X – der Tag des Flussübergangs – war um den 21. Mai. Sommerstürme hatten eingesetzt, der Fluss stieg an, und in der für den Übergang gewählten Nacht gab es einen heftigen Platzregen. Nach Einbruch der Nacht nahmen die Soldaten des Stoßtrupps etwas Nahrung zu sich, tranken Wein, um sich zu stärken, und verließen dann die Schlucht, um in Booten über den Fluss zu setzen (oder auf Flößen aus Lederhäuten, die man mit Spreu ausgestopft hatte; solche Flöße wurden noch während des Zweiten Weltkriegs im Burma-Feldzug verwendet.) Dann rückten sie weiter vor, stießen jedoch auf einen anderen Arm des Flusses, den ihre vorher ausgesandten Kundschafter übersehen hatten. Das ganze Manöver musste noch einmal wiederholt werden: Die meisten Einheiten durchquerten den Fluss, indem sie durch brusthohes Wasser wateten. Bei Tagesanbruch wurden die durchnässten Soldaten auf der anderen Seite in Schlachtformation aufgestellt. Erst jetzt wurden die Inder auf sie aufmerksam, und der Sohn des Poros eilte mit 2000

Soldaten und 50 Streitwagen flussaufwärts, um Alexander aufzuhalten. Doch es war zu spät. Seine Kampfwagen blieben in dem regennassen Boden stecken; er wurde überwältigt und getötet – alle seine Wagen fielen den Griechen in die Hände. Poros war in der Falle. Er ließ einen Trupp Soldaten zurück, um die wichtigste Übergangsstelle gegen Krateros zu verteidigen, und hatte nun keine Alternative mehr: Sein Heer musste einen Schwenk machen und sich gegenüber Alexanders Armee in einer Schlachtreihe aufstellen.

Poros' einzige Hoffnung hatte darin bestanden, die Griechen am Übergang zu hindern. Doch er hatte die Energie und die Entschlossenheit seiner Feinde niemals richtig eingeschätzt. Als ein ehrenwerter, altmodischer Krieger aus epischer Zeit hatte Poros zu keinem Zeitpunkt verstanden, mit wem er es zu tun hatte. Seine unterlegenen Truppen begannen einen verzweifelten Kampf, für eine gewisse Zeit bereiteten die Elefanten den Makedonen Probleme und lösten, wie Arrian berichtet, in der Phalanx eine Panik aus. Doch bald darauf wurden die Elefanten – sie waren verwundet und, gereizt durch die langen Lanzen der Phalanx, völlig außer sich – in ihre eigenen Reihen zurückgedrängt; die Elefantenführer waren von den griechischen Bogenschützen niedergeschossen worden, und die reiterlosen Tiere gerieten außer Kontrolle; man stach ihnen die Augen aus und hackte ihnen mit Buschmessern die Rüssel ab. Schließlich seien sie, wie Arrian sagt, nur noch »ein Bild des Jammers gewesen« und hätten unter hoffnungslosem Trompeten »Schritt für Schritt sich zurückgezogen« – »wie Schiffe, die sich achteraus bewegen« (*Anabasis* 5,17,7). Die indische Infanterie war umzingelt, und die meisten wurden getötet. Die Verluste werden unterschiedlich hoch eingeschätzt: Arrian beziffert sie auf 20 000 – das wäre fast das gesamte Heer; Diodorus Siculus spricht von 12 000 Gefallenen, 9000 Kriegsgefangenen und außerdem 80 getöteten Elefanten – seine Angaben klingen wahrscheinlicher.

Poros war ausmanövriert und aus dem Feld geschlagen. Und dieser überwältigende Sieg gegen einen unwichtigen einheimischen König sollte von Alexanders Propaganda-Abteilung in der griechischen Welt herumposauniert werden, als sei er kaum weniger bedeutend als die Eroberung Indiens. Eine prächtige, in Babylon geprägte Münze zeigte, wie Alexander auf Bukephalos den Poros auf einem Elefanten angriff; die Rückseite zeigte Alexander als Zeus mit seinem Donnerkeil. Die Wahrheit hatte indes ziemlich anders ausgesehen. Es war eher so, wie wenn die heroische Kriegsaristokratie der indischen Epik, des *Mahabharata*, den Sturmtruppen eines anderen Planeten begegnet wäre. Vielleicht war die Taktik brillant, doch die Schlacht am Jhelum war ein entsetzliches Massaker. Von nun ab begannen die Makedonen ihr wahres Gesicht zu zeigen: Sie wüteten in einem alten Kulturkreis wie die Conquistadores der Alten Welt.

Poros selbst überlebte das Gemetzel. Schließlich ergab sich der schwer verwundete König der Inder, ein über 1,80 m großer Hüne. In einer Version der Geschichte kniete sein verwundeter, erschöpfter Elefant nieder, damit der blutüberströmte Poros, der sich kaum noch aufrecht halten konnte, absteigen könne. Das Gespräch zwischen Poros und Alexander ist zur Legende geworden, und sie mag durchaus ein Körnchen Wahrheit enthalten: Als ein Dolmetscher ihn fragte, wie er behandelt werden wolle, antwortete Poros schlicht: »*Basilikos moi chresai*« (»Behandele mich wie einen König«). »Aber wie sonst noch?« fragte Alexander. »In dieser einen Bitte ist alles enthalten«, erwiderte Poros. Von der würdevollen Haltung des Königs beeindruckt, gab Alexander ihm sein Königreich zurück und schenkte ihm darüber hinaus einige Ländereien seiner Feinde. Lässt man die von der Propaganda verbreitete Ritterlichkeit bei Seite, so verkündete das

Oben: Blick nach Osten über das Schlachtfeld am Jhelum.
Im Vordergrund senkt sich das »Kap« des Great Salt Range in die Ebene; dort gelang Alexanders Heer der nächtliche Übergang über den Fluss. Der Grabschrein von Alexanders Pferd Bukephalos könnte sich dort befunden haben, wo heutzutage der Sufi-Schrein aus weißem Marmor steht.
Gegenüber: Griechische Kavallerie im Kampf mit indischen Kriegselefanten.

Massaker den anderen Rajahs und Maharadjas eine klare Botschaft: Es war sehr viel besser, Alexander zum Freund als zum Feind zu haben.

Der Tod des Bukephalos

Für Alexander brachte die Schlacht auch persönliche Verluste. Sein geliebtes Pferd Bukephalos starb nach dem Gefecht an Altersschwäche oder an seinen Verletzungen. Das betagte Pferd war etwa 20 Jahre alt. Ihm zu Ehren gründete Alexander an der Stelle eine Stadt, an der der nächtliche Übergang über den Fluss stattgefunden hatte, d. h. an dem »Kap« auf der westlichen Flussseite.

Vielleicht wurde hier an einem herausgehobenen Platz auch – zur Erinnerung an das Schlachtross – ein griechisches Heroon (Heldendenkmal) errichtet. Auf der anderen Seite des Flusses, näher am Schlachtfeld, gründete er eine weitere Stadt, Nikaia (Sieg). Diese Städte konnten bisher nicht lokalisiert werden, doch der wahrscheinlichste Kandidat für Nikaia ist die alte Stadt Mong, ein Straßengewirr von Häusern aus Lehmziegeln, das sich über einer 30 m hohen Schicht aus Tonscherben erhebt. Hier hat man indo-griechische Münzen gefunden, und der Ort stammt sicherlich aus der Zeit des Hellenismus.

Bukephala wäre in diesem Fall wohl das kleine Jalalpur, das von Mong aus am Fuße der langen Felsvorsprünge des Great Salt Range zu sehen ist. In späteren Jahrhunderten kannten buddhistische Pilger aus China in dieser Gegend eine »Stadt des berühmten Pferdes«. Im 1. Jahrhundert war der Ort bei griechischen Kaufleuten noch bekannt als Boukephalos Alexandreia. Als ich auf meiner Suche nach Alexander zum ersten Mal nach Jalalpur kam, hielt ich es für am wahrscheinlichsten, dass sich Bukephalos' Grab auf der Plattform befunden hatte, auf der heutzutage der moderne Schrein steht. Doch auf dem Hügel über Jalalpur gibt es die Überreste einer Stadt namens Garjak, in der man, wie der alte britische Distriktoffizier in seinem Ortsregister verzeichnet, indo-griechische Münzen von Alexanders Nachfolgern finden kann. Könnte dies die vergessene Stadt sein?

Hier, hoch oben am Berghang, bietet sich von der Plattform eines alten Tempels ein herrlicher Blick über die Ebene, den Fluss und das Schlachtfeld. Bis zur Teilung des Landes war dies die Stätte eines Hindu-Schreins für die Göttin des Berges, Mangla Devi. Es ist jetzt das Grabmal eines muslimischen Heiligen und wird noch immer besucht; es gibt dort Weihwasserkessel, Opferbäume und merkwürdige Grabsteine in Pferdeform. Unter den Bäumen befinden sich muslimische Gräber, bedeckt mit leuchtend grünen Seidentüchern, die mit scharlachroten und goldenen Bordüren abgesetzt sind; sie blähen sich sanft im Abendwind, der die Fahnen und Bänder, die um die Äste gewickelt sind, hin und her bewegt. Hier erzählte uns der muslimische Wärter eine Legende des Hindu-Schreins. Es war die Geschichte von einem Streit zwischen der Hindu-Göttin und dem muslimischen Heiligen: Das Zauberpferd, auf dem die Göttin ritt, stieg hinauf gen Himmel, fiel dann aber auf die Erde herab und wurde an diesem Ort begraben. Vielleicht befindet sich an diesem wunderschönen Platz das Grab des Bukephalos.

Die Schlacht hatte dem Selbstwertgefühl der Griechen einen schweren Schlag versetzt und war, falls sie einen Vorgeschmack von dem vermittelte, was sie erwartete, ein schlechtes Vorzeichen. Mit Sicherheit handelte es sich um eine schreckliche und beunruhigende Erfahrung. Denn wenn schon ein kleiner Rajah so stark war, was würde dann erst geschehen, wenn sie es mit dem Großkönig Indiens persönlich zu tun hätten – vorausgesetzt, es gäbe einen solchen König? Versucht man die Wahrheit hinter der Propaganda herauszufinden, so hatten die Makedonen vermutlich 1200 Tote und 1000 Verwundete in der Schlacht am Jhelum zu beklagen; außerdem waren noch viele Pferde umgekommen. Das waren sehr schwere Verluste. Die gemeinen Soldaten müssen sich vor Verwundungen besonders gefürchtet haben, trotz der Fähigkeiten der griechischen Militärärzte. Selbst heute noch sind in der Monsunhitze des Subkontinents Verletzungen eine üble Sache; sie heilen nur langsam und schlecht, und Infektionen sind an der Tagesordnung. Trotz der Tonnen von Arzneimitteln, die man ihnen aus dem Westen geschickt hatte, waren die griechischen Verluste, die durch die verschiedenen Krankheiten bedingt waren, bestimmt weitaus höher als die geringen Zahlen der auf dem Schlachtfeld Gefallenen, die uns durch die »offiziellen Quellen« übermittelt sind.

Jetzt hatte der Monsun richtig eingesetzt. Drückende Hitze, die im Durchschnitt 30° beträgt, doch im Punjab oft um die 45° erreicht, periodisch wiederkehrende Regengüsse, dazwischen Sonnenschein, schwere Wolken, noch mehr Regen. Es ist eine Zeit, zu der man, wie die alten britischen Reiseführer warnten, »am besten überhaupt vermeidet, in der Tageshitze spazieren zu gehen«. Alexander gab seinen Truppen Zeit, sich nach dem Schock der Schlacht auszuruhen und zu erholen. In der Zwischenzeit machten sich seine Pioniere daran, eine Flotte zu bauen, mit der man den Indus hinabsegeln könnte. Offensichtlich war Alexander der Meinung, das Ende seines Feldzugs sei nun so nahe, dass er mit dieser Arbeit beginnen könne, während er sein Heer weiter zu dem östlichen Ozean führte. So standen Alexanders Truppen einen Monat an den Ufern des Jhelum und verbrachten vergnüglich ihre Zeit mit sportlichen Wettkämpfen und bei musikalischen Aufführungen, um sich von der Hitze und dem Regen abzulenken. Dann, etwa in der Mitte des Sommers, gab Alexander den Befehl, weiter zu ziehen.

Ins tiefste Indien

Man weiß nicht genau, ob die Griechen dachten, sie hätten bereits die äußerste Grenze des persischen Reiches überschritten. Zu verschiedenen Zeiten hat man die Grenze anscheinend entweder am Indus, Jhelum oder Beas gesehen. Manche glauben, Alexander habe nur das Ziel verfolgt, das Perserreich zu erobern, und die Tatsache, dass er nördlich des Jaxartes Halt gemacht hat, könnte darauf hinweisen. Möglicherweise war dies zu einem früherer Zeitpunkt seiner Expedition tatsächlich seine Absicht. Doch vielleicht konnte ein Mensch seines Schlages überhaupt nicht ans Aufhören denken. Es musste einfach weitergehen. »Ein Eroberer kann ebenso wenig still stehen wie eine Kanonenkugel«, wie der Duke of Wellington sagte.

Ende Juni brachen die Griechen ihr Lager ab und zogen weiter durch den Punjab, »in mehr oder weniger östlicher Richtung«, wie es der griechische Geograph Strabon formuliert. Von Jalalpur aus führt die Straße entlang der niedrigen Hügelkette, die sich auf der linken Seite bis zum Chenab bei Gujarat hinzieht, wo die Briten den zweiten Krieg gegen die Sikhs gewonnen haben. Vermutlich folgten sie einer alten Straße, die von Taxila zum Ganges führt, doch dieses Teilstück der Reise konnte noch nie rekonstruiert werden. Jedoch finden sich bei Strabon die entsprechenden Hinweise.

> Nun erfuhr er, das nördliche und gebirgige Land sei zumeist bewohnt und fruchtreich, das südliche hingegen teils wasserlos, teils überschwemmt und brennend heiß und mehr den Tieren als den Menschen angemessen. Er beschloss also, zuerst jenes gerühmte Bergland zu erobern, umso mehr, weil er die Flüsse, welche er, da sie das Land, zu welchem er ging, schief durchschnitten, überschreiten musste, in der Quellen Nähe für durchgänglicher hielt. (Strabon, *Erdbeschreibung* 15,1,26; Übers. G. Groskurd)

Bis zu diesem Zeitpunkt der Reise war das Heer auf 120000 Mann angewachsen, dazu kam ein großes Gefolge von Marketendern, Marketenderinnen und Trabanten. Die Naturwissenschaftler und Botaniker der Expedition hatten jetzt ihre große Zeit. Große Mengen ihrer Aufzeichnungen sind wahrscheinlich in späteren Texten enthalten; sie sind z. B. bei Theophrast, einem Schüler des Aristoteles, in den Büchern, die von Naturerscheinungen handeln, nachzulesen. Die Griechen waren von der Flora und Fauna, die sie nie zuvor gesehen hatten, fasziniert: bengalische Feigenbäume, Banyans (»groß genug, um unter ihrem Blätterdach 400 Reitern Schatten zu spenden!«); Baumwolle (»ein weißer, auf Pflanzen wachsender Stoff, den alle Inder tragen«). Die Bedingungen des Monsuns waren in Theophrasts Abhandlung über das Klima aufgezeichnet; das Werk galt lange als verloren, doch wurde es jetzt in persischer Übersetzung in einer nordindischen Bibliothek wiederentdeckt. Während sie in den Pausen zwischen den Regengüssen, vor Hitze schmachtend, weiterstapften, stellten sie auch fest, dass in der sommerlichen Glut Nordindiens »ein Mann keinen Schatten wirft«.

Die Flüsse führten Hochwasser, und jeder Übergang war mühevoll und zeitraubend. Jedes Mal war eine Schiffsbrücke erforderlich, die von Koinos und dem Pionierkorps erstellt werden musste; diese hatten die Aufgabe, die in Teile zerlegten Boote auf Ochsenkarren zu überführen und dann die Brücke erneut zu bauen. Der Chenab war jetzt fast 3 km breit, ebenso der Ravi. Es war eine beschwerliche und riskante Arbeit, da die starken Strömungen immer wieder einige Brückenabschnitte mit sich rissen. Am Chenab gründeten sie ein weiteres Alexandria, möglicherweise die alte Stadt Sohadra, die heute östlich des Flusses gelegen ist. Irgendwo auf der anderen Seite des Chenab machten sie einen Schwenk, um einen schlagkräftigen und zahlreichen Feind bei einer Stadt namens Sangala zu bekämpfen. Aus den Erinnerungen von Alexanders General Ptolemaios stammt eine dramatische Schilderung, die auf die Nachwelt gekommen ist. Die entsetzliche Geschichte handelt von Postenketten, nächtlichen Überfällen und Massakern; mit Feuer und Schwert zogen die Griechen durch den nördlichen Punjab. Die Stadt wurde vom Nachschub abgeschnitten, und man trug die Attacke über die Sümpfe vor, die von den sommerlichen Regenfällen angeschwollen waren. Laut Arrian verloren bei dem Angriff 17 000 Inder ihr Leben, und im Umland der Stadt wurden 70 000 Gefangene gemacht.

Dann setzten sie ihren Weg in Richtung Osten fort, vermutlich über Sialkot, »wobei sie sich eng an die Berge hielten« – d.h. in Sichtweite der Berge; daher müssen frühere Theorien, nach denen das Heer nach Süden, über Lahore, marschierte, aufgegeben werden. Sie rückten immer weiter vor. Unterdessen zogen lange Schlangen zerlumpter Flüchtlinge durch das Land; unter schweren Monsun-Himmeln, in brütender Hitze, über aufgeweichte Felder, auf der Flucht vor den Rauchsäulen. Die Griechen umgingen die Gebirgsausläufer von Jammu und Kaschmir, setzten irgendwo bei Nainakot (seit der 1947 erfolgten Teilung Indiens verläuft heute dort die Grenze)

Alexander und die Brahmanen. Alexander, der immer wissbegierig war, soll die indischen Heiligen über die Philosophie der Hindus befragt haben. »Aber warum bist du überhaupt hierher gekommen?« fragte einer. Obwohl man sich in Indien an die Griechen als »grauenhaft tapfere Männer« erinnerte, wird Alexander in keiner frühen indischen Quelle erwähnt. »Er kam und sah«, sagte man, »doch Indien siegte.«

همه خوردنی شان ز میوه دار
ز تخم گیا رسته بر کوهسار
که از خوردن و پوشش زیر بود
سکندر بپرسید از خواب و خورد
از آسایش و روز ننگ و نبرد
خردمند گفت ای جهانگیر مرد
کس از ما نگوید ز ننگ و نبرد
ز پوشیدنی و ز گستردنی
همه بی نیازیم از خوردنی

über den Ravi und erreichten den modernen indischen Punjab. Irgendwo an den Ufern des Flusses Beas errichteten sie ihr östlichstes Lager, nördlich von Gurdaspur, südlich von Panthancot. Der große Feldzug näherte sich seinem Höhepunkt.

»Wir gehen nicht weiter«

Vor ihnen war der Fluss Beas, der vorletzte der großen Flüsse des Punjab. Mehr als 1 km breit, mit starker Strömung. Obwohl sich im Laufe der Jahrhunderte das Bett des Beas weiter nach Westen verlagert hat, floss er in historischen Zeiten immer in einem großen Bogen um die Siwalik-Berge, und die Griechen müssen ihn irgendwo in der Nähe des Scheitelpunktes dieses Bogens erreicht haben. Hier befand sich eine uralte Stadt, Dasuya, die in dem alten indischen Epos *Mahabharata* erwähnt wird. Irgendwo bei Dasuya kreuzte seit alters her eine der alten von Taxila zum Ganges führenden Landstraßen den Fluss. Seit dem Mittelalter befindet sich der Übergang in der Nähe der Fähre Naushera. Im Winter gibt es heutzutage dort eine Pontonbrücke; in ihrer Umgebung entstehen auf beiden Uferseiten kleine Siedlungen mit schilfgedeckten Hütten und Imbiss-Ständen. Hier sieht man umherziehende Heilige und Wanderschreine, die auf der Pilgerstraße nach Chintpurni in den Siwaliks unterwegs sind (eine alte Route, die sogar schon vor der Zeit Alexanders existierte). Man kann auch Elefanten sehen, die neben der Brücke schwimmen, und Familien und Wanderer, die ständig auf Reisen sind. Obwohl sich das Flussbett etwas verlagert haben mag, ist dies noch immer die Stelle, wo die nordindischen Reiserouten zusammenlaufen, um den Beas zu überqueren.

Irgendwo hier in der Nähe machte Alexander damals Halt, um den Übergang über den Fluss vorzubereiten und Informationen über das vor ihm liegende Land einzuholen. Alexanders letzte Pläne waren Gegenstand vieler Diskussionen. Hatte er die Absicht, mit der Eroberung von ganz Indien, ja der ganzen Welt, fortzufahren? Hatte er gar schon etwas von der Ganges-Kultur gehört? Obgleich einiges dafür spricht, geben uns die Quellen keine verlässliche Auskunft. Was spielte sich in diesem Augenblick in seinem Kopf ab? Mangels eindeutiger Beweise können wir es wahrscheinlich nie mit Sicherheit wissen, doch scheint es unmöglich, dass Alexander bis dahin noch nichts von dem indischen Königreich gehört haben sollte, das in Patna am Ganges seinen Sitz hatte. Tatsächlich bekam er erst, an den Ufern des Beas, wie Arrian berichtet, verlässliche Informationen. »Vom Beas aus kommst du in fünfzehn Tage an den Ganges«, teilte man Alexander mit, »den größten Strom Indiens (vielleicht der Welt); er ist sage und schreibe 5 km breit. Jenseits des Ganges liegt ein Königreich mit einer stehenden Armee von 250000 Mann und 300 Elefanten.«

In diesem Land gab es, wie wir durch Ausgrabungen wissen, viele große Städte. Kosambi z.B., das von den Griechen im 2. Jahrhundert v.Chr. geplündert worden war, hatte einen Umfang von 10 km Länge und mächtige, aus Backstein errichtete Verteidigungsanlagen. Wie Alexander vielleicht erfahren hatte (griechischen Gesandten war dies jedenfalls nach seinem Tod bekannt), war die Hauptstadt Patna sogar noch größer; sie hatte 400000 Einwohner, eine 28 km lange Stadtmauer mit 564 Türmen und 60 Toren, geschützt vom Ganges, vom Son und einem ausgedehnten System von Wassergräben. Die Stadt konnte es fast mit Babylon aufnehmen. Das Königreich war damals groß und gut organisiert, doch wie man Alexander berichtete, wurde es von einem König regiert, der ihm hinsichtlich seiner Abstammung, seines Charakters und Ansehens unterlegen war und leicht zu Fall gebracht werden könnte. Seine Informanten haben ihm vermutlich auch mitteilen können, was die Griechen eine Generation später wussten: dass es von Patna aus noch 600 km bis zum Meer waren, für Alexander: bis zum Ende der Welt. (China sollte noch zwei oder mehr Jahrhunderte im Bewusstsein der Menschen aus dem Westen keine Rolle spielen, sondern erst dann, als der Ferne Osten dem Westen in Gergana auf der Seidenstraße begegnete.) Bis zu einem gewissen Grad sind wir hier auf Spekulationen angewiesen, doch als Alexander diesen neuen, verführerischen Informationen lauschte, kann sein Verlangen nach Eroberung, sein *pothos*, sein sehnsüchtiger Wunsch, alles zu sehen und sich mit seinen Vorgängern zu messen, nur weiter gesteigert worden sein. Also weiter zum östlichen Ozean.

Doch den Soldaten reichte es. Sie hatten jetzt 70 Tage unter dem Monsunregen und der Hitze gelitten. Unter solchen Bedingungen geht die Ausrüstung kaputt, die Waffen rosten, und man wird tagsüber niemals trocken; die Malaria ist eine Plage; mit Durchfall ist ständig zu rechnen; überall gibt es Schlangen, die von den Fluten auf höher gelegenes Gelände getrieben werden. Die Zahl der Soldaten, die an den verschiedenen Krankheiten starben, muss viel höher gewesen sein als die Zahl derer, die je auf dem Schlachtfeld ihr Leben verloren. Die griechischen Ärzte hatten sich inzwischen das Geheimnis zu Eigen gemacht, wie man aus der Chinarinde Chinin destilliert, um die Malaria-Anfälle zu bekämpfen. Sie hatten von den Indern auch Gegengifte gegen Schlangenbisse bekommen (viele, die auf der Erde schliefen, waren an Schlangenbissen gestorben, und die Todesfälle waren so zahlreich, dass sich viele Soldaten lieber in Hängematten legten). Doch an den Ufern des Beas war überall im Lager lautes Murren zu vernehmen, bis sich die Unzufriedenheit schließlich gefährlich zuspitzte. Meuterei lag in der Luft. Alexander berief nun die Regimentsoffiziere zu einer Versammlung ein. Er erinnerte sie an ihre große Taten, zählte ihre Eroberungen auf und feuerte sie an, eine letzte große Anstrengung zu unternehmen, um ihre Leistungen zu krönen: »Für mich gibt es nichts, was ich einem Mann von edler Gesinnung nicht abverlangen würde ... Doch wir haben es jetzt nicht mehr weit bis zum Ganges und weiter bis zum östlichen Meer ... Wir haben alle diese Gefahren gemeinsam bestanden, und der Lohn wird unter allen aufgeteilt werden ... Wenn wir ganz Asien überrannt haben, werde ich euch reicher machen, als ihr es euch in euren kühnsten Träumen vorstellen könnt!«

Seine Rede wurde mit Schweigen aufgenommen. Man schaute zu Boden. Niemand wagte, mit der Sprache herauszurücken. (Das ist vielleicht keine Überraschung angesichts Alexanders Umgang mit Gegenstimmen. Der Aufforderung eines Tyrannen nachzukommen, freimütig Kritik zu äußern, hat gewöhnlich fatale Folgen.) Schließlich erhob sich Koinos, einer seiner dienstältesten Offiziere. Koinos gehörte zu den verlässlichsten und loyalsten Kommandanten der Phalanx, der mit ihm durch dick und dünn gegangen war. Bei Arbela und an den Persischen Toren hatte er Phalanx-Brigaden befehligt, und er hatte das Kommando über die Einheiten geführt, die im Punjab für den Brückenbau zuständig waren. Jetzt redete er für die »arme verdammte Infanterie« (auch dafür brauchte es einigen Mut). Die Rede, die uns überliefert ist, kann nur eine ungefähre Vorstellung von dem vermitteln, was er sagte, doch klingt sie glaubwürdig. Es ist ein heroischer Moment (wundervoll dramatisiert in dem indischen Kinohit *Sikander* aus dem Jahre 1943; der Film wurde von den Engländern genau deswegen verboten, weil er die Meuterei einer Besatzungsarmee in Indien darstellte). Wie zu erwarten war, begann Koinos mit aller Vorsicht:

> Da du, König, darauf verzichtest, die Makedonen auf Grund deiner Befehlsgewalt zu führen, sondern behauptest, du wollest diese erst überzeugen, im Falle aber, du wirst selbst überredet, keine Gewalt anzuwenden gedenkst, möchte ich dir antworten. Ich spreche dabei nicht für uns hier, die wir in höheren Ehren stehen als die andere … Ich will vielmehr sprechen für die Masse des Heeres … Eine Vielzahl unerreichter Heldentaten ist von dir wie auch von denen vollbracht worden, die mit dir von Zuhause aufgebrochen sind; umso mehr aber scheint es jetzt angebracht, diesen Mühen, diesen Gefahren ein Ende zu machen. Du siehst selbst, wie viele wir waren, die von den Griechen, von den Makedonen auszogen, und wie viele davon noch übrig sind … [Sie] sind teils im Kampf zugrunde gegangen, teils durch ihre Wunden kampfunfähig geworden und zum Teil über ganz Asien verstreut zurückgeblieben. Die Mehrzahl aber starb an Krankheiten, und so sind von der ganzen großen Zahl nur noch wenige übrig: Die aber sind kaum noch im Vollbesitz ihrer körperlichen Kräfte, und noch mehr hat seit langem schon ihre Begeisterung gelitten. Sie alle sehnen sich nach Eltern, falls sie solche noch haben, nach Gattin, Kindern – nach der Heimat … Wenn etwas, dann ist es etwas Schönes um die Mäßigung auch in hohem Glück.
>
> (Arrian, *Anabasis* 5,27,2–9)

Nach seiner Rede kam es zu tumultartigen Szenen. Manche weinten ganz offen. Alexander war wütend, »verärgert über diese freimütigen Worte aus dem Munde des Koinos und die Unlust der anderen Truppenführer« (Arrian, *Anabasis* 5,28,1). Am nächsten Tag rief Alexander die Männer erneut zusammen. Ein Satz ist besonders typisch für ihn. Als es offensichtlich wurde, dass seine Worte erstmals auf taube Ohren stießen, wurde er zornig, und wir können den kleinen Jungen in dem zurückgewiesenen Mann sprechen hören: »Nun gut«, rief er mit seiner rauen Stimme, »ich werde weitermarschieren, und ich werde keinen Makedonen zwingen, mir gegen seinen Willen zu folgen, ich werde nur Freiwillige bei mir haben; und wer nach Hause gehen will, der mag das tun; und sie können dann ihren Freunden erzählen, sie seien zurückgekommen und hätten ihren König mitten im Feindesland im Stich gelassen.« (Vgl. Arrian, *Anabasis* 5,28,2) Nach diesen Worten zog er sich in sein Zelt zurück und schmollte wie sein Held Achill drei Tage lang. Er wartete ab, ob es zu einer Sinnesänderung käme. Aber es kam zu keiner. Schließlich verließ er sein Zelt wieder und forderte den Seher des Heeres auf, das Opfer für die Flussüberschreitung darzubringen. Wie vorherzusehen, waren die Zeichen in den Eingeweiden ungünstig. Da er wie immer darin geschickt war, Omina zu manipulieren, verkündete Alexander, er habe den Willen der Götter akzeptiert. Das Heer jubelte vor Freude. Sie würden nach Hause zurückkehren.

Das Geheimnis der Altäre

Bevor er den Beas verließ, tat Alexander noch ein Letztes. Er teilte das Heer in Arbeitsbrigaden auf und befahl, aus viereckigen Steinen 12 riesige Altäre zu bauen, »höher als die höchsten Belagerungstürme«, 17 m im Quadrat und 25 m hoch. Nach Plutarchs Angaben war auch Herakles unter den geehrten Göttern. Spätere Quellen behaupten, die Pioniere der Armee hätten auch ein großes Lager angelegt, und die Zimmerleute hätten Unterkünfte mit riesigen Pritschen gebaut, »um den Eindruck zu erwecken, die Griechen seien eine Rasse von Riesen gewesen«. Diese Geschichte ist gewiss eine spätere Erfindung. Die Altäre jedoch waren real genug. Sie wurden am Ufer des Beas hinterlassen als Erinnerung an den großen Feldzug, der hier, sechs Jahre nachdem man an den Gestaden Asiens gelandet war, abgebrochen worden war. Die Altäre haben auch sicherlich einige Zeit überdauert. Chandragupta Maurya, der Begründer des ersten indischen Reiches, soll als Knabe dem griechischen König begegnet sein, und angeblich hat er später die Altäre in Erinnerung an Alexander verehrt.

Wo diese gewaltigen Bauten errichtet worden waren, hat man niemals herausgefunden. Ein späterer Autor, Philostrat, nennt Einzelheiten der Inschriften, die auf einigen dieser seltsamen Monumente angebracht waren: für »Vater Ammon und Bruder Herakles und Athene des Weitblicks und den Olympischen Zeus und die Kabiren von Samothrake und Indus und Helios (oder den indischen Helios?) und Apoll von Delphi …«

Dieses Pantheon ist so merkwürdig und so riesig, dass es schon wieder echt sein kann. Philostrat erwähnt einen Obelisken oder eine Säule aus Messing mit der Inschrift: »Hier machte Alexander Halt.« Wenn Philostrat Recht hat, müsste man vielleicht auf einer Anhöhe über dem Beas, in den Siwalik-Hügeln, den »Hügeln Siwas«, nach den Altären suchen; dort gibt es heutzutage zahlreiche berühmte Tempel. Das könnte einen Zusammenhang mit dem Zeugnis einer späten Quelle über Alexander herstellen, der so genannten *Metz-Epitome*, nach der Alexander die Altäre dort gebaut habe, »wo der Fluss bei einer Stadt namens *altusacra* floss«. Das Wort macht keinen Sinn und muss natürlich korrigiert werden – *alta sacra*, »die heiligen Hügel«, ist die nächstliegende Lösung. Mit diesem Name könnten die einheimischen Führer Alexanders vielleicht eine Bergkette wie die Siwaliks bezeichnet haben. Ein dafür in Frage kommender Platz ist die alte Stadt Dasuya, die gewiss schon zur Zeit der Griechen existierte. Im Sanskrit bedeutet Dasuya »der hohe Platz«. Die heutige Lage von Dasuya ist jedoch mittelalterlichen Ursprungs. Die Stadt wurde von den Hügeln hinunter verlegt, als sich der Fluss in Richtung Westen verlagerte. Nach meiner eigenen Vermutung, und es ist kaum mehr als das, wurden die Altäre – sie gehörten zu den sonderbarsten Monumenten der antiken Welt – irgendwo hier in der Umgebung errichtet. Allerdings hat meine eigene Suche vor Ort im Januar 1996 keinerlei Spuren ausfindig machen können, auch keine einheimische Überlieferung von einer solchen Stätte, obwohl es von den indischen Herrschern heißt, sie hätten in späteren Zeiten vor diesen Altären gebetet. Doch wie so oft in Alexanders Geschichte entdeckt man, wenn man die Topographie genau betrachtet, gewöhnlich mehr, als man geahnt hat. Alexanders Altäre müssen auf einem Platz oberhalb des Überschwemmungsgebietes errichtet worden sein, und es ist denkbar, dass sich manche Spuren noch finden lassen – wenn man nur wüsste, wo man nachzuschauen hat.

Die Flotte rüstet sich

Nach Opfern, sportlichen Wettkämpfen und Reiterspielen verließ um den 21. September die Armee den Beas und marschierte wieder zum Standquartier bei den neu gegründeten Städten am Jhelum. Nur ein paar Tage später, am Fluss Chenab, wurde Koinos krank und starb. Manche haben daraus geschlossen, er habe Alexanders Missfallen an seiner »freimütigen Rede« am Beas nicht lange überlebt. »Die Bestattung war so prächtig, wie es die Umstände erlaubten«, notiert Arrian knapp. Alexander, der sich einen Seitenhieb auf den Mann, der für seine Soldaten am Beas gesprochen hatte, nicht verkneifen konnte, soll eine ausgesprochen boshafte Bemerkung gemacht haben: »Und alles nur wegen ein paar Tagen – als sei er der Einzige von uns gewesen, der seine Heimat wiedersehen wollte.« Im 18. Jahrhundert verwies man auf einen großen Hügel am Chenab als die Grabstätte von einem der Begleiter Sikanders. Solche Legenden sind in Nordindien und im Punjab keine Seltenheit, doch wäre es interessant zu wissen, ob sich hier eine echte Überlieferung erhalten hat.

Als er wieder in Bukephala war, kümmerte sich Alexander persönlich um den Bau der Flotte und die Vorbereitungen für die nächste Phase des Feldzugs. Obwohl die Soldaten nicht weiter nach Osten marschieren wollten, mussten sie trotzdem noch ernsthaft Krieg führen, da Alexander beabsichtigte, das ganze »südliche Indien« vom Indus-Tal bis zum Meer zu unterwerfen, d.h. das heutige Pakistan. Für das Heer, das sich geweigert hatte, am Beas weiterzumachen, würde es keine einfache Heimkehr geben.

Mittlerweile wurde ein buntes Unterhaltungsprogramm aufgelegt: dionysische Feiern, sportliche Wettkämpfe und musikalische Aufführungen; irgendetwas, um das Heer nach dem Debakel am Beas abzulenken. Ohne Zweifel war dies alles dazu gedacht, die Moral aufrechtzuerhalten, bevor das Heer in Richtung Süden zog, um die Unterwerfung des »südlichen Indiens« in Angriff zu nehmen.

Die Eroberung des Punjab und von Sind

Um den 21. November war man so weit, die Expedition fortzusetzen. Kurz zuvor schenkte Roxanne, falls wir der *Metz-Epitome* glauben können, einem Sohn das Leben; dieser starb im Herbst an den Ufern des Jhelum, noch bevor die Flotte lossegelte. Auch dies dürfte wieder einmal ein sehr wichtiger Augenblick in Alexanders Lebensgeschichte gewesen sein, über den wir sonst keine Informationen haben. Wir wissen lediglich, dass er sich wieder in den Krieg stürzte: »Nach der Bestattung des Kindes und der Durchführung der religiösen Riten brach er zum Weltmeer auf.« Alexander ging mit den Leichtbewaffneten und der königlichen Leibwache an Bord. Hephaistion marschierte mit dem Hauptzug des Heeres und 200 Elefanten das Ostufer hinunter. Krateros führte die Infanterie und Kavallerie am rechten Ufer entlang, und andere mobile Einheiten waren darauf vorbereitet, wenn nötig, Überfallkommandos zu organisieren. Zur Flotte gehörten Kriegsschiffe, Lastschiffe für den Pferdetransport und eine riesige Zahl von einheimischen Flussbooten, insgesamt fast 2000 Schiffe. Es war ein Schauspiel, von dem alle beeindruckt waren, die es sahen: das Schlagen der Ruder, das Geschrei der Bootsmänner, der Jubel der Ruderer und der Gesang der einheimischen Inder, die in ungläubigem Staunen eine Zeitlang an den Ufern folgten.

Als Taktik war jetzt Terror angesagt. Die Griechen trafen überall auf Widerstand, und immer griffen sie unbarmherzig durch. Nachdem Alexander an den Zusammenfluss des Jhelum und des Chenab gelangt war, wandte er sich nach Osten zum Ravi, wo die größeren Ansiedlungen lagen. Die Flüsse haben ihren Lauf verändert, doch die moderne Archäologie beginnt, einen Sinn in den Feldzug zu bringen. Alexander machte einen 80 km langen Eilmarsch durch die Nacht über die offene Schwemmlandebene und stieß auf eine große Stadt, die vermutlich auf dem alten Hügel Kot Kamalia gelegen war. Der Ort, überfüllt mit Flüchtlingen, wurde überrascht, abgeriegelt und eingenommen.

Nach einem weiteren Nachtmarsch überquerte Alexander den Ravi bei Tagesanbruch und attackierte die von den Griechen so genannten »Brahmanen-Städte« rund um Tulamba. (Dies war noch eine berühmte Brahmanen-Stadt bis zur Teilung des Landes im Jahre 1947.) In dieser Gegend erheben sich mindestens ein Dutzend großer Stadthügel über dem flachen Schwemmland am Ravi, manche von ihnen sind riesig, z. B. Atari, Bagar und Kalkanwal Bir, und sie können nur wenig anders ausgesehen haben als die zahlreichen ländlichen Lehmziegel-Städte, die sich heutzutage aus den Reisfeldern erheben. Überall im Punjab muss ein anhaltend grimmiger Winter geherrscht haben, und wenn man Arrian liest, kann man sich leicht Szenen vorstellen, die den schrecklichen Wochenschauberichten von der Teilung Indiens ähneln: lange Flüchtlingskolonnen, die sich von der Linie des griechischen Vormarsches wegbewegen.

Die mächtigsten Völker des Punjab – die Maller und Oxydraker – hatten anscheinend beide gut organisierte Staatswesen. Sie widersetzten sich den Griechen und mussten Stadt für Stadt massive Angriffe über sich ergehen lassen. Ihre Verteidigungsanlagen aus Lehmziegeln hielten den makedonischen Belagerungsingenieuren mit ihrer modernen Technik von Belagerungstürmen, Katapulten, Pionieren, Minen und Brustpanzern nicht Stand. Auf jeden Widerstand reagierte man mit einer Postenkette, die alle Zu- und Ausgänge versperren sollte, dann kam es zu einer Belagerung, auf die eine unbarmherzige Anwendung der militärischen Konventionen folgte, insbesondere die Ermordung aller männlichen Erwachsenen und die Versklavung von Frauen und Kindern. Der Feldzug gegen Persien war zu einem Krieg gegen die Bevölkerung Asiens geworden.

»Der König ist tot«: Die Belagerung von Multan

Alexander verfolgte die Flüchtlinge, die am Ravi entlang nach Westen flohen. In den Augen der Griechen wurde Flucht als Widerstand gewertet und entsprechend geahndet. Nur wenn man an Ort und Stelle blieb und sich ergab, wurde man verschont. Viele Stadtbewohner flüchteten in die Wälder am Ravi. (Als im 14. Jahrhundert Tamerlan die Städte am Ravi überfiel, dienten diese Wälder noch immer als Zuflucht, und sie waren es dann wieder in den 40er-Jahren des 19. Jahrhunderts, als die Briten angriffen.) Sie wurden von den Makedonen gehetzt. Alexander war entschlossen, mit Terrormaßnahmen seinen Willen durchzusetzen, und trieb die Flüchtenden über den Ravi. Der bedeutendste Volksstamm hier waren die Maller, deren Hauptstadt nach allgemeiner Ansicht Multan war, die alte Kulturstadt des südlichen Punjab. Die alte Zitadelle von Multan liegt auf einem hohen Hügel und ist seit mindestens 2000 Jahren ein Siedlungszentrum. Ob sie schon zu Alexanders Zeiten existiert hat, ist aber nicht sicher. Vielleicht muss die Hauptstadt der Maller an einem anderen, bisher noch nicht ausfindig gemachten Platz in der Nähe gesucht werden. Doch hier oder irgendwo in der Umgebung ereignete sich ein in der Geschichte Alexanders berühmter Vorfall.

Die griechischen Truppen umstellten die Stadt und starteten den Angriff, doch trugen sie ihre Attacke wenig entschlossen vor. (Sie müssen jetzt die ständig an sie gerichteten Forderungen gründlich satt gehabt haben.) Alexander ging wegen ihrer Trägheit auf die Männer los und beschloss dann, als leuchtendes Vorbild voranzugehen. Er lehnte eine Belagerungsleiter gegen die Mauer und kletterte sie schnell bis zur Brustwehr hinauf. Drei seiner Leibwächter folgten, doch als noch mehr Soldaten nach oben drängten, brach die Leiter zusammen, und die vier Männer standen ganz allein oben auf der Mauer. Anstatt wieder hinunterzuklettern, sah Alexander in diesem Augenblick »rot« und sprang in die Festung hinein. Dort wehrten er und seine drei Begleiter eine Horde von Angreifern ab, bis Alexander, von einem Pfeil rechts in der Brust getroffen, zu Boden stürzte. Einer der Leibgardisten, Peukestas, stand mit dem Schild des troianischen Achill über dem Körper des Königs und versuchte verzweifelt, ihn zu schützen. Die anderen beiden fielen. Mit Triumphgeheul stürzten sich die Verteidiger auf den König, um ihn zu töten.

Unterdessen brach in den makedonischen Reihen außerhalb der Mauern Panik aus, und sie versuchten fieberhaft, ins Innere der Festung zu gelangen: Sie rammten Sturmböcke gegen die Mauern und hämmerten Metallpflöcke in die Lehmziegeln. Schließlich schafften sie durch ein Tor den Durchbruch. Jetzt verbreitete sich unter den Soldaten die Nachricht vom Tod des Königs; sie gerieten außer sich und metzelten alle Einwohner der Stadt nieder.

Mittlerweile war Alexander zum Lager zurückgebracht worden, wo die Ärzte die Verwundung begutachteten. Er lag im Sterben, und die Ärzte zögerten, den Pfeil herauszuoperieren, da sie fürchteten, ihn zu töten. Der König war noch bei Bewusstsein und forderte sie mit zusammengebissenen Zähnen schroff auf, weiterzumachen. Schließlich holte Kritodemos, der aus dem berühmten Geschlecht der Asklepiaden von der Insel Kos stammte, tief Atem, ergriff das Messer und schnitt den Pfeil aus der Wunde. Als er das tat, entwich »mit dem Blut zusammen auch Atemluft« (nach Arrian, *Anabasis* 6,10,1 geschah dies bei der Verwundung [Anm. der Übers.]) – die Lunge war perforiert. Der König fiel in Ohnmacht, Kritodemos versorgte die Wunde und machte Umschläge, um sie zu sterilisieren. Jetzt stand alles auf Messers Schneide.

Das Gerücht vom Tod des Königs hatte sich in der Zwischenzeit im ganzen Heer verbreitet. Schließlich erreichte es den Siedepunkt. Nach einer Woche war Alexander bereit, in der Öffentlichkeit zu erscheinen; er wollte zeigen, dass er noch am Leben war. Er bestieg ein Pferd und winkte unter Schmerzen den angetretenen Reihen zu, die in wilden Jubel ausbrachen. Es dauerte weitere vier Tage, bis er wieder so weit hergestellt war, dass er mit dem Schiff zum Zusammenfluss zwischen dem Ravi und dem Chenab transportiert werden konnte; dort hatten die wichtigsten Heeresabteilungen ihr Standquartier errichtet. Hier ruhte sich Alexander aus, bis er in der Lage war, weiter nach Süden zu ziehen. Der König überlebte nur dank seiner eisernen Konstitution. Eine in Multan heimische Legende gibt der Geschichte jedoch eine andere Wendung: Manche sagen, er sei hier gestorben und in der Nähe von Multan oder Uchch bestattet. Das griechische Oberkommando habe angeblich zu große Bedenken gehabt, der Armee seinen Tod mitzuteilen; man habe gefürchtet, der gesamte Feldzug werde so fern der Heimat in sich zusammenbrechen, und habe deshalb die Katastrophe vertuscht; man habe einen Doppelgänger eingesetzt, der sie nach Babylon zurückführen sollte. Es ist eine hübsche Vorstellung, wenn auch zweifellos eine irrige, dass das wirkliche Grab des Eroberers nicht am südlichen Gestade des Mittelmeeres zu suchen ist, sondern in den Palmenhainen des südlichen Punjab.

Das heilige Uchch: einer der mittelalterlichen Schreine auf dem alten Hügel Uchch, südlich von Multan im südlichen Punjab; vermutlich befand sich dort die griechische Stadt namens »Alexandria am Zusammenfluss«.

Nicht viel weiter südlich, am Zusammenfluss des Indus mit den Flüssen des Punjab, gründete Alexander eine weitere Stadt und eine Werft. Er nannte den Ort Alexandria am Zusammenfluss und gab seiner Hoffnung Ausdruck, die Stadt »werde sich zu Größe und Bedeutung in der Welt entwickeln« (Arrian, *Anabasis* 6,15,2). Wenn man von Multan aus vier Stunden die flache Ebene am Indus entlang in Richtung Süden fährt, gelangt man zu der kleinen Stadt Uchch Shariff, »das heilige Uchch«. Die alte, aus Lehmziegeln errichtete Stadt liegt auf einem hohen Hügel, umgeben von Reisfeldern und Palmenhainen; es gibt dort einige blaugeflieste Schreine von Sufi-Heiligen, der Vorfahren der großen Familien, die im 13. Jahrhundert aus Zentralasien gekommen sind. Im Mittelalter war Uchch ein berühmtes religiöses und kulturelles Zentrum auf dem Subkontinent und lag einst an der Stelle, wo der Chenab und der Indus unterhalb der Stadt zusammenfließen. Da der Indus seinen Lauf verändert hat und heute 50 km weit entfernt ist und die anderen Punjab-Flüsse sich jetzt 20 km weiter entfernt am Panchnad vereinigen, liegt die Stadt nun hoch und trocken. Doch Uchch ist noch immer eine hübsche Landstadt mit einem jährlich stattfindenden Markt, der von reisenden Sängern, Dichtern, heiligen Männern und Frauen gern aufgesucht wird; sie bewahren noch immer die Erinnerung an die großen Heiligen aus dem Indus-Tal. Der alte Teil des Hügels ist ein Gewirr von ziegelgepflasterten Straßen und bemalten Schreinen, die mit Fahnen und Opfergaben behängt sind. Vor einem dieser Schreine traf ich den Genealogen der Stadt, den Verwalter der Familienregister der Nachfahren des Propheten – einen vornehmen Mann mit einem schmalen Fuchsgesicht, spitzem Bart und übergroßem Turban. Er sprach gelassen und ruhig, hatte einen durchdringenden Blick und war nichts weniger als der Hüter der Erinnerung der Stadt.

»Uchch hatte vormals viele Namen«, sagte er. »Sein heutiger Name bedeutet ›hoher Platz‹; doch als die Muslime zum ersten Mal hierher kamen, hieß der Ort Iskandera oder Eskanderiya, weil Alexander hier war. Er blieb sechs Monate und erbaute eine Stadt, die einen Umfang von 10 km hatte – nicht in diesem Teil von Uchch, sondern auf dem östlichen Hügel.«

»Woher wissen Sie das?«

»Es steht in den alten Büchern; und die Überlieferung hat sich erhalten.«

Später, auf der Terrasse von Bukharis Gästehaus, saßen wir auf Liegen und schlürften grünen Tee. Die Sonne ging über den Palmenwäldern unter. Vor uns schauten wir auf die zerfallenen Kuppeln der großen Grabmäler am Rande des Hügels, die blaugekachelten Friese leuchteten im letzten Licht. Es ist ein reizender Ort, einer der entzückendsten auf dem Subkontinent. Noch ein Alexandria und auch noch immer ein Platz, an dem es sich gut leben lässt.

Die Griechen zogen weiter nach Süden in das heutige Sind, das glühend heiße, flache Schwemmland, das immer das Herz der muslimischen Kultur Indiens gewesen ist. Nach Auskunft der Griechen war der Indus an manchen Stellen 15 oder mehr Kilometer breit. (Heutzutage ist er wegen der modernen Staudämme und Kanäle viel schmaler.) Eine Zeitlang versuchten wir, den Griechen auf dem Fluss zu folgen. Auf dem Unterlauf des Indus, unterhalb der Schiffsbrücke bei Mithancot, sieht man auf der ganzen Strecke bis nach Sehwan die anmutigen Mohanno-Boote. Manche von ihnen sind fast 30 m lang, sie haben einen flachen Boden, riesige Segel und große Heck-Ruder; ihre kunstvoll geschnitzten Kabinen und Vordersteven sind mit Marketerien, Spiegeln, Zinn und Perlmutt-Intarsien geschmückt, so dass ihre Seiten das schimmernde Wasser reflektieren, wenn sie in der schläfrigen Hitze von Sind durch die spiegelglatten Wasserflächen des Flusses gestakt werden. Sie werden von den Mohannos, zur unteren Kaste gehörenden Bootsleuten, gefahren. Da sie im heutigen Pakistan immer mehr an den Rand der Gesellschaft gedrängt werden, leben sie auf ihren Booten und ernähren sich kärglich, indem sie Brennholz, Korn und Gemüse den Fluss hinauf- und hinunterbringen. Dieser Bootstyp ist auf bronzezeitlichen Siegeln, die vom Indus stammen, abgebildet, und obwohl die Griechen ihre Schiffe für die Expedition nach eigenen Entwürfen bauten, requirierten sie auch, wie Arrian berichtet, zahlreiche einheimische Boote, »die alle schon lange auf dem Fluss eingesetzt worden waren«; ihre Bauweise war in idealer Weise an die Untiefen des Indus und die häufig dort auftretenden böigen Winde angepasst. (Dreißigrudrige Kriegsschiffe der Griechen, deren Pläne ich einem Bootsbaumeister auf dem Indus zeigte, wurden von ihm verworfen, da sie für die Flussströmung nicht stabil genug seien – sie eigneten sich für mediterrane Gewässer, aber nicht für die breiten, flachen und reißenden Stellen im Indus, wo plötzliche Windböen einen im Nu ans Ufer fegen können, so wie es in der Tat Alexanders Flotte passierte.)

So segelten wir wie Alexander eine Zeitlang auf einem Indusboot. In Sukkur, wo der Fluss bei der alten Stadt Rohri durch eine Felsspalte fließt, stiegen wir um in das Boot von Muhammed und Mai Pathani. Dort gibt es ein großes Fort aus der Zeit der Mogule und die britische Eisenbahnbrücke, welche neben einem malerischen hinduistischen Insel-Tempel den Fluss überspannt. In der Nähe befinden sich die Ruinen von Alor, wo Alexander am Hofe des Königs Musikanos bewirtet wurde. Diese Gegend fand Alexanders große Bewunderung; sie soll die reichste in diesem Teil Indiens gewesen sein.

Nachts, wenn wir segelten, kochten die Frauen auf der aus Ton gefertigten Feuerstelle im Bauch des Schiffes, während an Deck ihr alter Onkel und ihr Vetter zu einem zweisaitigen Bass und einem als Trommel benutzten Kochtopf Sufilieder sangen. Hier ist die Erinnerung an Alexander nicht so lebendig, obgleich es noch immer Volksmärchen gibt. Einer der berühmten Sufis aus dem 18. Jahrhundert, Sachal, erzählte Geschichten von Alexander. Die folgende ist am Fluss noch immer sehr verbreitet, und ich hörte sie eines Nachts in der Nähe von Sukkur auf dem Boot:

> Sikander ging zu einem Mystiker, einem Fakir, und fragte ihn: »Sprich, ist die ganze Welt wirklich nur eine Idee, nur eine Vorstellung?« Der Mystiker führte ihn zu einem Badeplatz hier an den Ufern des Flusses; beide entkleideten sich und tauchten kurz im Wasser unter. »Jetzt tauche für einen Moment ganz unter«, sagte der Fakir zu Alexander. Sikander gehorchte. Und was sah er in diesem Augenblick? Er vergaß, dass er König war; er sah sich jetzt nur als armen Mann mit vielen kleinen ausgehungerten Kindern und einer Frau, genauso arm und elend wie er, von allen erdenklichen Sorgen niedergedrückt. Und eines Tages stieß ihm ein schreckliches Unglück zu … Aber da fuhr er zusammen und siehe! Er war wieder als König zurück an dem Badeplatz, tropfnass neben dem Fakir. Er war voller Verwunderung. Über diese Geschichte äußerte sich Sachal so: »Sikander hatte den Eindruck, als seien viele Jahre vergangen, und doch war es nur die Sache eines Augenblicks.« Deshalb sagte er: »Siehst du, du bist bloß eine Idee.«

Die Geschichte Sachals ist die späte Fassung von Erzählungen, die auf tatsächliche Begegnungen zurückzugehen scheinen. In Taxila hatte Alexander den indischen Heiligen Kalanos getroffen, der von Alexander so fasziniert war, dass er den ganzen Weg bis nach Babylon mit ihm zurückging, wo er dann auch starb; als er erkannte, dass er an einer unheilbaren Krankheit litt, brachte er sich selbst zum Opfer dar und verbrannte sich in einem rituellen Selbstmord auf einem Scheiterhaufen. Offensichtlich hatte Alexander damals die Gelegenheit, gemeinsam mit den Skeptikern, Rationalisten und Materialisten über einige der berühmten Rätselfragen in der indischen Philosophie zu diskutieren, die im zeitgenössischen Denken der Inder eine Rolle spielten. Und möglicherweise war er fasziniert von den Ähnlichkeiten mit frühem griechischen Gedankengut. Zum Beispiel gab es die These, im Universum existiere ein Naturgesetz; sie behaupteten natürlich, dass nicht einmal er, Alexander, sich darüber hinwegsetzen könne.

Alexander brauchte für die Reise flussabwärts neun Monate. Der Widerstand war oftmals erbittert. König Musikanos, der sich anfangs Alexander unterworfen hatte, wollte nur Zeit gewinnen und probte den Aufstand, sobald die Makedonen sein Land verlassen hatten. Diese kamen daraufhin zurück, schlugen und kreuzigten ihn in seiner eigenen Zitadelle Alor. Im südlichen Gebiet des Musikanos kam es zu brutalen Vergeltungsmaßnahmen. Nach einer antiken Quelle wurden am Unterlauf des Indus 80 000 Inder getötet. Wie immer die genauen Zahlen ausgesehen haben mögen, es war unzweifelhaft ein furchtbarer Blutzoll. Die Griechen waren von der Heftigkeit des Widerstands verblüfft und beunruhigt, insbesondere von dem Einfluss, den die Brahmanen auf die Kriegsaristokratie zu haben schienen, welche die Aufstände anzettelte. Deshalb töteten sie an Ort und Stelle alle, die sie gefangen nehmen konnten. (Musikanos' brahmanische Ratgeber z. B. wurden zusammen mit ihm gekreuzigt.) In einer berühmten Geschichte verhörte Alexander einige Männer vor der Hinrichtung, und sie retteten aufgrund ihrer geschickten Antworten ihr Leben. Diese Geschichte stammt aus späterer Zeit, doch könnte sie ein Körnchen Wahrheit enthalten, obwohl sich die Griechen sofort mit den touristischen Aspekten der indischen Religion anfreundeten – Schlangenbeschwörern, nackten Fakiren, Witwenverbrennungen usw. All dies war Material, das die griechischen Autoren ebenso bereitwillig aufgriffen wie moderne Reiseschriftsteller.

Laut Plutarch jedoch war die einzige Bemerkung, die ein Weiser bei ihrer Begegnung machte, die folgende: »Warum hat Alexander diesen ganzen Weg bis nach Indien überhaupt auf sich genommen?« (*Alexander* 65)

Am südlichen Ozean

Im Sommer des Jahres 326 v. Chr. erreichte Alexander Patala (das moderne Hyderabad). Dies war damals die Spitze des Indus-Deltas; die moderne Forschung hat nämlich gezeigt, dass der größte Teil des Deltas seit den Zeiten der Griechen verschlammt ist. Alexander richtete in Patala eine

---

Für ihre lange Fahrt den Indus hinab bis zum Ozean requirierten die Makedonen zahlreiche einheimische Boote dieser Bauart.

Marinebasis ein und organisierte Expeditionen an beiden Armen flussabwärts. Im Osten ging er über offenes Gewässer, die heutigen Salzfelder von Rann of Kachch, die jetzt nur während des Monsuns überschwemmt sind; er landete an dem alten Ort Lakhpat in Kachch (wieder im heutigen Indien) und setzte irgendwo in der Nähe von Rampur zur Meeresküste über, offensichtlich auf der Suche nach einem Hafen.

Er segelte den westlichen Flussarm hinunter und erreichte das offene Meer gleich hinter dem heutigen Thatta, dann fuhr er weiter nach Süden, bis kein Land mehr in Sicht war; und auf hoher See opferte er einen Stier als Zeichen dafür, dass sein Indien-Feldzug beendet sei. Dann wandte er sich wieder der Küste zu und ging auf einer kleinen Insel an Land, wo er Altäre zu Ehren des Ozeans und der Erde als der Mutter allen Seins hinterließ. Kopien dieser Altäre tauchten als Votivgaben überall in York auf; sie stammten von einem Reisenden aus der Zeit Trajans. Sie waren zum Gedenken an Alexanders Abreise vom Ende der Welt und an seine Rückkehr in die Zivilisation errichtet worden. Wenn wir die Yorker Tafeln in Händen halten, können wir, was die Inschriften Alexanders betrifft, ziemlich sicher sein: FÜR OKEANOS UND THETIS.

Wo die »Insel im Meer« liegt, hat man noch nicht ausfindig gemacht, obwohl sie jetzt im Binnenland sein muss, irgendwo in den salzverkrusteten Flächen des Deltas, südlich von Thatta, nahe der Straße Hyderabad – Karatschi. Als die sommerliche Hitze einsetzte, fuhr ich an einem milden Abend mit der französischen Archäologin Monique Kervran von Karatschi aus nach dort draußen. Monique hat an vielen der großen Stätten im Nahen Osten Grabungen durchgeführt (sie fand die große, im ägyptischen Stil angefertigte Dareios-Statue in Susa) und befasst sich jetzt mit einer Vermessung des Indus-Deltas. Wenn überhaupt jemand, dann würde sie es wissen, wo die vergessene Insel liegen könnte. Hugh Lambrick, mein Tutor in Oxford, der hier in Sind Beauftragter für die Volkszählung gewesen war, identifizierte die Insel mit einem Hügel namens Aban Shah. Doch bei allen ihren Nachforschungen hat Monique, selbst mit den Angaben Lambricks und den Vermessungskarten Indiens in der Hand, niemals einen solchen Hügel gefunden und hatte sich zu fragen begonnen, ob er einen Fehler gemacht haben könne. Mittlerweile jedoch war es ihr zum ersten Mal gelungen, die Gestalt des Deltas zur Zeit der Griechen zu rekonstruieren. Und sie hatte sogar auch noch die Plätze lokalisieren können, wo die griechische Flotte am westlichen Arm des Flusses vor Anker gegangen war.

Indem sie die täglichen Aufzeichnungen im Logbuch von Alexanders Admiral Nearchos zu Rate zog (Arrian veröffentlichte sie in einem getrennten Buch, den *Indike*), war es Monique möglich, den Weg der Flotte an einem alten Verlauf des Indus zu verfolgen, der in die flache Ebene bei Gujo führte. Wo man jetzt Salzfelder, dorniges Gestrüpp und wogendes Elefantengras sieht, war einst Salzwasser und zwar dort, wo sich das Mündungsgebiet zum Ozean hin öffnete. Hier, so Nearchos, machte er an einem Platz, den er »Alexanders Hafen« nannte, Halt. Monique glaubt, dies müsse die Insel Tharro sein, genau an der Abzweigung der Straße, die von Karatschi nach Thatta führt. Hier gibt es bröckelnde Felsenklippen, verschlammte Buchten und zwischen der früheren Insel und der früheren Küste einen schönen geschützten Ankerplatz. Auf der Anhöhe, 10 m über dem alten Strand, sieht man mittelalterliche Muslimgräber und die Ruinen eines Hindu-Tempels aus dem 6. Jahrhundert aus herrlich goldgefärbtem Stein. Einheimische Muslime geben noch eine Beschreibung von einem alten hinduistischen Pilgerweg, der an diesem vergessenen Arm des Indus flussabwärts führte.

Nearchos sagt, Alexander sei 23 Tage auf der Insel geblieben und habe Verteidigungswälle errichtet. Er beschreibt auch, wie seine Männer zum ersten Mal, seit sie das Mittelmeer verlassen hatten, Austern essen. Wir kletterten auf die immer noch steilen Klippen. Oben waren zwei Reihen aus Geröll errichteter Verteidigungsanlagen deutlich zu erkennen und, in der Tat, verstreut über die Fläche, große Haufen von Austernschalen. Austern sind als archäologische Beweisstücke praktisch unzerstörbar, und da die Muslime keine Schalentiere essen, sind diese Muscheln wahrscheinlich die Überreste von Nearchos' Festmahl. Als ich die verwitterten, aber noch immer blanken Schalen von den Haufen, die auf der Insel lagen, aufhob, hatte ich das unheimliche Gefühl, auf einem Platz zu stehen, der sich kaum verändert hatte, seit Nearchos hier im Herbst des Jahres 325 v. Chr. die Anker lichtete. Nur das Meer war nicht mehr da.

Doch wo befand sich die kleine Insel, auf der Alexander seine letzten Altäre errichtete? Als wir auf Tharro standen und während des Sonnenuntergangs Ausschau hielten, konnten wir einen Felsen mit einer abgeflachten Spitze ausmachen, eine weitere ehemalige Insel, weniger als 1 km entfernt. Über uns kreisten zwei Adler (Alexander hätte dies als Omen gedeutet!). Als wir durch Mimosen und Elefantengras auf die Insel zugingen, erzählte uns unser Führer, ein ortsansässiger Polizist, eine Geschichte. Der Felsen, sagte er, heiße »das Boot«. Eine lokale Sage spreche von einem Heiligen, der auf der Insel gelebt und eine große Invasion, die über das Meer gekommen sei, abgewehrt habe. »Zahlreiche Boote näherten sich, doch er betete zu Gott, und sie wurden in Stein verwandelt. Dies ist eines von ihnen.«

Die Insel lag genau gegenüber dem alten Mündungsufer. Sie war 200 m lang, ihre Seiten waren seit alters von den Wellen ausgewaschen. Auf der Anhöhe gab es Muslimgräber, wie man sie oft an antiken Plätzen findet, doch der einzige Bewohner jetzt war eine große Königskobra. Wir saßen am Rand der Klippe und betrachteten die untergehende Sonne. Sie war, wie sich Nearchos erinnerte, gerade dort untergegangen, wo sich die griechische Flotte auf dem Heimweg befand. Monique unterbrach meine Träumereien: »Dies ist das letzte Stück Land. Wir sind sicher, dass zu Zeiten der Griechen alles südlich von hier Meer war. Falls die Griechen den westlichen Flussarm hinuntergefahren sind, war dies die letzte Insel.« So kam Alexander, nachdem er aufs offene Meer gesegelt war, um zu prüfen, ob es wirklich kein Land mehr gebe, vielleicht zu dieser kleinen felsigen Plattform zurück, auf der er seine Altäre zu Ehren der Erde und des Ozeans hinterließ.

Als die rote Sonnenscheibe am Horizont versank, untersuchte ich die Geröllhaufen neben den Muslimgräbern, doch es fand sich keine Spur von wieder verwendeten antiken Steinen. Die Altäre bedeuteten das wirkliche Ende der *anabasis*, des »Aufstiegs von der Küste ins Binnenland«; die Altäre passten zu denen, die Alexander an den Dardanellen, in Alexandria Eschate in Zentralasien und am Fluss Beas hinterlassen hatte. Nun war die Zeit gekommen für den *nostos*, die Heimfahrt.

SECHSTER TEIL

Nostoi: Die Heimfahrten

Pakistan, Iran und Irak
326–325 v. Chr.

Reise durch die Makran-Wüste; Massenhochzeit in Susa; Meuterei in Opis; Nemesis: »Und so endete es ...«; Der Tod Hephaistions; »Wir werden in Babylon voneinander Abschied nehmen«; Alexanders letzte Tage; Nach Alexanders Tod; Alexanders Vermächtnis; Und wenn Alexander noch länger gelebt hätte?

Mit der Errichtung der Altäre zu Ehren des Ozeans und der Erde wurde ein Schlussstrich unter die Geschichte der großen Expedition gezogen. In jenem Herbst machte sich Alexanders Heer, das irgendwo in der Nähe von Karatschi stand, auf die lange Rückreise nach Babylon, das nun der Mittelpunkt seiner Welt war. Krateros führte weitere drei Phalanx-Brigaden mit 10000 entlassenen Veteranen, die für den Dienst nicht mehr tauglich waren, und andere Einheiten – zusammen mehr als 20000 Mann, dazu 200 Elefanten – vom Tal des Indus über den Bolan-Pass in den Iran. Anscheinend bewältigten sie diese Reise ohne größere Mühen. Für Alexander sollte sie allerdings ganz anders verlaufen.

Er hatte beschlossen, das Hauptheer zurück durch den Makran zu führen, die unwirtliche Wüste, die am Arabischen Meer zwischen dem Iran und Pakistan liegt. Wie viele Soldaten es waren, ist umstritten. Die höchste Schätzung beläuft sich auf über 80 000 Infanteristen und 18 000 Berittene, hinzu kam ein gewaltiger Gepäckzug und eine unbekannte Zahl von Zivilisten, die von einigen Historikern mit 50 000 angegeben wird. Dies sind fast unvorstellbar hohe Zahlen, aber das Heer, das Indien verließ, war ganz sicher riesig.

Was als Nächstes wirklich geschah, wird niemals genau aufgeklärt werden können. Um aus der Umgebung von Karatschi bis in die Gegend von Bampur im südlichen Iran zu gelangen, waren rund 1000 km zurückzulegen. Der erste, verhältnismäßig einfache Teil der Strecke führt an der Küste entlang, vorbei an Hingol, einer heiligen Hindu-Stätte, und dann landeinwärts. Danach wird das Gelände immer rauer. Aus der Luft kann man sehen, wie furchterregend diese Landschaft ist: lange, gezackte Bergkämme zwischen Streifen unfruchtbarer Kieswüste. Die Hauptstraße in den Iran war jedoch deutlich markiert; sie verlief zwischen den Central und Coastal Makran Ranges am Fluss Kech entlang nach Turbat und hätte weniger Probleme bereiten sollen.

Doch schon vor Turbat geriet Alexander in ernsthafte Schwierigkeiten. In der winterlichen Jahreszeit ist das Kech-Tal für seine ungeheuren Überschwemmungen berüchtigt, die ohne große Vorwarnung plötzlich auftreten können. Sogar heutzutage ist es nicht ungewöhnlich, dass unvorsichtige Reisende in ihren Fahrzeugen ertrinken, wenn sie das Tal durchqueren oder in dem breiten Flussbett kampieren, in das sich die Wassermassen von den Bergen ergießen. Kurz bevor wir vorbeikamen, hatten zwei französische Touristen dort den Tod gefunden. »Zeltet nicht in den Flussbetten«, warnten uns die Einheimischen aus dem Stamm der Baluchi. »Manchmal sind sie so breit, dass man sie gar nicht als solche erkennt. Eine halbe Stunde, bevor die große Flut kommt, gibt es ein Warnzeichen: Wenn man weiß, worauf man achten muss, erkennt man das Geräusch.« Selbst in jüngster Zeit wurden ganze Dörfer Opfer dieser Überschwemmungen. So erging es auch Alexanders Heer. Eines Nachts wurde sein Lager von einer Sintflut hinweggeschwemmt; ein großer Teil des Gepäckzuges wurde zerstört; die Fluten rissen zahlreiche Nonkombattanten mit sich, und Teile der Waffen und Kampfausrüstung waren ebenfalls verloren. Doch es sollte noch schlimmer kommen.

Vorhergehende Seiten, links: In der Makran-Wüste.
Rechts: Kopie eines von Lysippos gefertigten Porträts, 2. Jahrhundert v. Chr. Die Falten im Gesicht deuten auf einen älteren Mann; in ihm haben manche »einen enttäuschten Alexander« erkannt, »den Krieg und Rebellion erschöpft haben und der durch seine Alkoholexzesse gezeichnet ist«.

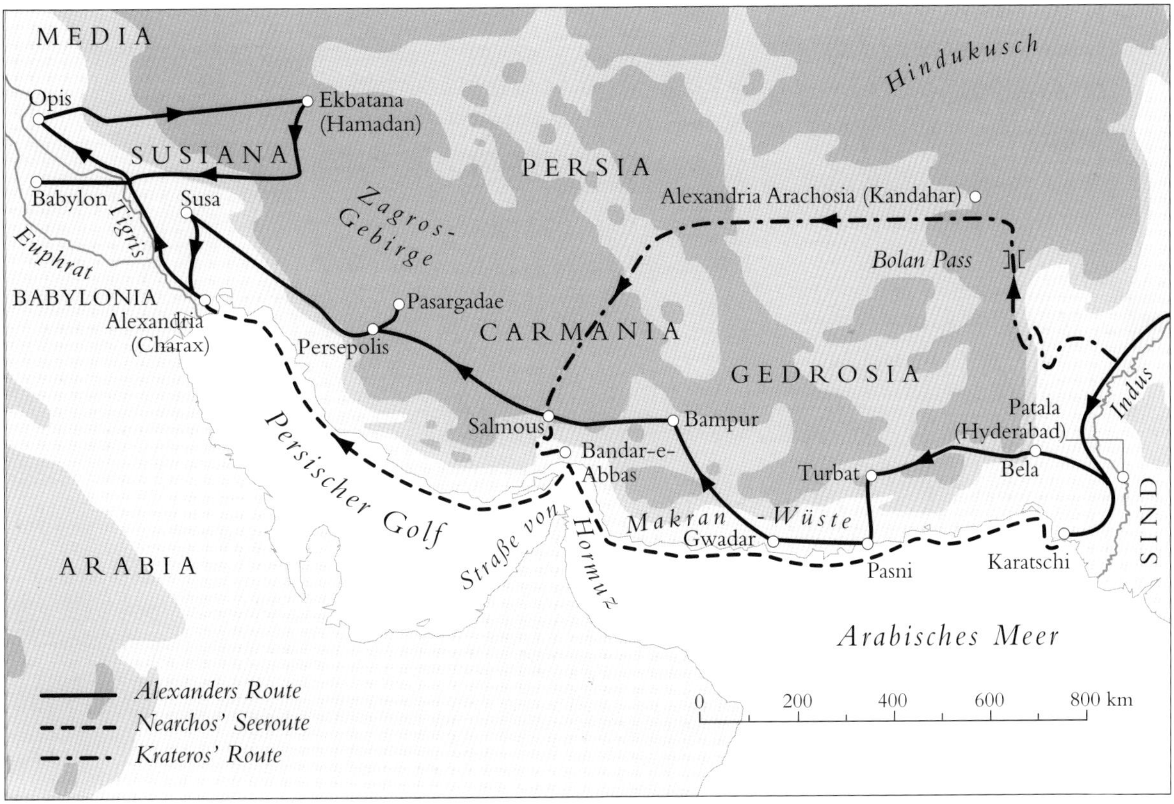

Reise durch die Makran-Wüste

In der weiten fruchtbaren Oase von Turbat konnte Alexander Atem schöpfen und Trinkwasser und Proviant fassen, Datteln und Getreide. Französische Archäologen haben hier die spektakuläre Stätte Mir Qalat als die Hauptfestung und größte Ansiedlung auf der westlichen Route identifiziert. Von der Spitze der hohen Erhebung aus kann man sehen, wie die Straße direkt nach Westen in den Iran verläuft. Doch aus irgendeinem Grunde hat Alexander diesen Weg nicht genommen. Stattdessen zog er in südliche Richtung und marschierte zum Meer. Warum er das tat, ist noch immer ein großes Rätsel. Die Reise von Turbat an die Küste nach Pasni ist nicht allzu lang – 140 km –, doch sie führt durch ein scheußliches Gelände: erodierte Hügel und eine glühend heiße Kieswüste ohne jede Spur von Vegetation. Mit dem Wagen mit Vierradantrieb brauchten wir 12 Stunden (wobei wir zugegebenermaßen zwischendurch anhielten, um zu filmen). Es gab wenig Wasser und nur, nach etwa 40 km, eine Quelle mit Trinkwasser. An einer Stelle stieg ich mit einem einheimischen Führer aus, um die alte Karawanenstraße ausfindig zu machen, die durch eine Kette ausgedörrter Hügel führt. Baluchi-Nomaden und Schmuggler nutzen noch immer dieses Gelände, doch die Straße war nur eine kaum erkennbare Vertiefung in dem von der Sonne ausgetrockneten Schiefergeröll.

Warum hatte Alexander diese Route eingeschlagen? Was hatte er vor? Marschierte die ganze Armee hier entlang, oder war Alexander nur mit einem Teil der Streitkräfte unterwegs? Wir wissen es einfach nicht. Die meisten modernen Erklärungsversuche konzentrieren sich auf die Flotte. Nearchos, so die Argumentation, war mit der Flotte auf dem Weg zum Persischen Golf, und Alexander befürchtete, sie könnten hungernd und dürstend zugrunde gehen. Er war wegen ihrer Versorgungslage so beunruhigt, dass er ans Meer rückte, um an der Küste Brunnen für sie zu graben und Kontakt mit den Schiffen aufzunehmen. Aber es spricht vielleicht noch mehr dafür, dass Alexander auf lange Sicht einen Seeweg zwischen seinem indischen Reich und dem Persischen Golf eröffnen wollte. Das hätte es notwendig gemacht, Häfen anzulegen und Brunnen auszuheben. Insofern diente der Marsch hinunter zum Meer möglicherweise auch der Erkundung des Terrains: Er wollte sehen, ob an der Küste Kolonien gegründet werden könnten. Falls dies der Grund war, sollte er bald eine Enttäuschung erleben.

Es gelang ihm auch nicht, Kontakt mit der Flotte aufzunehmen. Doch er zog, anstatt denselben Weg, den er gekommen war, zurückzugehen, an der Küste entlang in Richtung Gwadar. Nach Auskunft erfahrener Treiber braucht ein Kamelzug für diese Strecke drei Tage und Nächte, ein Heer jedoch sehr viel länger. Von Gwadar aus rechnen heutige Kamelführer mit weiteren vier Tagen und Nächten bis zur iranischen Grenze und mit vielleicht noch einmal einer Woche bis zum Bampur-Tal im Iran. Irgendwo aber unterlief Alexander eine Fehlkalkulation. Seine Soldaten gerieten in ernsthafte Schwierigkeiten, sie hatten kein Wasser mehr und konnten auf der ganzen Strecke auch keines mehr finden. Die Hitze und der Durst wurden unerträglich, und unsere Quellen sprechen von entsetzlichen Verlusten, insbesondere unter den Zivilpersonen. Auf dieser Etappe der Reise vollbrachte Alexander laut Arrian eine seiner »vorbildlichsten Taten« (vgl. *Anabasis* 6,26,1). Obwohl er selbst unter großem Durst litt, goss er vor den Augen seiner Männer das kostbare Wasser, das ein Soldat in einem Helm für ihn gesammelt hatte, in den Sand; wenn seine Soldaten nichts zu trinken hätten, wollte auch er seinen Durst nicht stillen.

Unsere eigene Erfahrung vermittelte uns eine Ahnung von dem, was die Soldaten durchzumachen hatten. Alexanders Spuren folgend, schlossen wir uns in Pasni einer Kamelkarawane an, die direkt durch die Wüste nach Gwadar zog. Am ersten Tag führte uns der Weg an einer brennend heißen Küste entlang, wo es nicht den geringsten Schatten gab. Dann kamen wir in eine Gegend mit hohen Dünen; bei jedem Schritt versanken die Füße tief im Sand. Wir schlugen unser Lager in der offenen Wüste auf und brieten unter dem nächtlichen Himmel eine Ziege. Tags darauf gelangten wir in eine grauenhafte Salzwüste, eine Mondlandschaft, gesäumt von Bergspitzen und Hügelkämmen, welche die Hitze auf uns zurückzuwerfen schienen. Später führte uns der Weg einen Kilometer nach dem anderen über trostlose Salzflächen, dann durch zerklüftete Hügelketten, bis er, nach 100 km, in eine surreale Landschaft mündete: Die bizarr ausgewaschenen Bergkämme waren von einem weißen Schleier überzogen; es sah aus, als habe es Staub geschneit. An der gigantischen Naturfelsnase von Sur Bandar stießen wir am Meer auf eine

---

Vorausgehende Seiten: Die Makran-Küste in der Nähe von Gwadar. »Der König ließ am Ufer Brunnen graben und stieß auf Trinkwasser; deshalb hielt er sich sieben Tage lang an der Küste auf, bevor er sich wieder ins Landesinnere begab.« (Strabon)

Ansammlung strohgedeckter Hütten; Hunderte von kleinen Fischerbooten liegen dort vor Anker, von Eselskarren wird Fisch entladen. Wir hatten schließlich die Gegend erreicht, welche die Griechen treffend als das »Land der Fischesser« bezeichneten.

Wir hatten unsere eigenen Vorräte an Wasser mitgenommen, da es zwischen Pasni und Gwadar keines geben würde, doch wir verschätzten uns in der Länge der Teilstrecken, und einmal hatten wir von einem Abend bis zur Mitternacht des folgenden Tages nichts zu essen. Glücklicherweise hatten wir genug Wasser, um auf unserer kleinen Expedition bei Kräften zu bleiben, aber es war leicht zu verstehen, wie die Griechen in Schwierigkeiten gekommen waren. Warum sie indes diese Probleme hatten, bleibt ein Geheimnis. War die Katastrophe so schlimm, wie in unseren Texten dargestellt, oder war sie für das Publikum zu Hause dramatisiert worden – als die letzte heroische Schlacht des Welteroberers mit der Natur selbst?

60 Tage, nachdem sie ihren Fuß in die Makran-Wüste gesetzt hatten, erreichten die Soldaten Bampur im Iran. Alexanders Propaganda-Abteilung stellte den Marsch durch den Makran als ein Meisterstück heldenhaften Durchhaltevermögens dar, das – allen Strapazen zum Trotz – den Mut und die Selbstlosigkeit des Heerführers demonstrierte. Die Frage, ob die Katastrophe durch den Leichtsinn des Heerführers ausgelöst worden war, wurde nicht gestellt. Die Wahrheit wird wahrscheinlich nie ans Tageslicht kommen. Doch als wir uns mit unseren Kamelen durch die gleißende Sonne westlich von Pasni quälten, durchfuhr uns der Gedanke, dass Alexander unbewusst sein Heer hatte strafen wollen, weil es ihm nicht über den Fluss Beas folgen wollte. Unmöglich? Bei Alexanders sonderbarer Psyche kann man das nie so genau wissen.

Wieder einmal war es der unermüdliche Aurel Stein, der Alexanders Rückweg rekonstruiert hat: Die Route führte durch den südlichen Iran, von Gwadar aus auf der modernen Landstraße 13 in die Berge bis nach Iranshahr; sie bog dann nach Westen, folgte der alten Straße durch Bampur und ging weiter durch die trostlosen Wüsteneien von Sistan nach Salmous, dem antiken Berg Tepe Yahya kurz hinter Kahnug. Nach späteren Berichten durften sich die erschöpften Soldaten in dieser fruchtbaren Gegend sieben Tag lang ausruhen und erholen, und sie verbrachten diese Zeit mit orgiastischen und dionysischen Festen.

Plutarch erzählt uns in einer ungewöhnlichen Geschichte, wie Alexander und seine Kommandeure in einem großen Wagen fuhren, in phantasievolle Kostüme gekleidet, vom Weingenuss bis zur Bewusstlosigkeit betrunken. Wie so oft bei Alexander wurden solche Geschichten von vornehmen Gelehrten aus der Zeit des britischen Empire als unschicklich und unwahrscheinlich abgetan, des großartigen Menschen, Offiziers und Ehrenmannes unwürdig. Sie konnten es nicht hinnehmen, dass die makedonischen Offiziere mit ihrer umwerfend starken Konstitution, ihrem ungezügelten Verlangen nach Alkohol, Sex und Gewalt ihren eigenen britischen Generälen mit ihrer vornehmen Internatserziehung und klassischen Bildung so wenig ähnlich waren! Zähere Burschen wird es jedoch kaum je gegeben haben. Die Makedonen selbst hatten aus der Lektüre Homers eine andere Lektion gelernt. Weshalb sollten sie, bei aller Bewunderung für die homerischen Helden, Hemmungen haben und sich nicht völlig gehenlassen, wenn sie unter sich waren? Wir, die wir die erstaunlichen Enthüllungen über das ordinäre, zügellose Privatleben von mächtigen zeitgenössischen Tyrannen wie z.B. Mao kennen, können solche Geschichten nicht so schnell von der Hand weisen. Aber was lag hinter den Ausschweifungen der Griechen? Könnte es die schiere Erleichterung darüber gewesen sein, dass sie noch einmal davon gekommen

Der zweite Marschtag auf unserer Reise durch die Makran-Wüste. Zwischen Pasni und Gwadar gehen die Dünen in eine trostlose salzverkrustete Ebene über. »Alexander war während der ganzen Reise in großer Not, weil er durch eine solch entsetzliche Gegend marschierte« (Strabon).

waren? Oder fühlte Alexander vielleicht schon, dass sein Leben unter keinem glücklichen Stern mehr stand?

Nachdem sie ihre Vorräte wieder aufgefüllt hatten, zogen sie die Straße von Hormuz hinunter in die Gegend von Bandar-e-Abbas. Hier traf Alexander Nearchos in der berühmten »Wiedererkennungsszene«, die Arrian, sich auf Nearchos' persönliches Tagebuch stützend, beschrieben hat. Eine sonnenverbrannte, bärtige Gestalt mit langen Haaren und zerrissener Kleidung, dazu völlig abgemagert, da er so wenig zu essen gehabt hatte – so erschien Nearchos vor Alexander.

Als dieser ihn sah, brach er in Tränen aus. Er fragte nach dem Schicksal der Flotte und ob er als Einziger übrig geblieben sei (*Indische Geschichte* 35,4f.). Dann hörte er mit Erstaunen, dass die Flotte im Gegensatz zum Heer unbeschadet durchgekommen war. Das war auf ihre Art eine eindrucksvoll erfolgreiche Erkundungsreise gewesen. Als Alexander auf dem Sterbebett lag, sollte Nearchos bei ihm sitzen und ihm die ganze Geschichte noch einmal erzählen.

Im Januar 324 brach Alexander zur letzten Etappe auf – noch ungefähr 800 km bis nach Persepolis. Seine Route folgte der modernen Straße in nördlicher Richtung bis nach Sirjan; dann zogen sie auf der alten Nebenstraße nach Westen bis nach Neiriz und dann weiter bis Persepolis und Pasargadae. Als er sich besah, was nach dem Brand von Persepolis noch stehen geblieben war, soll Alexander rückblickend bedauert haben, was er getan hatte.

Massenhochzeit in Susa

Ende Februar des Jahres 324 war Alexander wieder in Susa. Inzwischen waren etwas über sechs Jahre vergangen, seit er es verlassen hatte, um gen Osten aufzubrechen. Bald wuchs unter den Offizieren und gemeinen Soldaten die Unzufriedenheit. Die zunehmende Orientalisierung ließ Unruhe aufkommen: Die neuen persischen Brigaden wurden bevorzugt behandelt; das persische Protokoll und die persische Kleidung spielten eine immer größere Rolle; und Alexanders Verhalten wurde immer despotischer. Umgeben von einem engen Klüngel von Kumpanen und Schmeichlern, glaubte Alexander jetzt, was seine eigenen Werbefachleute über ihn sagten. Makedonien war vergessen. Der Schwerpunkt von Alexanders Welt hatte sich – sowohl psychologisch als auch politisch – nach Babylon verlagert. Er ließ nicht erkennen, dass er eine Rückkehr nach Griechenland auch nur ins Auge fasste. Eine neue Welt war im Entstehen, ein Wesen, das in Richtung Babylon kroch und darauf wartete, geboren zu werden.

All dies fand seinen Höhepunkt in der glanzvollen Feier einer Massenhochzeit in der großen Empfangshalle von Susa, bei der zwischen 80 und 100 makedonische Offiziere persische oder medische Frauen heirateten – nach persischer Gepflogenheit. Alexander und Hephaistion ehelichten die Töchter des Dareios, die, nachdem sie im königlichen Zelt in Issos gefangen genommen worden waren, mittlerweile eine griechische Erziehung genossen hatten. Tausende gemeiner Soldaten wurden ebenfalls gezwungen, den Sprung in die Ehe zu wagen, ein, wie man sagte, bewusster Versuch, die beiden Völker einander näher zu bringen. (Es ist allerdings wahrscheinlicher, dass auf diese Weise im Iran eine neue herrschende Klasse geschaffen werden sollte, die sich dem Iran und nicht Makedonien verpflichtet fühlen würde. An die Massenhochzeit erinnern sich noch bis heute die Zoroastrier im Iran mit Bitterkeit; dort kann man oft hören, dass der verhasste Alexander »unsere jungen Männer und Frauen gezwungen hat, gegen ihren Willen zu heiraten«.) Man traf auch Vorkehrungen für die Erziehung von nicht weniger als 10 000 Kindern, die den Soldaten während des Feldzugs von gefangen genommenen Frauen geboren wurden.

Unterdessen wurde Alexanders Liebling Hephaistion immer unbeliebter. Das Amt des Großwesirs war für ihn wieder eingeführt worden und sein Protektionismus, seine Günstlingswirtschaft und seine Bestechungen kannten kaum Grenzen. Als zweitmächtigster Mann im Reich und wahrscheinlichster Nachfolger Alexanders hatte er sich den Hass des makedonischen Offizierskorps alter Schule zugezogen. Alexander versuchte, die Feindseligkeiten zu entschärfen, indem er über 10 000 seiner Veteranen ausbezahlte und nach Hause schickte. In seinen Augen war es besser, sie loszuwerden, als noch mehr Gegenstimmen aufkommen zu lassen. Gleichzeitig schickte er einen seltsamen Brief an die Städte des griechischen Bundes, in dem er verkündete, er wolle als Gott anerkannt werden. (Dies rief in Athen Spott, Furcht und Abscheu hervor.)

Die Zeit wurde knapp. Im Februar des Jahres 324 v. Chr. verließ er Susa und begab sich in den südlichen Iran, wo er eine neue Stadt gründete – ein Alexandria oben am Golf. Dann ließ er sich wieder den Euphrat aufwärts durch den »großen babylonischen Sumpf« rudern und staken, durch das Sumpfgebiet, das von dem derzeitigen Tyrannen in Bagdad ganz bewusst trockengelegt worden ist. Alexander segelte an der alten Stadt Uruk vorbei, in deren Umgebung sich die Grabmäler Nebukadnezars und der letzten einheimischen babylonischen Dynastie befanden.

(Noch immer erhebt sich jetzt in einer windgepeitschten Wüste einer der riesigen sternförmigen Grabhügel aus Lehmziegeln; er ist 30 m hoch und liegt gegenüber dem endlosen Ruinenfeld von Uruk, der alten babylonischen Stadt, die in den Zeiten der Nachfolger Alexanders eine griechische *Polis* war.)

Meuterei in Opis

In Opis, nördlich von Babylon, konnte eine Meuterei des Heeres mit knapper Not abgewendet werden, und wütende Auseinandersetzungen mit seinen langgedienten Veteranen führten dazu, dass Alexander damit drohte, seine neue Armee nur noch aus Iranern zu rekrutieren. Erbitterte Wortwechsel ließen alte Wunden aufbrechen. (»Wenn es die alte Garde und Männer wie Arrhaidaios nicht gegeben hätte, würdest du noch immer vor Halikarnass im Lager stehen!« schrie ihn einer an.) Während einer großen öffentlichen Versammlung sprang ein rasender Alexander vom Rednerpult in die Menge, packte die Anführer und ließ sie auf der Stelle hinrichten. Im Hochsommer, als die Unzufriedenheit noch immer schwelte, zog Alexander aus den hitzeglühenden Ebenen von Susa über Bisitun nach Hamadan (Ekbatana), in die Sommerresidenz des Großkönigs. Hier begann das Schicksal seinen Lauf zu nehmen.

Wie unseren Texten zu entnehmen ist, wurde die Stimmung immer unangenehmer, und es bildeten sich verschiedene Gruppen. Ein merkwürdiges Fragment aus dieser Zeit, das uns etwas von Alexanders geistiger Verfassung verrät, wurde von seinem Sekretär Eumenes von Kardia aufgezeichnet (allerdings kann man darüber spekulieren, wieso Eumenes solche Dinge berichtet haben soll). Das Fragment stammt vom Oktober. Alexander war auf Reisen, vielleicht auf dem siebentägigen Marsch von Bisitun nach Hamadan:

> Am fünften Tag des Monats trank er mit Eumaios; am sechsten Tag schlief er nach dem Trinken, und war den Rest des Tages nur so lange wach, um den Marsch des nächsten Tages mit seinen Kommandanten zu diskutieren: Er sagte, sie sollten früh aufbrechen. Am siebten Tag speiste er mit Perdikkas und trank wieder, so dass er den achten Tag verschlief. Am 15. Tag des Monats trank er in derselben Weise und verbrachte den nächsten Tag so, wie er es immer nach dem Trinken tat. Am 24. dinierte er mit Bagoas [möglicherweise dem schönen persischen Eunuchen, mit dem der König intime Beziehungen hatte]. Bagoas' Haus befand sich eine Meile vom Palast entfernt [jetzt sind wir offensichtlich in Hamadan]; dann ruhte er sich bis zum 26. aus [nach seinem Trinkgelage schlief er zwei Tage später noch immer]. Daraus lassen sich zwei Schlüsse ziehen: Entweder fügte sich Alexander großen Schaden zu, indem er an so vielen Tagen im Monat trank, oder diejenigen, die solche Dinge aufschrieben, waren Lügner, d.h. [der Sekretär] Eumenes von Kardia. (Aelian)

Dieses Bild wird durch andere Quellen bestätigt, von denen manche von ungeheuren Trink-Wettbewerben sprechen – nach einem dieser Gelage sind einige von Alexanders Gefährten sogar gestorben. Der König war nun ebenso oft betrunken wie nüchtern, und nach diesen Saufgelagen musste er immer länger und öfter schlafen. Wie Plutarch sagte: »Nach dem Trinken badete er und

schlief dann oft bis zum Mittag, es kam aber auch vor, dass er den ganzen Tag im Bett zubrachte« (*Alexander* 23). Derartige Informationen beruhten auf persönlichen Aufzeichnungen von Leuten aus Alexanders innerem Kreis, die diese Ereignisse seines letzten Lebensjahres berichteten – sie müssen wahr sein. Sie zeichnen nicht das Bild eines Mannes, der in der Verfassung ist zu kämpfen – oder der sein Schicksal unter Kontrolle hat. Seine Ärzte müssen sich immer mehr Sorgen gemacht haben. Nach all den Strapazen, denen sein Körper über die Jahre hin ausgesetzt war, wurden nun der Größenwahn und die manisch-depressiven Züge des Königs durch das Trinken und eine Alkohol-Psychose weiter gesteigert. Die tiefe Verunsicherung, die den Charakter des Königs geprägt zu haben scheint, wurde durch die Macht niemals geringer; wir können sogar vermuten, dass eine solch große Macht sie nur verschlimmerte.

Oben: Ein zeitgenössischer, jetzt beschädigter Bronzekopf von Alexanders engstem Freund Hephaistion.
Gegenüber: Alexander in der Gestalt des Kriegsgottes Ares heiratet Stateira, die als Aphrodite, die Göttin der Liebe, dargestellt ist; römische Kopie eines verlorenen griechischen Originals aus Pompeji.

Nemesis: »Und so endete es …«

In Ekbatana spitzte sich alles zu. Dort hatte, wie schon erwähnt, Alexander seinen alten Getreuen Parmenion, die rechte Hand seines Vaters, heimlich ermorden lassen. (Es gab in der alten Garde Männer, die das niemals vergessen würden.) Ekbatana, die mit rund 2000 m höchstgelegene Großstadt des Iran, lag an der Haupt-Karawanenstraße, der späteren Seidenstraße, die von Zentralasien zum Mittelmeer führte. Antike Autoren beschreiben eine Stadt von phantastischer Pracht: Tempel mit versilberten Dächern, mit vergoldetem Zedernholz geschmückte Paläste, massive Mauern und herrliche Gärten. Hier in Hamadan, im Oktober oder November, wendete sich das Schicksal – oder Alexanders Feinde – gegen ihn.

Nach weiteren Streitigkeiten wurde im Heereslager außerhalb der Stadt ein großes Fest mit sportlichen Wettkämpfen veranstaltet; es folgte ein ausgedehntes Trinkgelage. Danach wurde Hephaistion krank, entweder weil er »maßlos« oder »unangemessen« getrunken hatte. (Bis heute rätselt man, was »unangemessenes Trinken« bedeutet.) Er missachtete die Anweisungen seines Arztes und trank weiter. Noch bevor Alexander von den Spielen zurückkam, war Hephaistion tot. Der Schmerz des Königs kannte keine Grenzen: ein nicht enden wollender Schmerz, zweifellos gesteigert durch Kindheitserinnerungen, und jugendliches Wetteifern mit den homerischen Helden. Einen Tag und eine Nacht lag Alexander weinend und klagend auf Hephaistions Körper. Er schnitt sich die Haare ab, genauso wie es sein Held Achill für seinen geliebten Patroklos in der *Ilias* getan hatte. Selbst Pferdeschweife wurden geschoren (nach Plutarch, *Alexander* 72, sind es die Mähnen [Anm. der Übers.]). Der unglückliche Arzt Glaukos wurde gekreuzigt. In Ekbatana wurde der Tempel des Gottes der Heilkunst, Asklepios, zerstört (Alexander bestrafte sogar die Götter).

Was hat dies alles zu bedeuten? Gewiss erinnerte sich Alexander an Achills Worte bei Homer: »Aber was frommt mir solches, nachdem mein teurer Patroklos mir hinsank, den ich wert vor allen Freunden geachtet, wert wie mein eigenes Haupt!« (*Ilias* 18,80–82; Übers. J. H. Voß) Vielleicht kannte er auch Aischylos, nach dessen Darstellung die Beziehung zwischen Achill und Patroklos offen erotisch war; dazu kam eine tiefe persönliche Leidenschaft. Möglicherweise bringt uns Aischylos' Achill Alexander und Hephaistion am nächsten. »Weine eher für mich, der ich lebe, als um ihn, den Toten; denn ich habe mein Ein und Alles verloren … Ich schäme mich nicht, es zuzugeben … Du kümmertest dich nicht um die keusche Weihe unserer Schenkel, oh du, der du mir für meine vielen Küsse keinen Dank wusstest … und für die innige Vereinigung unserer Schenkel!« (Vgl. Fragment 227 und 228; Mette)

Wir kennen nicht die Art von Alexanders Beziehung zu Hephaistion, doch vielleicht können uns diese Zeilen von Aichylos helfen, Alexanders Gefühle für seinen Gefährten besser zu verstehen. Am wahrscheinlichsten ist, dass es sich um einen frommen, heroischen und homoerotischen Freundschaftsbund gehandelt hat. Das Epos der homerischen Helden, das sie seit der Kindheit nachgespielt hatten, war wahr geworden, selbst wenn Hephaistions Tod kaum der eines Helden gewesen war. Die Wahl zwischen einem langen ruhmlosen Leben und einem frühen ruhmvollen Ende war schon vor langem getroffen worden. Und nun war Alexanders Alter Ego tot.

In Babylon sollte für Hephaistion ein großer fünfstöckiger Scheiterhaufen errichtet werden.

Geschmückt mit flatternden Fahnen, funkelnden Adlern und Schlangen, bestückt mit überlebensgroßen Kriegern und den vergoldeten Schnäbeln von 240 Fünfruderern (Galeeren), würde er 10000 Talente kosten. Alexander schickte sogar eine Abordnung nach Siwa, um anzufragen, ob Hephaistion als Gott verehrt werden könne. Doch das war zu viel für Ammon, der höflich, aber bestimmt »nein« sagte. (Ein Heroenkult, sagte er, sei völlig ausreichend.) Das riesige Grabmal wurde nie gebaut, doch im nordöstlichen Stadtbezirk von Babylon entdeckten Archäologen die Überreste eines Scheiterhaufens. Die große Lehmziegel-Plattform, bedeckt mit verbranntem Schutt, lag in der Nähe des griechischen Theaters in einem offenen Teil der Stadt, der in den Zeiten der Griechen als Müllkippe für Bauschutt genutzt wurde. Das Gelände ist jetzt ein trostloser, ausufernder Vorort der von Saddam Hussein in größenwahnsinnigen Dimensionen wieder aufgebauten Stadt. Irgendwie würde es passen, wenn dies Hephaistions letzte Ruhestätte wäre. Obwohl er in der Geschichte Alexanders einer der unsympathischsten Charaktere war, hatte Hephaistion die Zuneigung des Königs niemals verloren. Nach einer Überlieferung gab es einen einfachen Grund: »Andere liebten mich, weil ich König bin. Hephaistion liebte mich um meiner selbst willen.«

Ein merkwürdiger Nachtrag wirft vielleicht etwas Licht auf Alexanders Leidenschaft für Hephaistion und seine grenzenlose Trauer. Es gibt keine Anzeichen dafür, dass Alexander besonders großen Wert auf sexuelle Beziehungen mit Frauen gelegt hätte. Memnons Witwe Barsine war angeblich die erste Frau, mit der er geschlafen hat. Nach Darstellung aller Quellen aber hatte Roxanne, die möglicherweise sehr jung war, ihn durch ihre Schönheit angezogen, und er hatte sie geheiratet ungeachtet des Hohns und der Missbilligung seiner Gefährten. In dem Monat nach Hephaistions Tod wurde Roxanne von Alexander schwanger, und der Sohn, den sie dann auf die Welt brachte, war Alexanders einziger legitimer Erbe. Wie Plutarch schrieb: »Er pflegte auch zu sagen, Schlaf und Liebe lehrten ihn am eindringlichsten, dass er ein sterblicher Mensch sei« (*Alexander* 22).

Nach der langen Zeit der Trauer um seinen Freund raffte sich Alexander wieder auf. In der Mitte des Winters zog er gegen die Kossaier, ein Nomadenvolk im Zagros-Gebirge: Er wollte, wie Plutarch an einer schreckenerregenden Stelle sagt, seinen Kummer lindern, wie wenn das Aufspüren und das Jagen von lebendigen Menschen ihn trösten könne. Und er habe, angefangen bei den Jugendlichen, die gesamte männliche Bevölkerung abschlachten lassen (vgl. *Alexander* 72). Ein Menschenopfer, dem Geist Hephaistions dargebracht, so wie Achill junge Troianer über Patroklos' Grab getötet hatte. Blut für die Geister der Toten.

»Wir werden in Babylon voneinander Abschied nehmen«

Am Ende des Jahres zog Alexander noch einmal aus dem Iran nach Babylon westwärts, »in leichten Märschen, immer wieder einen Halt einlegend, um der Armee eine Ruhepause zu gönnen«, sagt Diodorus Siculus. Lesen wir zwischen den Zeilen, könnten wir dieselbe Geschichte entdecken, die der Sekretär Eumenes erzählt: späte Aufbrüche, verlorene Tage, langes Schlafen nach ausgedehnten Saufgelagen. Und jetzt bekommt (wie wir in den Texten Arrians, Curtius' und Plutarchs nachlesen können) die Geschichte eine verhängnisvolle Dynamik; zumindest haben im

Nachhinein die Historiker Alexanders die Geschichte so in die literarische Form gebracht, die uns überliefert ist.

Vielleicht handelt es sich wirklich nur um eine nachträgliche Interpretation? Sah es damals schon so aus? Oder bedeutete seine Rückkehr nach Babylon in den Augen seiner Zeitgenossen nur ein kurzes Umorganisieren, bevor neue Pläne in Angriff genommen werden sollten? Aus dem Westen waren Gesandte eingetroffen. Man sprach von aufregenden neuen Projekten, von Expeditionen nach Karthago und Rom und der Eroberung des westlichen Mittelmeeres. Vielleicht hatte er sogar von der Forschungsreise eines griechischen Kapitäns an die Ostsee und nach Island gehört, auf der dieser die britischen Inseln umsegelte. Hätte er einen neuen Feldzug zurück zum Beas und weiter bis zum Ganges unternommen, in dem er sich auf die militärische Stärke des alten Perserreiches stützte? Tatsache ist, dass wir es nicht wissen und auch nicht wissen können.

Dieses letzte Jahr könnte eine Zeit optimistischer Planungen gewesen sein. Trotzdem ist es gleichfalls sicher, dass sich im Laufe der Geschichte Fortuna anscheinend manchmal auch abrupt abwenden kann; das Glück verlässt offensichtlich einen erfolgreichen General, und manche Dinge können geschehen, die, wie es scheint, ganz plötzlich einem vorbestimmten Lauf folgen. Und niemand war für solche Ideen über das Schicksal und die Vorsehung empfänglicher als Alexander und sein innerer Kreis. In der Tat hatten sie während der Anfangsjahre ihres kometenhaften Aufstiegs das Geschick besessen, von Delphi bis Gordion und Siwa günstige Omina herbeizuführen. Doch dies machte sie notwendigerweise nur umso anfälliger für feindliche Kräfte. In diesem Licht betrachtet, fügte sich damals alles, was geschehen war, von der Meuterei am Beas angefangen, in ein unheilvolles Muster, obwohl sich die Propaganda-Abteilung nach Kräften bemühte, die Katastrophe vom Makran in die alte Schablone des offen zu Tage tretenden Schicksals zu pressen. Der Stern des Königs war möglicherweise nicht länger im Steigen begriffen.

Schon bevor er den Iran verließ, gab es merkwürdige Omina. Der indische Saddhu (Heilige) Kalanos, inzwischen 73-jährig, hatte Alexander begleitet, war aber krank geworden. Als er seinen Tod nahe wusste, verkündete er, er werde sich nach Art der Inder auf einem Scheiterhaufen bei lebendigem Leibe selbst verbrennen. Das Schauspiel wurde von dem makedonischen Führungsstab, der daneben stand, niemals vergessen. Bevor er den Scheiterhaufen bestieg, hatte sich Kalanos von Alexanders Gefährten verabschiedet, doch gegenüber dem König persönlich nur eine dunkle Andeutung gemacht: »Wir werden in Babylon voneinander Abschied nehmen« (vgl. Arrian, *Anabasis* 7,18,6). Dann (so hat man es später erzählt) wurde der König, bevor er Babylon erreichte, von chaldäischen Weisen aufgesucht; die Astrologen zogen ihn beiseite und baten ihn, nicht weiterzugehen, da ihr Gott Bel gesagt habe, es wäre für den König verhängnisvoll, wenn er zu diesem Zeitpunkt die Stadt beträte. »Geh' nicht nach Westen«, drängten sie, »kehre um und begib dich wieder nach Osten.«

Nachdem er eine Weile geschwankt hatte, zog Alexander an Babylon vorbei und schlug jenseits der Stadt, 15 km weiter südlich, in Borsippa sein Lager auf. (Borsippa war eine alte Stadt, berühmt bei den griechischen Geschichtsschreibern als Sitz chaldäischer Astrologen. Überreste ihres großen Zikkurats stehen noch immer, ein großer erodierter Lehmziegel-Finger, der die Euphrat-Ebene überragt.) All dies riecht jedoch nach untypischer Unentschlossenheit: Der Mann, der an den Persischen Toren oder bei Aornos mit solcher Geschwindigkeit gehandelt hatte, kann plötzlich nicht entscheiden, ob er seine Hauptstadt betreten soll.

Es gab eine Diskussion mit seinem Gefolge, das ihn davon zu überzeugen versuchte, dass er die Warnung missachten und, was wichtiger war, wieder etwas für seine Selbstachtung tun solle. Anaxarchos, ein Skeptiker und Atheist, der die Ermordung des Kleitos gerechtfertigt hatte, brachte die Sache genau auf den Punkt und forderte den König auf, alle Omina als bedeutungslosen Hokuspokus abzutun. Nachdem er sich etwas Mut angetrunken hatte, beschloss Alexander, Babylon zu betreten. Dennoch war es ihm nicht vergönnt, die Vorzeichen zu vergessen. Sobald er die Stadt betrat, zeigten sich Raben, die über den Mauern miteinander kämpften – ein untrügliches Zeichen dafür, dass die Götter dagegen waren. Dann zeigte sich bei einem Opfer für die Gesundheit des Königs, dass die Leber des Opfertiers keinen Lappen hatte, ein bedrohliches Wunderzeichen, wie der Wahrsager zugab, als Alexander versuchte, die Wahrheit aus ihm herauszupressen. Plötzlich konnten die Zeichen nicht mehr umgedeutet werden.

Danach kam es zu der beunruhigendsten Begebenheit. Sie wurde von den Griechen auf folgende Weise erzählt: Als der König eines Tages, nachdem er Ball gespielt hatte, in Sportkleidung in den Palast kam, sah er einen unbekannten jungen Mann, der offenbar halb verrückt war und schweigend auf dem Königsthron saß; er trug die königlichen Gewänder und das Diadem. Als man in Gegenwart des Königs Fragen an ihn stellte, schwieg er lange Zeit still; als er später seiner Sinne wieder mächtig war, sagte er, er sei wegen irgendeines Verbrechens in Ketten von der Küste hierher gebracht worden. Dann habe der Gott Serapis ihm die Fesseln gelöst und gesagt, er solle hierher kommen und diese Dinge tun (vgl. Plutarch, *Alexander* 73). Als Alexander diese Geschichte gehört hatte, sprach er mit seinen Sehern, und alle stimmten darin überein, dass der junge Mann getötet werden müsse.

Was bedeutet diese düstere Geschichte? Kürzlich hat man sie mit einer babylonischen Sitte in Zusammenhang gebracht, deren dunkle Bedeutung die späteren griechischen Autoren nicht erraten konnten. Kurz vor dem Tode des Königs, so wird behauptet, waren die Omina so furchtbar, dass die Priester von Babylon zu dem archaischen Ritus eines Ersatzkönigs Zuflucht nahmen. Um eine Katastrophe abzuwenden, überließ der herrschende König für einige Zeit seinen Thron einem Stellvertreter, einem Sündenbock, einem überführten Verbrecher, der das schlechte Karma des echten Königs auf sich nahm und dann, nach einer kurzen Regierungszeit, wie von den Astrologen vereinbart, umgebracht wurde. Die Tatsache, dass Alexander das Todesurteil des jungen Mannes, seines Ersatzmannes, bestätigt haben soll, lässt vermuten, dass er die Durchführung des Ritus verstanden und gebilligt hat.

Wenn wir sie richtig aufgefasst haben, verstärkt diese erstaunliche Geschichte nur den Eindruck, dass sich in den letzten Tagen eine Wolke dunklen Aberglaubens auf Alexanders inneren Kreis niedersenkte. Man könnte viele Parallelen zu Herrschern aus unserer eigenen Zeit ziehen, die durch die Macht so korrumpiert sind, dass sie den Sinn für die Realität völlig verloren haben. Infolge des Todes des jungen Mannes verlor der König, wie Plutarch berichtet, »ganz den Mut und jede Hoffnung auf die Götter und wurde argwöhnisch gegen seine Freunde« (*Alexander* 74). Es kam zu wahnsinnigen Wutausbrüchen: Einmal schlug Alexander einen Gefährten mit dem Kopf gegen die Wand. Er war jetzt so von seinen Ängsten vor dem Übernatürlichen besessen und so überreizt und schreckhaft, dass es »schließlich kein ungewohntes und aus dem Rahmen fallendes Ereignis mehr [gab], mochte es auch noch so geringfügig sein, das für ihn nicht ein Zeichen war und eine Vorbedeutung hatte. Der ganze Palast war voller Leute, die Sühn- und Reinigungsopfer darbrachten und die Zukunft erforschten« (*Alexander* 74).

Alexanders letzte Tage

Nichts, auch nicht die Tatsache, dass Roxanne kurz vor der Entbindung stand, konnte Alexanders Sauftouren Einhalt gebieten. Vielleicht trieb ihn dies weiter zum Trinken, um sich selbst zu vergessen. In jenem Mai veranstaltete er ein glanzvolles Bankett für Nearchos, und nachdem er zwei Tage getrunken hatte, begann er sich fiebrig zu fühlen. Sein Fieber wurde immer höher, und in seinem Durst trank er immer mehr und fiel ins Delirium. Arrian liefert die Chronik seiner letzten Tage, die von Plutarch mit Daten versehen ist. Sie weist alle Merkmale eines zeitgenössischen Berichtes auf: lakonisch, detailliert, vertraulich – ganz anders als die sich selbst verherrlichenden offiziellen Bulletins. Laut Plutarch stammen die Informationen »fast Wort für Wort aus den königlichen Tagebüchern«. Es ist einer der dramatischsten historischen Berichte aus der Antike:

> Am 18. des Monats Daisios schlief Alexander wegen seines Fiebers im Badezimmer. Am folgenden Tag zog er nach dem Baden ins Schlafzimmer um und brachte den Tag mit Medios beim Würfelspiel zu. Abends nahm er noch ein Bad, brachte den Göttern Opfer dar, aß etwas und bekam in der Nacht erneut Fieber. Am 20. badete er, brachte wieder die üblichen Opfer dar, ließ sich ins Badezimmer bringen und verbrachte den Tag mit Nearchos, indem er sich von dessen Fahrt und vom Ozean erzählen ließ. Am 21. tat er dasselbe, wurde aber noch heißer, hatte eine schlechte Nacht und am folgenden Tag sehr hohes Fieber. Er ließ sich wegbringen und lag nun an dem großen Schwimmbecken, wo er mit seinen Generalen die Besetzung der freigewordenen Offiziersstellen besprach; er wünschte, dass man sie mit verdienten Leuten besetzen solle. Am 24. hatte er hohes Fieber, er ließ sich aber zu den Altären tragen, um die Opfer darzubringen. Er ordnete an, dass sich die ranghöchsten Offiziere am Hof aufhalten, die Hauptleute und Obersten aber die Nacht über draußen bleiben sollten. Am 25. ließ er sich in den gegenüberliegenden Palast bringen und fand dort ein wenig Schlaf, das Fieber sank aber nicht. Als die Generale eintraten, konnte er nicht mehr sprechen. Ebenso war es auch am 26. Daher waren die Makedonen der Meinung, er sei schon tot, und sie kamen mit Geschrei an die Tore und bedrohten die Stabsoffiziere, bis sie ihren Willen mit Gewalt durchsetzten. Man öffnete ihnen die Türen, und sie zogen Mann für Mann im bloßen Untergewand am Krankenbett vorbei.
>
> (Plutarch, *Alexander* 76)

Arrian fügt ein anschauliches Detail hinzu, das echt klingt: Nichts habe sie davon abhalten können, ihn noch ein letztes Mal zu sehen, und das Gefühl in fast jedem Herzen sei Trauer und eine Art hilfloser Verwirrung gewesen bei dem Gedanken dass sie ihren König verlieren könnten.

»So lag er denn wortlos, während das ganze Heer an ihm vorbeizog, und grüßte sie alle, Mann für Mann, indem er mühsam den Kopf hob und mit den Augen Zeichen gab« (*Anabasis* 7,26,1).

> Am selben Tag [fährt Plutarch fort] wurden auch Python und Seleukos in den Serapistempel gesandt, um zu fragen, ob man Alexander dorthin bringen solle. Der Gott antwortete aber, man solle ihn an Ort und Stelle lassen. Am 28. (des Monats Daisios) [am 10. Juni des Jahres 323 v. Chr.] gegen Abend starb er. (*Alexander* 76)

Alexander war noch keine 33 Jahre alt.

> Der Verdacht auf einen Giftmord [sagt Plutarch] kam zunächst niemandem. Erst sechs Jahre später ließ Olympias, wie es heißt, auf eine Anschuldigung hin, zahlreiche Personen hinrichten und sogar die Gebeine des längst verstorbenen [Mundschenks] Iolas, Antipaters Sohn, aus dem Grabe reißen, weil er dem König das Gift verabreicht habe. Es gibt auch welche, die behaupten, Aristoteles habe dem Antipater zu diesem Schritt geraten, und überhaupt sei dieser es, der das Gift nach Asien habe bringen lassen … (*Alexander* 77)

Es ist nicht überraschend, dass nach dem Tod des Mannes, der den größten Teil der bekannten Welt regiert hatte, zahlreiche Geschichten in Umlauf waren. Die Geschichte, dass Iolas derjenige war, der Alexander vergiftet hatte, war in Athen rasch danach bekannt, und der Redner Demosthenes beantragte, ihm zu Ehren ein öffentliches Dankfest auszurichten. Höchst detaillierte Berichte sind auf die Nachwelt gekommen, die den Verdacht unterstützen könnten, dass Alexander und Hephaistion keines natürliches Todes gestorben seien. Einer stammt von einem makedonischen Offizier, der damals sowohl in Hamadan als auch in Babylon dabei war. Bei Alexanders Rückkehr aus Indien fürchtete er, er könne den zu erwartenden nächsten Säuberungsaktionen zum Opfer fallen und wandte sich deshalb an einen Wahrsager. Was sollte er tun? Er bekam die Auskunft, sich keine Sorgen zu machen; Hephaistion und Alexander würden beide bald nicht mehr leben. Hephaistion starb innerhalb weniger Tage, Alexander innerhalb eines Jahres, beide an unerklärlich hohem Fieber, nachdem sie unvermischten Wein getrunken hatten. (Nach dem pharmakologischen Kommentar eines Arztes ist eine langsame Strychnin-Vergiftung am wahrscheinlichsten; vielleicht ist es nur Zufall, doch Aristoteles' Freund, der Botaniker Theophrast, beschreibt seine Verwendungsmöglichkeiten und Dosierung und sagt, dass »sein bitterer Geschmack sich am besten überdecken lässt, wenn man es unvermischtem Wein beigibt«.)

Nach späteren Geschichten wurde auch Aristoteles in die Verantwortung genommen, da er gemerkte hatte, dass er bei der Erschaffung eines Ungeheuers mitgeholfen habe; aber so weit will

---

Umseitig: Der südliche Palast in Babylon, Schauplatz von Alexanders letzter Krankheit. Oben rechts das Ishtar-Tor. In der unteren Mitte, als offenes Rechteck klar zu sehen, befindet sich der Thronsaal, in dem sich die düstere Episode mit dem Ersatzkönig abspielte (vgl. S. 225).

Plutarch nicht gehen, er sagt nur: »Anfangs bewunderte er den Aristoteles und liebte ihn … nicht weniger als seinen Vater … Später aber hatte er nicht mehr das rechte Vertrauen zu ihm; nicht dass er ihm etwas zuleide getan hätte, aber seine Gunstbeweise hatten nicht mehr diese unmittelbar von Herzen kommende Art, ein Beweis dafür, dass eine Entfremdung eingetreten war« (*Alexander* 8). Wie so oft bei Alexander werden wir niemals die Wahrheit erfahren.

Die Symptome bei einem Leberversagen infolge von Alkoholismus oder Vergiftung sind recht ähnlich. Die meisten Gelehrten heute verwerfen die Gift-Hypothese, obgleich sich einige durchaus vorstellen können, dass er und Hephaistion auf diese Weise aus dem Weg geräumt wurden. Es gibt noch andere Möglichkeiten: Brustfellentzündung, hervorgerufen durch die Verwundung, die er sich bei Multan zugezogen hatte; Typhus, verbunden mit Alkoholmissbrauch; sogar exzessive Trauer. Alles oder irgendetwas davon könnte sein Immunsystem tödlich geschwächt haben. Doch wie immer interpretieren wir das Beweismaterial so, dass es zu dem passt, was uns in unserer eigenen Zeit beschäftigt. Für uns ist es ein nicht so unwahrscheinliches Szenario, dass Alexander von einer Junta von verbitterten und enttäuschten ranghohen Offizieren vergiftet wurde. Viele frühere Freunde und Gefährten des Königs waren jetzt entsetzt von dem, was sie gesehen hatten, von der extravaganten Orientalisierung, den brutalen Wutanfällen und – was vielleicht am schlimmsten war – von seinem Anspruch, als Gott verehrt zu werden. Für sie war er zu einem Tyrannen geworden, voller Willkür und unberechenbar. Wie Alexanders Lehrer Aristoteles selbst gesagt hatte: »Niemand erträgt freiwillig eine solche Herrschaft.«

Für die Makedonen hatte er größere Leistungen als jeder andere vollbracht, nicht nur als die Könige, die vor ihm gelebt hatten, sondern auch als diejenigen, die später kommen sollten, bis hin in die Gegenwart (so Diodoros, ein Autor des 1. Jahrhunderts v. Chr.). Reichtümer waren erworben, Reiche aufgebaut, eine halbe Welt erobert worden. Doch andernorts mag es nur wenige gegeben haben, die seinen Tod beklagten. Als die Nachricht von seinem Tod in Athen eintraf, rief der Redner Demades öffentlich aus: »Alexander ist tot? Unmöglich: Die ganze Welt würde nach seiner Leiche stinken.«

Was ist mit Alexander selbst? Welche Gedanken hatte er vor seinem Ende? Wir werden niemals erfahren, was hinter seinem selbstzerstörerischen Verhalten während der letzten Monate steckte. Soweit wir wissen, könnte es, wie Plutarch vermerkte, einfach so gewesen sein, dass der König jetzt überhaupt nicht mehr gewusst hat, was er mit dem Rest seines Lebens anfangen sollte.

Nach Alexanders Tod

Wer sollte Alexanders Nachfolger werden? Die Generäle versammelten sich um das Sterbebett, um eine Antwort zu erhalten. Der König konnte vor seinem Ende angeblich wieder sprechen, wenn auch nur ein paar Worte. Wir können uns vorstellen, wie sie alle in jenem Gemach standen, mit Blick auf den Euphrat; die glühende Sommerhitze über der Ebene von Babylon war am Abklingen; die hohen Ziegelmauern des Palastes reflektierten die Sonnenglut; über den Palmenhainen in den königlichen Gärten unterhalb des Fensters erhob sich eine leichte Brise und bewegte die Windfänge sanft hin und her. Ptolemaios, Seleukos, Nearchos und die anderen Generäle hatten ihre Augen auf Alexander gerichtet und blickten ihn forschend an. Nun, da er offensichtlich im Sterben lag, erhob sich die eine, alle bewegende Frage: An wen sollte das Reich fallen? Die Antwort, die der Fieberkranke, im Todeskampf keuchend, so leise flüsterte, dass sich alle über das Bett beugen mussten, um sie zu verstehen, lautete: an den *kratistos*, an den Stärksten. Natürlich. Was hätten wir anderes von ihm erwarten sollen?

Der Leichnam wurde einbalsamiert, doch der Leichenwagen wurde auf dem Weg nach Makedonien von Ptolemaios entführt. Dieser wollte ihn in Ägypten haben, das bei der Aufteilung des Reiches nach dem Tode des Königs ihm zugefallen war. Alexander hatte anscheinend darum gebeten, in Siwa an der Seite seines »Vaters« bestattet zu werden, aber die erste Beisetzung seines Leichnams fand in der alten Hauptstadt Memphis statt. Später wurde der Sarg zum Sema (Grabbezirk), der zentralen Kreuzung der neuen Stadt Alexandria in Ägypten, gebracht, wo er im Laufe der Jahre von vielen Pilgern besucht wurde. (Die vor kurzem geäußerte Behauptung, man habe ihn in Siwa gefunden, ist völlig aus der Luft gegriffen.) Die Grabstätte, die im 4. Jahrhundert n. Chr. zum letzten Mal erwähnt wurde, konnte nie lokalisiert werden. Nach der Überlieferung befand sich das Sema in der Nähe der späteren Moschee Daniels, des »zweigehörnten Propheten«; dort wurde der Sarkophag des letzten Pharaos Nectanebo, der jetzt im Britischen Museum zu sehen ist, gefunden; er war als Wassertrog benutzt worden. (Manche Forscher haben vermutet, dass Alexanders Sarg in diesen Sarkophag eingelassen war.) Bemerkenswerte neue Unterwasserausgrabungen im östlichen Hafen lassen jedoch darauf schließen, dass die Paläste und Königsgräber sehr viel weiter im Osten gelegen haben müssen. In diesem Fall könnte das schöne Alabasterfragment eines hellenistischen Mausoleums, das neben einem verwahrlosten griechischen Friedhof im Ostteil der Stadt steht, sehr wohl Alexanders letzte Ruhestätte bezeichnen. Vielleicht ist es angemessen, dass eine Spur Alexanders in diesem ersten Alexandria zurückbleiben sollte, der Stadt, die für die Griechen, wie der Dichter Konstantin Kavafis es ausdrückte, für immer »die Hauptstadt der Erinnerung« sein werde.

Was die anderen Personen in der Geschichte angeht, so sind natürlich viele von ihnen an der langen Straße zwischen dem Balkan und Indien begraben, wie Koinos an den Ufern des Beas sagte. (Er selbst würde einer von ihnen sein, ebenso wie Dareios, Parmenion, Bessos, Kallisthenes und noch viele andere.) Wieder andere ließen in den mörderischen Kämpfen nach Alexanders Tod ihr Leben. Von dem Schicksal der königlichen Mätresse Barsine und ihres Sohnes Herakles ist nichts bekannt; Alexanders zweite Frau Stateira, die Tochter des Dareios, war bereits von Roxanne umgebracht worden. Die gefürchtete Mutter des Königs, Olympias, kam ebenfalls im Bürgerkrieg in Makedonien ums Leben. Manche erwarben allerdings auch unglaubliche Reichtümer. Ptolemaios wurde König in Ägypten und begründete eine Dynastie, die erst mit Kleopatra, der letzten Griechisch sprechenden Herrscherin Ägyptens, endete. Seleukos regierte von Babylon aus zusammen mit seiner baktrischen Gemahlin Apama ein bedeutendes Königreich. Sie und ihre Nachfolger stellten die Pracht und Herrlichkeit des alten Babylon wieder her. In den Randgebieten, in Baktrien und im nordwestlichen Indien, gab es noch 300 Jahre lang Könige griechischer Abstammung; sie ließen Münzen prägen, auf denen sie sich als Maharadschas porträtierten. Aus den Konquistadore waren Dynasten geworden.

Alexanders Vermächtnis

Auf der einen Seite ist die Geschichte Alexanders von Blut und Gräueln durchzogen, doch wie so oft in der Historie setzte der Krieg auch ungeheure Energien frei, gab dem Leben neue Impulse, beschleunigte den Wandel. In den folgenden Jahrhunderten erlebte die griechische Kultur in Ostasien und Indien eine erstaunliche Nachblüte. Unter dem elektrisierenden Eindruck dieser gewaltigen Erschütterungen öffneten sich neue Welten, die nun durch neue Land- und Seewege miteinander verbunden waren. Wenige Jahrzehnte nach Alexanders Tod erreichte z.B. der Lehrsatz des Pythagoras China.

Für die näher an Griechenland gelegenen Städte des Nahen Ostens begann unter den Nachfolgern Alexanders eine Epoche großen Wohlstands. Uruk z.B. erlebte die größte Bevölkerungsdichte in seiner ganzen Geschichte. Riesige Tempel wurden errichtet; ihre Mäzene, die sowohl griechische als auch einheimische Namen hatten, verfügten über enorme finanzielle Mittel, die vielleicht auf den stark angewachsenen Handel zwischen dem Mittelmeer, dem Golf und Indien zurückzuführen waren. Unter den Ptolemäern erreichte auch Ägypten eine späte Blütezeit mit herrlichen Tempeln und einem reichen urbanen Leben, insbesondere in Alexandria, das die »erste Stadt der Welt« werden sollte. Im konservativen Ägypten wurden Generationen von griechischen Siedlern tatsächlich sesshaft, und genau das hatte Alexander sich erhofft, als er in so weit entfernten Gegenden wie in Tadschikistan und im Punjab Städte gründete.

Auch kam die griechische Expansion nach Alexanders Tod nicht zum Stillstand. Im 2. Jahrhundert v. Chr. unternahm der hellenistische General Menander, der in Afghanistan geboren war, einen Feldzug den Ganges hinunter und plünderte Kosambi, Benares und Patna; in den Augen mancher Leute erwarb er sich damit den Ruf, Alexander sogar noch übertroffen zu haben. Am Ende trug jedoch Indien den Sieg über Menander davon: Er wurde Buddhist. Aber die griechischen Königreiche im nordwestlichen Grenzgebiet und Afghanistan überdauerten bis ins späte 1. Jahrhundert n.Chr., nachdem Makedonien selbst schon lange vom römischen Reich besiegt worden war. Inzwischen hatten griechische Seeleute gelernt, den richtigen Zeitpunkt zu berechnen, um mit dem Monsun vom Roten Meer aus über den Indischen Ozean zu segeln. In der Zeit der frühen römischen Republik waren alexandrinische Kaufleute die Zwischenhändler, die indische Harthölzer, Parfums und Gewürze in den Westen brachten, dazu chinesische Seide und südindischen Pfeffer, der die Pfefferscheuern am Tiber füllen sollte. Zu jener Zeit sind in den Handbüchern der griechischen Kaufleute alle Häfen bis zur Mündung des Ganges aufgeführt, und in Südindien ist in tamilischen Dichtungen die Rede von griechischen Händlern, Söldnern und – in den Straßen von Madura – sogar von griechischen Bildhauern. Es ist, als ob es in Alexanders Ära eine Entladung der Energie gegeben hätte, vergleichbar einem planetarischen Nebel: Sie ließ neue Welten zurück, die sich zudem immer wieder neu wandelten.

Der Hellenismus, die griechische Kultur, wurde zum kulturellen Fundament des Nahen Ostens. Er war, seinem Wesen nach, kosmopolitisch, und es ist kein Zufall, dass in den nachfolgenden Jahrhunderten drei große Weltreligionen (d.h. das Christentum, der Manichäismus und der Islam) allesamt in den vom Hellenismus geprägten Gegenden des Nahen Ostens entstanden sind; sie alle schöpften aus einem Gemisch griechischer, ägyptischer, jüdischer und persischer Themen. Die Tatsache, dass der Hellenismus eine der kulturellen Grundlagen des Islams war, wird oft übersehen. Doch bis tief in die muslimische Epoche bildeten die Moslems in den von ihnen eroberten Ländern eine Minderheit. Ägypten war bis zum 10. Jahrhundert christlich. Auch der Irak wies starke christliche und jüdische Elemente auf, die ihrerseits wiederum an der griechischen Kultur Anteil hatten. Der Übergang zum Islam vollzog sich langsam und erstreckte sich über einen größeren Zeitraum. Im Nahen Osten blieb der Hellenismus eine der Wurzeln der Bildung bis zu der großen Epoche, in der im Bagdad des 10. Jahrhunderts griechische Texte ins Arabische übersetzt wurden. Diese Übersetzungen ins Arabische wurden von Christen, Juden und ebenso von Muslimen geleistet. Der Hellenismus drang sogar bis nach Arabien vor, wo sich noch nach dem Tod des Propheten Kunstwerke im griechischen Stil finden lassen. Ebenso wie andernorts war in Jordanien noch bis ins 8. Jahrhundert die offizielle Sprache Griechisch. Die letzte auf Griechisch verfasste Inschrift aus Taxila in Pakistan stammt aus derselben Zeit. Hellenistische Denkweisen waren so einflussreich, dass sie auch nach dem Ende der griechischen Herrschaft noch lange fortlebten und dazu beitrugen, dem ganzen Gebiet zwischen dem Mittelmeer und dem Indus eine gewisse Einheitlichkeit zu verleihen. Es ist möglicherweise kein Zufall, dass bis zum 8. Jahrhundert die Landesgrenzen der Gebiete, welche die Muslime im Osten erobert hatten, mit den Grenzen von Alexanders Reich übereinstimmten.

Und wie wir gesehen haben, verbreitete sich in der Kunst und Literatur die Legende Alexanders in einem fort in der ganzen antiken Welt vom Atlantik bis zu den Grenzen Chinas und von der zentralasiatischen Steppe weiter südlich bis nach Äthiopien. Über den Menschen Alexander ist man jedoch geteilter Meinung. In Benares, am Ufer des Ganges, sagte mir der altgediente indische Historiker A. K. Narain, er habe den Eindruck, wenn man sich auf Alexanders Weg begebe, folge man »den Spuren der Gewalt«, und am Ende sei es so gewesen: »Die Griechen kamen und sahen, doch Indien siegte.« In Taxila im nordwestlichen Grenzgebiet Pakistans vertrat Ahmed Dani, der Nestor der Archäologen des Subkontinents, eine andere Ansicht:

> Infolge dieses bedeutenden Austausches zwischen Ost und West fanden die Kenntnisse, Wissenschaft, Dichtung, Kunst und Philosophie der Griechen Eingang in die alte Kultur des indischen Subkontinents. Zerstörungen standen auf der Tagesordnung, Menschen verloren ihr Leben, selbstverständlich war das so, doch es ereigneten sich auch gewaltige Dinge, welche die Geschichte der Menschheit vorwärts brachten. Das gehört zum Wesen der Geschichte. In diesem Sinne ist dies das Vermächtnis der Menschen aus dem Westen und Europa, aber auch der Muslime und Inder. Alexander gehört nicht nur Griechenland, sondern auch der islamischen Welt, desgleichen Pakistan und Indien. Deshalb handelt es sich hier um eines der bedeutendsten Ereignisse in der Geschichte der Welt.

Und wenn Alexander noch länger gelebt hätte?

Es ging das Gerücht, Alexander habe noch Pläne. Es gab z. B. ein erstaunliches Dokument, das sie auflistete und Diodorus Siculus in die Hände fiel. Dieses Dokument stammt vermutlich von dem Sekretär Eumenes. (Vielleicht wurde es in jenem glühend heißen Juni in Babylon verfasst, in den letzten klaren Augenblicken des Königs, als das Fieber nachließ.) Alexanders Pläne waren die folgenden:

Zunächst die militärischen: die Eroberung Arabiens; der Bau von 1000 besonders langen Kriegsschiffen für einen Feldzug, in dem Karthago und das westliche Mittelmeer unterworfen werden sollten; der Bau einer Militärstraße von Alexandria durch ganz Nordafrika bis nach Gibraltar mit Häfen, militärischen Stützpunkten und Arsenalen. Nichts davon ist unwahrscheinlich, vieles in den überlieferten Texten ausführlich bezeugt. Alexander hatte gewiss die Absicht, den Westen zu erobern und vielleicht sogar, wie Arrian schrieb, bis zu den britannischen Inseln vorzustoßen.

Dann sollten neue Städte gegründet werden, wobei die Bewohner zwischen Europa und Afrika hin und her verpflanzt werden sollten. Dies erinnert in unheimlicher Weise an einen seltsamen und möglicherweise gefälschten Brief von Aristoteles an Alexander, in dem er sich dafür ausspricht, die herrschende iranische Klasse nach Europa umzusiedeln, als notwendige Maßnahme, um den kommenden griechischen Weltstaat vorzubereiten.

Schließlich gab es noch gigantische Bauprojekte: die Vollendung von Hephaistions Grabdenkmal; die Errichtung von sechs riesenhaften Tempeln, Weltwundern, in Makedonien und Griechenland, darunter auch den Wiederaufbau des Athena-Tempels in Troia, der zu einer in der ganzen Welt berühmten Attraktion werden sollte. Im Freudschen Sinne am interessantesten war Alexanders Plan, eine Grabpyramide für seinen Vater Philipp zu errichten, die es mit der großen Pyramide von Gizeh aufnehmen könnte, ja sie sogar in den Schatten stellen sollte. Auf diese Weise würde der Architekt des makedonischen Weltreichs durch das imposanteste Bauwerk der Welt geehrt werden. (War der Sohn nun schließlich so weit, seinen größten Rivalen gebührend zu würdigen – den Vater, von dem er behauptet hatte, er habe seine Leistungen nicht anerkannt und der ihm »mit Boshaftigkeit und Eifersucht« begegnet sei?)

Die »letzten Pläne« sind so merkwürdig, dass es schwer fällt, sie nicht für wahr zu halten – und in den antiken Quellen herrscht, was sie betrifft, eine überraschende Einmütigkeit. Es ist klar, dass Alexander den enormen Ehrgeiz hatte, seine Eroberungen fortzusetzen. Und es besteht auch kein Zweifel, dass in den letzten Lebensjahren sein Größenwahn immer weiter zunahm. Er wollte nicht nur alles überbieten, was vor ihm vollbracht worden war, sondern auch der Nachwelt alle Hoffnung nehmen, es ihm gleichtun zu können.

Gleichgültig, ob auf architektonischem oder militärischem Gebiet, es zeigte sich, dass Alexanders Leistungen von den nachfolgenden Generationen und Königen nicht übertroffen werden konnten. (Das bringt uns in die Nähe des »Tausendjährigen Reiches« und erinnert an die Pläne Albert Speers, für seinen Herrn eine neues Berlin zu bauen.) Pyramiden, gewaltiger als die von Gizeh, die größten Tempel der Welt, die Eroberung des Westens. Und mit den Arbeitskräften und Ressourcen Ostasiens im Rücken hätte es Alexander durchaus schaffen können.

Darüber hinaus ist es müßig zu fragen, was gewesen wäre, wenn. In einem groß angelegten *jeu d'esprit* malte sich Arnold Toynbee aus, wie Alexander in Babylon wieder gesund wird, den Westen und Indien erobert, sich dann im Jahre 314 in den Krieg zwischen den Staaten Chinas einmischt, um schließlich alle Länder der alten Welten zu vereinen. Toynbee stellte sich eine geeinte Welt vor, die vom Hellenismus bis in die Gegenwart reicht; im ersten Jahrhundert wäre in Babylon die Dampfmaschine erfunden worden, und in den 50er-Jahren des 20. Jahrhunderts gäbe es eine zufriedene Welt unter Alexander XXXV.! Wäre die Geschichte doch nur so klar und eindeutig. Doch Toynbees Phantasien enthalten eine essenzielle Wahrheit. Alexander wollte, dass seine letzten Projekte von keiner der künftigen Generationen übertroffen werden könnten. Wie fragmentarisch und aufreizend sie auch waren, sie geben der Nachwelt doch weiterhin viele Rätsel auf. Mit Shelleys Zeilen auf seinem Monument des Ozymandias sagen sie: »Schaut auf meine Werke und ihr werdet der Verzweiflung anheim fallen.«

Der echte Alexander oder nur der Alexander für unsere Zeit? Ausschnitt aus dem Issos-Mosaik.
Die große Nase, die gewölbte Stirn, das fliegende braune Haar, die hervortretenden Augen
und der dicke Hals sind allesamt in unseren Quellen bezeugt.
Eine realistischere Darstellung seiner Person und seines *pothos*, seiner Getriebenheit,
können wir uns heutzutage wohl nicht erhoffen.

Epilog

Unsere Reise auf Alexanders Spuren war zu Ende. Wir hatten über 30000 km auf dem Landweg zurückgelegt: mit Bus, Jeep, Zug, auf Kamelen, Pferden, Maultieren und zu Fuß. Auf der Rückreise von Alexandria legte ich in Neapel für ein letztes Rendezvous einen Halt ein. Ich ging ins Nationalmuseum von Neapel, in den vollgestopften Raum des hellenistischen Zeitalters; er war mit Statuen und Bildern gefüllt, Beutestücken aus Griechenland, welche die Häuser der Reichen in Pompeji schmückten. Wenn man durch die Museumshallen streift, hat man den Eindruck, man wandere durch den Nippes des untergegangenen britischen Empire. Es gibt Porträts von strengen Generälen und einheimischen Gouverneuren, Bezirksverwaltern mit unbewegter Miene, korpulenten sinnlichen Satrapen, makedonischen Offizieren, die mit ihren Reiterhelmen und flatternden Schals sehr fesch aussehen – wie die Helden des Ersten Weltkriegs. Auch hier gibt es Kriegerdenkmäler, seltsame Kultbilder und die zeitgenössische populäre Plastik.

Beim Blick auf all dies könnte man fast ein Zeitalter wie das unsere ausmachen: kosmopolitisch, international, selbstbewusst; fasziniert von den Möglichkeiten der Pantomime, von Sex und Gewalt, von der Groteske. Die extremste Kunst jener Zeit findet ihre moderne Apotheose in Hollywood; die prallen Muskeln und die entfesselte Leidenschaft der mythischen Kämpfe auf dem Pergamon-Altar haben ihre Parallelen in den gewalttätigen Action-Filmen des ausgehenden 20. Jahrhunderts mit ihren muskelbepackten Helden, ihren Raumfahrt-Waffen und derselben Aura heroischer Unbesiegbarkeit.

Schließlich gibt es dort das große Mosaik der Schlacht bei Issos: eine der eindringlichsten Kriegsdarstellungen und, wie wir es jetzt sehen, der Inbegriff der Ära Alexanders. Alle Gesichter der Perser sind von Furcht und Schmerz gezeichnet. Dareios streckt seine Arme aus, unfähig, seinen Freund zu retten. Alexander gibt seinem Pferd die Sporen und stürmt vorwärts; hervortretende Augen, wehendes Haar, getrieben von seinem Dämon, seinem *pothos.* Als Kopie eines Gemäldes, das zu seinen Lebzeiten entstand, ist dieses Bild vermutlich die getreueste Darstellung, die wir von seinem Aussehen und, noch wichtiger, von seiner Mentalität haben.

Für Generationen von Menschen im Westen mag er ein Held sein, doch für die Völker Asiens, die Perser, Zentralasiaten und Inder, ist er ein Todesbringer, ein »langhaariger Dämon aus dem Geschlecht der Zornigen«. Ich musste daran denken, wie sich die Geschichte wiederholt: Alexanders Taten, z.B., ein Modell für den Westen. Reiche hinterlassen Fesseln, selbst wenn ihre Herrscher abgetreten sind; ihre Gedankenwelt dauert fort, ihre Bilder sind zu mächtig und verführerisch, als dass sie sich auslöschen ließen.

Unsere Suche war beendet. Ich ließ das Klaustrophobie auslösende Issos-Mosaik hinter mir und trat ins Sonnenlicht über der Bucht von Neapel.

Unsere eigenen Abenteuer, die wir auf Alexanders Spuren erlebten, haben die Vergangenheit wieder lebendig werden lassen. Wir hatten Dinge gesehen, die am Ende des 20. Jahrhunderts kaum zu glauben waren – die letzten Spuren der alten Welt, die Alexander und sein Heer gekannt hatten, die traditionellen Kulturen, die er bekriegt hatte. Wir waren mit den Turkmenen geritten und mit den Mohannos gesegelt; wir hatten Ziegen geopfert und Wein getrunken mit den Schwarzen Heiden des Hindukusch. Wir waren mit den Kameltreibern der Makran-Wüste gewandert und hatten gesehen, wie die Nomaden von Luristan das Grabmal des Kyros mit Stutenmilch bestrichen. Wir hatten den heiligen Baum von Cham und das sakrale Feuer von Adur Farnbagh gesehen, vor dem Dareios persönlich gebetet hatte. Wir hatten die verloren geglaubten Bücher Galens und Theophrasts in Händen gehalten und vor Spitamenes' Mumie gekniet. Wir hatten die *Avesta*-Gesänge gehört und auf einer Veilchen-Wiese unter dem heiligen Gipfel von Tirich Mir die letzten Nachfahren der makedonischen Armee getroffen.

Für die Gelehrten ist Geschichte etwas anderes als für die Menschen, die während unserer ganzen Reise unsere Augenzeugen waren. Es ist ein Gemeinschaftserlebnis, das beim Wiedererzählen lebendig wird, ein Ereignis, das die Kultur bis in unsere Zeit durchdrungen hat. Wie die Meerjungfrau sagt:

Der Große Alexander lebt noch immer. Und regiert bis auf den heutigen Tag.

Alexander sitzt als vergöttlichter Zeus auf der Weltkugel zwischen Poseidon und Herkules (Herakles). Der Stoff seiner Träume?

Zeittafel

359 Philipp II. wird König von Makedonien.
357 Philipp heiratet Olympias, Alexanders Mutter.
356 *20. Juli:* Geburt Alexanders des Großen.
338 *2. August:* Schlacht bei Chaironeia: Niederlage der Athener.
336 *Sommer:* Ermordung Philipps. Thronbesteigung des 20-jährigen Alexander.
335 Zerstörung Thebens durch Alexander.
334 *Mai:* Alexander setzt über den Hellespont und landet in Asien.
333 *Sommer:* Marsch durch die Zentraltürkei; der Gordische Knoten. *November:* Schlacht bei Issos.
332 *Januar bis Juli:* Belagerung von Tyros. *Herbst:* Belagerung von Gaza. *Winter:* Alexanders Ankunft in Ägypten.
331 *Mitte des Winters:* Besuch des Orakels in Siwa. *Januar:* Gründung Alexandrias. *Sommer:* Marsch durch Syrien in den nördlichen Irak. *1. Oktober:* Schlacht bei Arbela. *Herbst:* Alexander erobert Babylon und Susa.
330 *Winter:* Marsch nach Persien. *Januar:* Schlacht an den Persischen Toren; Fall von Persepolis. *Mai:* Brand von Persepolis. *Sommer:* Tod des Dareios; Aufbruch zum Kaspischen Meer. *Herbst:* Ankunft in Afghanistan. *Oktober:* Hinrichtung des Philotas; Ermordung Parmenions.
329 *Januar:* Marsch nach Kabul. *Frühling:* Überquerung des Hindukusch über den Khawak-Pass. *Frühsommer:* Nach Balkh. *Sommer:* Übergang über den Oxus; Gefangennahme des Bessos; Ankunft in Samarkand; Marsch zum Fluss Jaxartes; Gründung von Alexandria Eschate. *Herbst:* Sogdianische und baktrische Aufstände. *Winter:* Aufenthalt in Balkh.
328 *Frühjahr:* Weitere Feldzüge in Baktrien und der Sogdiana; Einnahme des sogdianischen Felsens. *Spätsommer:* Ermordung des Kleitos in Samarkand. *Winter:* Standquartier in Nautaca (Uzunkir bei Shakhrisyabz); Einnahme des Sisimithres-Felsens. Alexander kehrt nach Balkh zurück, um die Invasion Indiens vorzubereiten.
327 *Frühes Frühjahr:* Alexander heiratet Roxanne in Balkh; Komplott der Pagen zur Ermordung Alexanders; Tötung des Chronisten Kallisthenes. *Spätes Frühjahr:* Überquerung des Hindukusch über Bamian. *Sommer/Frühherbst:* Sechs Monate in Begram im Tal von Kabul. *Winter:* Hephaistion geht über den Khyber-Pass nach Indien; Alexander marschiert durch das Kunar-Tal nach Swat; Besuch Nysas; Angriff auf Massaga; Winterfeldzug im Swat-Tal.
326 *Frühes Frühjahr:* Belagerung von Aornos (Pir Sar). Die Heere vereinigen sich am Indus und überqueren den Fluss über die Schiffsbrücke; Ankunft Alexanders in Taxila. *Mai:* Schlacht am Hydaspes; Niederlage des Poros. *Ende Juni:* Marsch zum Fluss Beas: Kämpfe im Punjab in der Monsunhitze. *Anfang September:* Weigerung der Armee, weiterzumarschieren. *Herbst:* Rückkehr zum Fluss Hydaspes; Tod des Koinos. *November:* Aufbruch der Flotte den Hydaspes (Jhelum) flussabwärts in Richtung südlicher Ozean; Tod von Roxannes und Alexanders Baby. *Dezember:* Feldzug gegen die Maller, Belagerung von Multan.
325 *Frühjahr (Februar):* Am Zusammenfluss der Flüsse (Uchch). Fahrt den Indus flussabwärts. *Sommer:* Ankunft im Indus-Delta. *Ende August:* Alexanders Abreise in Richtung Iran. *Oktober:* Ankunft in der gedrosianischen Wüste (Makran). *Dezember:* An der Straße von Hormuz.
324 *Januar:* Alexander marschiert in Persien ein; Besuch von Persepolis und Pasargadae. *Sommer:* Massenhochzeit in Susa. Alexander heiratet die Tochter des Dareios. *Herbst:* Meuterei des Heeres in Opis; Alexander geht nach Hamadan; Tod des Hephaistion.
323 *April:* Alexander trifft in Babylon ein. *Mai*: Krankheit Alexanders. *10. Juni:* Tod Alexanders.

»Hauptstadt der Erinnerung«. Dieses herrliche Mosaik stellt eine Personifikation Alexandrias als Herrin des Meeres dar; sie ist mit einem Kopfschmuck in Gestalt eines Schiffsbugs gekrönt. Eine Zeitlang war Alexandria »die erste Stadt der zivilisierten Welt« und eines der Vermächtnisse Alexanders, das am längsten überdauerte. Alexandria, Griechisch-römisches Museum, 3. Jahrhundert v. Chr.

Personen und Götter

ACHILL: legendärer Held des Troianischen Krieges, auf den Alexander seine Abstammung zurückführte.

ALEXANDER III., »DER GROSSE«: König von Makedonien, geb. 356, reg. 336–323 v. Chr.; in der Sage auch bekannt als Iskander oder Sikander, »der Große«, »der Zweigehörnte« und »der Verfluchte«.

AMBI (Omphis bei Curtius Rufus): König von Taxila im nordwestlichen Indien (heute: Pakistan); Alexanders Verbündeter bei dessen Invasion Indiens.

ANAXARCHOS: skeptischer Philosoph in Alexanders Gefolge. Rechtfertigte die Ermordung des Kleitos durch Alexander mit der Begründung, dass per Definition alle Taten des Königs rechtens seien.

ARIOBARZANES: persischer General, von Alexander an den Persischen Toren geschlagen.

ARISTANDER: Seher des makedonischen Heeres, der die Zeichen und Omina für Alexander deutete.

ARISTOBULOS: früher Historiker Alexanders; diente unter Alexander; schrieb seine Geschichte um 300 v. Chr.

ARISTOTELES VON STAGEIRA (384–322 v. Chr.): Philosoph, Lehrer Alexanders, mit dem er während des Asien-Feldzugs korrespondierte. Geistiger Vater des hellenistischen Zeitalters.

ARRIAN (Flavius Arrianus, um 95–175 n. Chr.): griechischer Geschichtsschreiber aus Nikomedia in der westlichen Türkei. Schrieb den besten Bericht, den wir über Alexander haben, und in seiner *Indike* die Geschichte von Nearchos' Heimfahrt mit der Flotte.

BARSINE: Perserin, Tochter des persischen Edelmannes Artabazos; heiratete nacheinander die rhodischen Söldnerbrüder Mentor und Memnon (von dem sie mehrere Kinder hatte); dann Geliebte Alexanders, dem sie einen Sohn, Herakles, gebar.

BESSOS: Satrap oder Statthalter von Baktrien; putschte gegen Dareios III., tötete ihn und nahm den Titel des Königs an. Von Alexander bis nach Zentralasien verfolgt, dort gefangen genommen und anschließend in Hamadan hingerichtet.

CURTIUS (Quintus Curtius Rufus): römischer Politiker und Geschichtsschreiber. Schrieb in den 30er-Jahren des 1. Jahrhunderts n. Chr. die früheste und ausführlichste noch erhaltene Geschichte Alexanders. Starb 53 n. Chr.

DAREIOS I., »DER GROSSE« (reg. 522–486 v. Chr.): König von Persien, überfiel Griechenland im Jahre 490.

DAREIOS III. (geb. um 380 v. Chr.): König von Persien 336–330 v. Chr., von Alexander geschlagen; von Verschwörern unter der Führung des Bessos ermordet.

DIODORUS SICULUS, d. h. von Sizilien: griechischer Geschichtsschreiber (um 80–20 v. Chr.); schrieb eine Weltgeschichte in 40 Büchern mit dem Titel *Historische Bibliothek* – wertvoll für Einzelheiten, die sonst nirgends berichtet werden.

DIONYSOS: griechischer Gott der Besessenheit, Ekstase und des Weins. Von Alexander sehr geliebt.

EUMENES VON KARDIA: Alexanders Sekretär während seiner letzten Tage.

FIRDAUSI (aus Tus, östlicher Iran): schrieb das *Shanameh*, »Buch der Könige« (vollendet im Jahre 1010 n.Chr.); benutzte in den Alexander-Partien schriftliche und mündliche Überlieferungen.

HEPHAISTION: Favorit und geliebter Freund Alexanders. Gut aussehend und charmant, aber von zweifelhaften militärischen Fähigkeiten. Befehligte einen Teil des Heeres in Zentralasien; heiratete Drypetis, eine Tochter von Dareios III. Er starb 324 v.Chr. nach einem Trinkgelage in Hamadan.

HERKULES (Herakles): griechischer Halbgott, der durch seine zwölf Arbeiten unsterblich wurde. Geliebt von Alexander, der versuchte, es ihm gleichzutun.

HERODOT: griechischer Historiker aus Halikarnass (heute Bodrum, im Südwesten der Türkei); seine *Bücher der Geschichte*, geschrieben um 450 v.Chr., sind unsere Hauptquelle für die großen Perserkriege.

KALANOS: indischer Saddhu (Heiliger), begleitete Alexander von Indien zurück in den Iran.

KALLISTHENES: Alexanders offizieller Chronist; Neffe des Aristoteles. Schrieb einen Augenzeugenbericht über Alexanders Feldzug bis 328 v.Chr.; wurde dann zum Kritiker des wachsenden Despotismus an Alexanders Hof. Von Alexander in Afghanistan hingerichtet.

KLEITOS: Kommandant der »königlichen Reiterschwadron« in Alexanders Kavallerie; rettete Alexander am Granikos das Leben; 327 v.Chr. von Alexander bei einem Streit während eines Trinkgelages in Samarkand ermordet.

KOINOS: Phalanx-Kommandant in den Schlachten bei Issos und Arbela; sprach im Jahre 326 v.Chr. für die meuternden Soldaten am Fluss Beas in Indien; starb bald danach.

KRATEROS: Phalanx-Kommandant, Alexanders bester General; wurde 321 v.Chr. in den blutigen Kämpfen nach Alexanders Tod getötet.

KRITODEMOS VON KOS: Arzt von Alexanders Vater Philipp; begleitete das Heer nach Indien, wo er Alexanders fast tödliche Verwundung bei Multan behandelte.

KYROS, »DER GROSSE« (geb. um 590, reg. 559–530 v.Chr.): Gründer des persischen Reiches.

MEMNON: rhodischer Söldnerführer, verheiratet mit Barsine; kämpfte für die Perser gegen Alexander in der westlichen Türkei. Starb im Sommer 333 v.Chr.

NEARCHOS: seit frühester Jugend Freund Alexanders. Befehligte die griechische Flotte bei ihrer Heimfahrt vom Indus bis zum Euphrat.

OLYMPIAS (geb. um 375 v.Chr.): Prinzessin von Epirus, Frau Philipps und Mutter Alexanders, der sie nach ihrem Tod vergöttlichen wollte. 316 v.Chr. ermordet.

OXYARTES: sogdianischer Edelmann, Vater von Alexanders Frau Roxanne.

PARMENION: makedonischer General, der zweite Mann unter Philipp und Alexander. Vater von Philotas, Hektor und Nikanor; alle Söhne starben oder wurden während Alexanders Herrschaft getötet. 330 v. Chr. im Alter von etwa 70 Jahren von Alexander in Hamadan ermordet.

PATROKLOS: legendärer Held des Troianischen Krieges; enger Freund Achills.

PERDIKKAS: leitender Kommandant und vertrauter Freund Alexanders in Issos, Tyros und Arbela; kämpfte in Zentralasien und Indien. Vor seinem Tode gab Alexander Perdikkas seinen Siegelring; Perdikkas unterstützte Alexanders Sohn von Roxanne als Nachfolger. Von seinen eigenen Offizieren 321 v. Chr. ermordet.

PHILIPP II. (um 382–336 v. Chr.): Vater Alexanders und Begründer des makedonischen Reiches.

PHILOTAS: Sohn Parmenions, Kavallerie-Kommandant der Hetairoi bei Arbela und den Persischen Toren; nach dem Mordkomplott 330 v. Chr. in Fara von Alexander vor Gericht gestellt und hingerichtet.

PLUTARCH: aus Chaironeia, Historiker und Essayist (um 46 – 126 n. Chr.); schrieb über Alexander eine knappe brillante Biografie mit vielen Anekdoten und zahlreichen intimen Einzelheiten über die Person Alexanders.

POROS: Rajah der Länder zwischen den Flüssen Jhelum und Chenab im Punjab. Von Alexander besiegt und wieder als König eingesetzt.

PTOLEMAIOS: General und Freund Alexanders; wurde später König von Ägypten (305–283 v. Chr.) und begründete die ptolemäische Dynastie, die im Jahre 30 v. Chr. mit der berühmten Kleopatra endete. Schrieb die wichtigste Geschichte von Alexanders Feldzug; sie ist verloren, wurde aber von Arrian benutzt.

ROXANNE: Tochter des Oxyartes aus der Sogdiana. Heiratete Alexander 327 v. Chr. in Balkh; ein nach Alexanders Tod ehelich geborener Sohn wurde sein Erbe; Mutter und Sohn wurden 314 v. Chr. ermordet.

SPITAMENES: aus der Sogdiana (heute: Usbekistan-Tadschikistan), ein Adliger von königlichem Geblüt. Leitete 328–327 v. Chr. die sogdianische Revolte gegen Alexander; von seinen eigenen Leuten ermordet (oder, wie Curtius Rufus behauptet, von seiner Frau).

STATEIRA: Schwester und Ehefrau des Dareios III. Bei Issos 333 v. Chr. gefangen genommen, starb vor Arbela im Jahre 331 v. Chr.; ihre Tochter von Dareios, die ebenfalls Stateira hieß, heiratete 324 v. Chr. Alexander.

XERXES: König von Persien 486–465 v. Chr. Überfiel 480 v. Chr. Griechenland, zerstörte Athen, wurde aber bei Salamis geschlagen. Alexanders Feldzug gegen Persien war z. T. als Rache für Xerxes' frevlerische Taten in Griechenland geplant.

Quellen und Literaturhinweise

Die Generäle der Aktion »Wüstensturm« und des Falkland-Krieges waren nicht die Ersten, die ihre Memoiren schrieben. In den Dekaden nach seinen Feldzügen veröffentlichten viele, die Alexander den Großen erlebt hatten, ihre Version der Geschichte – das wäre heute nicht anders; unter ihnen waren Ptolemaios, Aristobulos, der Flottenadmiral Nearchos, der Steuermann Onesikritos und Baiton von den Bematistai (Landvermessern). Andere Augenzeugenberichte bezogen Kallisthenes von Olynthos und Kleitarchos in ihre Darstellung mit ein. Keiner dieser ursprünglichen Texte ist auf die Nachwelt gekommen, es sei denn in Fragmenten (diese sind in einem faszinierenden Kompendium übersetzt: C. A. Robinson, *The History of Alexander the Great I*, 1953; vgl. auch L. Pearson, *The Lost Histories of Alexander the Great*, 1960).

Die Quellen über Alexander, die uns im späten 20. Jahrhundert zur Verfügung stehen, stammen von Autoren, die später schrieben, aber noch auf diese verloren gegangenen Werke zurückgreifen konnten. Es gibt vier Haupttexte, die alle in Übersetzungen vorliegen. Arrian (2. Jh. n. Chr.), ein griechischer Staatsbeamter und Militär aus Westanatolien, nimmt den Ehrenplatz ein, obwohl er in seiner Bewunderung für Alexander seine Quellen entsprechend bearbeitet hat. Arrians *Alexanderzug* und die *Indische Geschichte* sind in deutscher Übersetzung von Gerhard Wirth und Oskar von Hinüber (Zürich/München 1985) erschienen, die im vorliegenden Buch zitiert wird; A. B. Bosworth' *Commentary on Arrian* (bisher 2 Bände; Oxford 1980 und 1985) ist für Detail-Fragen unverzichtbar. Curtius Rufus, der früheste Historiker (Mitte 1. Jh. n. Chr.), liegt in mehreren Übersetzungen vor (München 1954, Essen 1987); die Zitate im vorliegenden Text übersetzte Ursula Blank-Sangmeister. Curtius liefert uns viel Material, das bei Arrian fehlt; es stützt sich wahrscheinlich auf verlässliche Quellen und ist z. B. für den in Zentralasien spielenden Teil der Geschichte von Bedeutung. Im 1. Jahrhundert v. Chr. verfasste Diodorus Siculus eine Weltgeschichte auf Griechisch mit wertvollem Material über Alexander, das auf der auch von Curtius benutzten Überlieferung basiert (*Historische Bibliothek*, Bd. 17 und 18, übers. von Julius Friedrich Wurm, Stuttgart 1840). Plutarchs Leben des Königs ist nachzulesen in *Alexander. Caesar*, übers. von Marion Giebel (Stuttgart 1980 [u. ö.]), ausführlich kommentiert von J. R. Hamilton, *Plutarch: Alexander. A Commentary* (Oxford 1969). Weitere wertvolle und sonst nicht bezeugte Informationen finden sich bei dem Historiker Justin und in der so genannten *Metz-Epitome*; beide lateinische Texte sind bei Teubner erschienen. Sehr relevantes Material liefern auch die griechischen Geographen, insbesondere Strabon, und ebenso Plinius.

Die Sekundärliteratur muss in einem Werk wie diesem nicht in einer langen Bibliographie aufgelistet werden. Die Literatur ist wirklich umfangreich, wie sich aus den Bibliographien von

---

Der mittelalterliche Alexander fährt in einem von Greifen gezogen Wagen in den Himmel. Seine Geschichte war so ungewöhnlich, dass sie in späteren Jahrhunderten zu einer Metapher wurde: das menschliche Bedürfnis, über sich selbst hinauszuwachsen und die Grenzen des Möglichen oder auch nur Wünschenswerten zu sprengen.

anom ambra Laquelle cite il
assegea mais ceulz dedans se
deffendirent moult vigoureu
sement et nafrerent moult
de ceulz de lost de tirceaulx
et de saiettes. Mais sembla a
alixandre en avision que le
dieu amon lui venoit devant
en semblance de mercurius
et lui monstroit herbes et
lui disoit filz alixandre donne
cestes herbes a tes naffrez
et venin ne lui grevera
pas. Alixandre sesueilla
maintenant du songe et
trouva lerbe devant lui Si
la fist destremper et aplu
sieurs en donna a boire et a to9
ses chevaliers et furent main
tenant gueris des plaies
et du venin. Maintenant
quil vit ses gens gueris
il fist assaillir la cite et la
prinst par force darmes Et
quant il lot prinse si la fist
abatre jusques au fondemẽt

Comme alixandre se fist por

Comme alixandre prinst la cite
du roy ambira et la fist abatre

Quant alixandre ot des
confit le roy ambira
et ses gens et il ot sa cite prinse
et abatue si sen parti atant
de lisle avec tout son host
et sen ala sur la mer rouge
et illecques se logierent
Par dela de la herbergerie
si y avoit ung mont si hault
et si grant quil sembloit
quil surmontast les nues
Dont alixandre monta sur
ce mont et lui sembla quil
estoit jusques au ciel. Main
tenant se pense il en son cuer
quil feroit faire ung engin
par quoi les oyseaulx griffo
le porteroient jusques au
ciel pour ce quil vouloit veoir
quelles choses il y avoit au
ciel amont et de quelle forme
la terre estoit par dessus. lors

ter en lair aux griffons

E. Badian (*Classical World* 65, 1971) und J.M. O'Brian, *Alexander the Great: The Invisible Enemy* (1992) ersehen lässt. Auf diesem Gebiet habe ich versucht, selektiv vorzugehen, und vor allem die in jüngerer Zeit verfassten Werke berücksichtigt. Zu den modernen Untersuchungen gehören: A.B. Bosworth, *Conquest and Empire* (1988), ein anschauliches, skeptisches, streng faktenorientiertes, aber sehr lohnendes Buch; N. Hammond, *Alexander the Great* (1981), zeigt eine große Meisterschaft im Umgang mit den Quellen, profundes geographisches Wissen und bezieht persönliche Kriegserfahrungen mit ein; P. Green, *Alexander of Macedon* (1974) ist eine wunderbare Lektüre; Robin Lane Fox, *Alexander the Great* (1973; dt. 1974), ist eine *tour de force*, die von einigen Gelehrten wegen ihrer – wie ein Kritiker schreibt – »jugendlichen« Sicht des Königs angegriffen wird. Zu den älteren Werken gehören das noch immer bedeutende Buch von U. Wilcken, *Alexander der Große* (1931; die amerikanische Übers., New York 1967, mit Ergänzungen von E.N. Borza), sowie F. Schachermeyr, *Alexander der Große* (1973), ein meisterhaftes Werk. Eine berühmte britische Studie war W. Tarn, *Alexander the Great* (1948; dt. 1968). Tarns Theorien über Alexanders Auffassung von der Einheit der Menschheit wurden von E. Badian in *Historia* 7 (1958) kritisch untersucht (nachgedruckt in *Alexander the Great: The Main Problems*, hrsg. von G.T. Griffith, 1966). Zu interessanten Symposien: *Alexander the Great in Greece and Rome XII* (1965); *Alexandre le Grand: Image et Réalité* (Fondation Hardt, 1947), darin enthalten Badians faszinierender Aufsatz »Some Recent Interpretations«; *The Image of Alexander* (Rom 1995); *Alexander der Große – eine Welteroberung und ihr Hintergrund* (Bonn 1998).

Zum makedonischen Hintergrund: E. Borza, *In the Shadow of Olympus* (1990); vgl. auch *Macedonia and Greece* (Hrsg. B. Barr-Sharrar) und E. Borza, *Studies in History of Art 10* (Washington 1982). Zu Alexander und dem Nahen Osten: S. K. Eddy, *The King is Dead* (Lincoln, Nebraska, 1961). Zu Alexanders Logistik: D. Engels, *Alexander the Great and the Logistics of the Macedonian Army* (1978). Zu Alexanders Aufenthalt in Indien: A. B. Bosworth, *Alexander in the East* (1996; mit spannenden Analogien zu den Conquistadoren). Ältere klassische Werke: A. K. Narain, *The Indo-Greeks* (1957); W. Tarn, *The Greeks in Bactria and India* ([2]1951); M. Wheeler, *Flames over Persepolis* (1968; dt. 1969). Zum ptolemäischen Ägypten: A. Bowman, *Egypt after the Pharaohs* (1986), sehr schön illustriert; N. Lewis, *Greeks in Ptolemaic Egypt* (1986); P. M. Fraser, *Ptolemaic Alexandria* (3 Bde., 1972). Zum Irak / zu Babylonien: S. Sherwin White / A. Kuhrt, *Hellenism in the East* (1987) und *From Samarkhand to Sardis* (1993); Joan Oates, *Babylon* (1979; dt. 1983); D.J. Wiseman, *Nebuchadrezzar and Babylon* (1985). Über den Iran gibt es viele Werke; einen allgemeinen Überblick gibt R. Ghirshman, *Iran* (1954; dt. 1962), eine kurze Einführung John Curtis, *Ancient Persia* (1989); zwei brillante Sammelwerke: *The Legacy of Persia* (Hrsg. A. J. Arberry, 1953) und *L'Ame de L'Iran* (Paris 1951; Neuauflage 1990, Vorwort D. Shayegan); die Zeitschrift *Iran*, das Organ des British Institute of Persian Studies, liefert umfangreiches, interessantes Material. Zu einzelnen Stätten: D. Wilber, *Persepolis* (1969); D. Stronach, *Pasargadae* (1978); *The Royal City of Susa* (Metropolitan Museum, New York, 1992). Wichtiges Material über die Zoroastrier in der Zeit Alexanders findet sich in den Werken von Mary Boyce, vor allem in ihrer *History of Zoroastrianism III* (1991) und *Zoroastrians* (1979). Zum Iran gibt es schließlich noch die wertvolle neue Zeitschrift *Achaemenian History* mit Aufsätzen über zahlreiche politische und kulturelle Aspekte, in denen alte Annahmen über die persische Herrschaft in Frage gestellt werden. Zu Alexanders Städten: jetzt neu P.M. Fraser, *Cities of Alexander the Great* (Oxford 1996). Zu der Sogdiana und Baktrien: Die meisten neueren Werke sind auf Russisch. Nachweise bei S. Sherwin-White und A. Kuhrt; vgl. ferner F. Holt, *Alexander the Great and Bactria* (Leiden 1995), ergänzt durch Holts Beiträge in der Zeitschrift *Ancient World.*

Zur Kunst im Zeitalter Alexanders: J.J. Pollitt, *Art in the Hellenistic Age* (1986), ein vorzügliches Werk; C.M. Havelock, *Hellenistic Art* (1971; dt. 1971); R.R.R. Smith: *Hellenistic Sculpture* (1991). Einige ausgezeichnete Ausstellungskataloge makedonischer Kunstschätze: *The Search for Alexander* (National Gallery, Washington, 1980); *Alexander the Great* (Archaeological Museum of Thessaloniki, 1980); *Alessandro Magno* (Rom 1995).

Breit angelegte Überblicke über den Hellenismus: P. Brown, *The World of Late Antiquity* (1971); A. Momigliano, *Alien Wisdom* (1975); G. Bowersock, *Hellenism in Late Antiquity* (1990); L.H. Martin, *Hellenistic Religions* (1987); B.H. Fowler, *The Hellenistic Aesthetic* (1986); A.J. Toynbees großer spekulativer Essay (vgl. S. 234f.) findet sich in seinem Werk *Some Problems of Greek History* (1969).

Zu Alexanders Legende in Kunst und Literatur: G. Cary, *The Medieval Alexander* (1956); D.J.A. Ross, *Alexander historiatus: a guide to medieval illustrated Alexander literature* (1963); Victor Schmidt, *A Legend and its Image* (1995), mit einer faszinierenden Bibliographie über die mittelalterliche Legende.

Reiseführer: Für die Bedingungen *en route* vor der Moderne habe ich die alten Admiralty Intelligence-Führer und die Werke vieler früherer Reisender benutzt, z.B. Aurel Stein, G. le Strange, Percy Sykes, Freya Stark, Masson, Yule, Burnes, Elphinestone und Olufsen. Moderne Führer: *The Blue Guides* für Griechenland, Ägypten und die Türkei sind allesamt hervorragend; ausführliche Führer für die klassischen Altertümer der Westtürkei: G. Bean, *Aegean Turkey*; *Turkey beyond the Maeander*; *The Southern Coast of Turkey* und *Lycia*: Es gibt keinen guten neuen Reiseführer für den Iran; der mit Abstand wertvollste für den Reisenden ist noch immer Sylvia Matheson, *Persia. An Archaeological Guide* (1976; dt. 1980); das Buch sollte aktualisiert und neu aufgelegt werden. Afghanistan: Nancy Dupree, *Afghanistan* (1977), erhältlich in Bibliotheken, desgleichen ihr Katalog vom Museum in Kabul mit dem Begram-Schatz. *The Light Garden of the Angel King* von Peter Levi (1972) ist ein brillantes Porträt jenes Landes am Vorabend seines Untergangs.

Zu Zentralasien: Es gibt viele interessante neue Arbeiten, doch E. Knobloch, *Beyond the Oxus* (1972; dt. [4]1999) ist noch immer ein unverzichtbarer Führer für die Archäologie und Architektur, obwohl das Werk im Hinblick auf wichtige neue Entdeckungen besonders in Tadschikistan überarbeitet werden muss. Reiseführer: *Central Asia* (1995) ist nützlich. Zu Pakistan: Es gibt zwei gute neuere Führer: Isobel Shaw, *Pakistan Handbook* (1989) und J. King / D. St. Vincent, *Pakistan* (1993). Zu Indien: Es gibt zahlreiche gute Führer, aber die alten Bücher von John Murray sind die besten für die nordwestlichen Gebiete; die nützlichste Quelle sind die Bezirks-Ortsregister, die unter der britischen Herrschaft angelegt wurden und eine Fülle lokaler archäologischer Einzelheiten für das heutige Pakistan und Indien liefern; meine Suche nach den verlorenen Altären (vgl. S. 196f.) begann z.B. mit dem Hoshiarpur District Gazeteer.

Für diejenigen, die sich für detailliertere Informationen über Alexanders genaue Route interessieren, sind m. E. nützlich: F. Stark, *Alexander's Path* (1958; dt. 1993) über die südwestliche Türkei; Aurel Stein, *Old Routes of Western Iran* (1940); J. Hansman in *Iran* 10 (1972) über die Persischen Tore im Iran; K. Fischer im *Bonner Jahrbuch* (1967) über die Route Herat-Kandahar-Ghazni in Afghanistan; A. Foucher, *La Vieille Route de l'Inde de Bactre à Taxila* (Paris 1942), ein herrliches Buch mit faszinierenden Fotos. Zu den Pässen des Hindukusch: »Crossing the Hindu Kush« von Felix Howland in *Geographical Review* (1940); F. v. Schwarz, *Alexanders des Großen Feldzüge in Turkestan* (1906) deckt den usbekisch-tadschikischen Teil der Reise ab, bedarf allerdings der Überarbeitung. Zum nordwestlichen Grenzgebiet: Aurel Stein, *On Alexander's Track to the Indus* (1929). Zur Überquerung des Flusses Jhelum: A. Stein in *Geographical Journal* (80, 1932, S. 31–46) und *Archaeological Reconnaissances in North-West India and South-East Iran* (1937, S. 1–26). Zur Makran-Wüste: A. Stein, »On Alexander's route into Gedrosia«, *Geographical Journal* (102, S. 193–227). Über Alexanders Route in Indien gibt es seit A. Anspach, *De Alexandri Magni Expeditione Indica* (3 Fasc., Leipzig 1901–03) keine ausführliche Studie; das Buch ist für Leser mit Lateinkenntnissen noch immer nützlich.

Als Karten auf unserer Reise benutzten wir Geo Centre-Karten und für Detailfragen US Airforce TPCs (1:500000 mit hervorragenden geographischen Details).

Noch ein letztes Wort zu den fiktionalen Texten. Über Alexander gibt es zahlreiche wunderbare Erzählungen, angefangen beim griechischen *Alexanderroman* (Meisenheim 1969 u.a.) bis zu Mary Renault und Hollywood. Eine besonders schöne Geschichte hat Robert Graves in dem Gedicht *The Clipped Stater* geschrieben, das Lawrence von Arabien gewidmet ist. Darin stirbt Alexander nicht in Babylon, sondern lässt seine alte Identität hinter sich und wandert in die Wildnis. Schließlich, weit im Osten, tritt er an den Grenzen der Mongolei in ein Heer ein und dient als gemeiner Soldat in Ländern, deren Existenz er sich niemals hat träumen lassen. Eines Tages wird er ausbezahlt und erkennt sein eigenes Profil auf einer abgegriffenen Silbermünze, geschlagen aus den Silberbarren, die nach der Schlacht bei Arbela erbeutet wurden, als er noch Alexander von Makedonien war. Wie Jorge Luis Borges feststellte, ist diese Fabel so schön, dass sie eigentlich sehr alt sein müsste!

Danksagung

Bei einem Projekt dieser Größenordnung, das mich durch 17 Länder führte und bei dem sich das Recherchieren und Filmen über 30 Wochen erstreckte, sind meine Dankesschulden, wie nicht anders zu erwarten, außergewöhnlich hoch.

Mein besonderer Dank gilt David Wallace, der bei den Filmen, die diesem Buch zugrunde liegen, Regie führte. Er war es, der mit seiner Inspiration, seinem Engagement und Humor den Ideen Leben einhauchte – sogar noch, als wir verhaftet worden waren! Vor Jahren, bei einer anderen großen Reise für die BBC, fuhren David und ich zusammen den Kongo hinauf, und einen besseren Begleiter für solch riskante Unternehmungen kann man sich kaum vorstellen. Rebbeca Dobbs, die Produzentin der Serie, war der ruhende Pol bei allen unseren Expeditionen; ohne ihr herausragendes Organisationstalent – und ihre Überredungskünste – wären wir möglicherweise niemals über den Nahen Osten hinausgekommen; sie inspirierte und begeisterte uns sowohl im Stadium der Planung als auch dann beim Schneiden der Filme. Steve Singleton, unser Redakteur, gab mit bewunderswerter Geduld und großer Sensibilität einer ungeheuren Masse von Material ihre Form; wie immer war es eine Freude, mit ihm zu arbeiten. Dank auch an Leo Eaton, unseren guten Freund und Koproduzenten auf der anderen Seite des Atlantiks, für seine beständige Unterstützung und seinen guten Rat. Kathy Quatrone war unsere Hauptstütze bei Public Television (der treibenden Kraft für dieses Projekt), und ich möchte ebenso Jennifer Lawson und Don Marbury danken, die das Projekt mit der ihnen eigenen Großzügigkeit und Offenheit von Anfang an unterstützten. Den Kern des Filmteams bildeten Peter Harvey, Lynette Frewin und John Anderton, denen ich für viele Jahre gemeinsamer Arbeit und bestandener Abenteuer Dank schulde. Peter Jouvenal und Tim Fraser führten in Afghanistan und Zentralasien die Dreharbeiten durch; sie waren großartige Gefährten unter nicht immer ganz einfachen Bedingungen. Desgleichen möchte ich allen Mitarbeitern von Maya Vision danken: John, Sally, Chris, Christine und Paula; Chris Woods für seine Recherchen in Ägypten, im Libanon und in Gaza, Peter Sommer für seine solide Arbeit in der Türkei und in Zentralasien. Bei der BBC gilt mein Dank Alan Yentob, Sheila Ableman, Laurence Rees, Debbie Manners und Steve Nam für ihre Hilfe, und ein besonderer Dank geht an John Triffitt für seine vielen guten Ratschläge bei der Vorbereitung dieser Sendungen.

Viele Wissenschaftler stellten freigiebig ihre Zeit und Hilfe zur Verfügung: Gabby Gaballah und Mustafa El-Abbadi, S. M. Ansari, A. K. Nahrain, Ahmed Dani, Brian Bosworth, Nick Hammond, Ken Sams, Ken Harl, Roland Besevan, Monique Kervran, Marie-Henriette Gates, Nina Jidejian, Peter Kuhlmann, Gene Borza, Machin Khan, W. Siddiqi, M. Kiani, W. Kleiss, E. Rutveladze und Elizabeth Baynham. Brian Bosworth war besonders großzügig und überließ uns die Druckfahnen seines Buches *Alexander in the East*; es gab uns, als wir den Indus hinab fuhren, viel Stoff zum Nachdenken. Unsere Hauptorganisatoren für die Filme waren ein wunderbares echtes Siebengestirn; ohne sie wäre das gesamte Projekt gescheitert: Cem Yücsoy (Türkei), Zoreh Majidian und Ali Akbar Neysari (Iran), Muhiddein Ganiev (Zentralasien), Hanif Sharzat (Afghanistan), Asad Ali (Pakistan) und Romany Helmy (Ägypten). Mein Dank gilt ferner Hasnaim Ghulham (Pakistan), Harbreet Singh im Punjab, Louise Ferouz (Iran), Saud Abu

Ramadan (Gaza), Ingenieur Khan in Chitral und noch einmal Maria Powell in Griechenland; ich möchte auch Tira Schubart dafür danken, dass sie uns im Iran so freundlich auf den richtigen Weg gebracht hat, ebenso Elizabeth Winter, die dasselbe in Afghanistan getan hat. Von unseren leidgeprüften Fahrern möchte ich herausheben: Mustafa in der Türkei, Bandar und Abbas im Iran und Boris und Shiref in Usbekistan. Unter den zahlreichen und sehr unterschiedlichen Quartieren, in denen wir auf unserer Reise logierten, möchte ich insbesondere dem Personal von Quduz' Gästehaus in Kabul für seine vielen freundlichen Dienste danken. Mehrere Fluglinien taten für uns mehr als ihre Pflicht, doch ich muss die enormen Anstrengungen der PIA beim Drehen dieser Filme besonders hervorheben. Die pakistanische Marine war ebenfalls äußerst großzügig. In der Türkei ebnete uns Nebahat Baydar den Weg für unsere Filmarbeit am Luftwaffenstützpunkt Incirlik.

Auf unserer Reise wurden wir mit unvergleichlicher Gastfreundschaft an zu vielen Orten aufgenommen, als dass ich sie hier alle erwähnen könnte, doch ich möchte der Familie Gardezi in Multan, insbesondere Sultan und Hur, meinen Dank aussprechen, ebenso General Shafgat Ahmed Seyed für seine Mitarbeit an den Filmen und für unsere unvergesslichen Tage in Jalalpur. Im Iran nahmen uns Zavareh Shojaei und seine Familie in Mulla Susan bei drei Besuchen sehr freundlich auf. Die zoroastrische Gemeinde im Iran hieß uns äußerst herzlich willkommen, vor allem die Familie Yazdani in Yazd und die Familie Belivani in Sharifabad. Ich bin besonders Shahriar Mahanni für seine freundliche Unterstützung in Yazd und unsere wunderbaren Besuche von Pir i Sabz, Taft und Mobareke zu Dank verpflichtet. Dank auch an Ali Reza Haggighi, der uns im Iran des Öfteren aus der Klemme half. In Pakistan habe ich der Fisherman's Union der Mohanno Boat People zu danken. In Afghanistan opferte uns der Halo Trust, der mutig, engagiert und in aller Stille mit dem Wegräumen von Minen beschäftigt ist, freigebig seine kostbare Zeit; Terence White in Kabul, Seyyed Jaffar und Haroun Nadiri in Pul-i-Kumri halfen uns alle auf unserer Reise. Der UN im Libanon möchte ich für ihre großzügige Unterstützung bei den Filmarbeiten in der Gegend um Tyros danken, und auch in Afghanistan stellte sie sich uns zur Verfügung, wenn wir Hilfe brauchten. Unser besonderer Dank gilt ferner dem Roten Kreuz, das sich Journalisten gegenüber immer sehr großzügig zeigt, obwohl es durch wichtigere Verpflichtungen stark beansprucht ist: Jacques Villettaz und Jean-Paul Jacquod ermöglichten uns in Kabul und in Mazar das Reisen. Zuhause geht unser ausdrücklicher Dank an Barbara Nash, die dieses Buch innerhalb einer kurzen, von Hektik erfüllten Zeit herausbrachte, während ich zwischen Tadschikistan und dem Südlibanon hin und her pendelte; sowie an Martha Caute, Linda Blakemore und Frances Abrahams bei BBC Books.

Meinen letzten und innigsten Dank schulde ich Rebecca und unseren Töchtern Jyoti und Mina, die über ein Jahr lang meine Abwesenheit aufgrund der Filmarbeiten geduldig hinnahmen; während dieser Zeit waren Kontakte, wenn überhaupt, nur per Telefon und Fax möglich. Doch sie waren immer in meinem Herzen. Ihnen gilt wie immer mein aufrichtigster Dank und meine Liebe.

Register

Die kursiv gesetzten Zahlen verweisen auf die Abbildungen.
A. = Alexander

Abbildungsnachweis

BBC Books dankt den folgenden Personen und Institutionen für die Bereitstellung und die Abdruckgenehmigung des Bildmaterials. Obwohl größte Sorgfalt auf die Ermittlung der Rechteinhaber verwendet wurde, bittet der Verlag, etwaige Fehler oder Versäumnisse zu entschuldigen.

o. = oben; u. = unten; l. = links; r. = rechts

2 Staatliche Glyptothek, München / E.T.Archive **3** David Wallace **6** Bibliothèque Royale / Bridgeman Art Library, London **10 o.** Michael Wood **10 u.** British Museum, London **14 o./u.** Maya Vision **19 l.** Erich Lessing / AKG London **19 r.** Pella Museum, Griechenland / E.T.Archive **20** British Museum, London / Michael Holford **23 l.** Bibliothèque Nationale, Paris / AKG London **23 r.** Kunsthistorisches Museum, Wien **26–27 l.** Kunsthistorisches Museum, Wien / AKG London **27 r.** Museo Nazionale, Rom / E.T.Archive **30–31** Pella Museum, Griechenland / E.T.Archive **34** Nationalmuseum, Athen / Scala **35** Pella Museum, Griechenland / E.T.Archive **38** Robert Harding Picture Library **42–43 l./r., 46–47, 50** David Wallace **55** Michael Wood **58–59** Nationalmuseum, Neapel / Scala **62** David Wallace **63** Museum der schönen Künste, Brüssel / E.T.Archive **65** Michael Wood **68–69** British Museum, London / Michael Holford **73** Peter Clayton **77** David Wallace **80–81** Georg Gerster / Comstock **84** Robert Harding Picture Library **85** Akropolis-Museum, Athen / E.T.Archive **89** Archäologisches Museum, Neapel / E.T.Archive **93, 97** Georg Gerster / Comstock **100, 101** Louvre, Paris / Bridgeman Art Library, London **104, 112 l.** David Wallace **112 r.–113** Zefa Picture Library **116, 120** Michael Wood **124** Bodleian Library, Oxford **132** Robert Harding Picture Library **133** Collection of the J. Paul Getty Museum, Los Angeles, Kalifornien **140–141** David Wallace **145** Michael Wood **148–149 l.** Robert Harding Picture Library **149 r.** David Wallace **156** Robert Harding Picture Library **157** Michael Wood **165** David Wallace **168** British Library, London / Bridgeman Art Library, London **169** Fitzwilliam Museum, Cambridge / E.T.Archive **172** Thessalonika Museum / Griechisches Kulturministerium **176–177** Robert Harding Picture Library **180, 184** Michael Wood **185 l./r.** British Museum, London **188** David Wallace **189** Michael Wood **193** British Library, London **201, 205** David Wallace **208** Michael Wood **209** Archäologisches Museum, Istanbul / AKG London / Erich Lessing **212–213** Georg Gerster / Comstock **216–217** Michael Wood **220** Archäologisches Museum, Neapel / E.T.Archive **221** Prado, Madrid / E.T.Archive **228–229** Georg Gerster / Comstock **236** Nationalmuseum, Neapel / Scala **238** Gregorianisches Museum, Rom / E.T.Archive **240** Griechisch-römisches Museum, Alexandria / David Wallace **245** Musée Condé, Chantilly/Lauros/Giraudon.